JN079620

最期の
言葉の村へ
消滅危機言語タヤップを話す人々との30年
A Death in the
Rainforest
How a Language and a Way of Life
Came to an End in Papua New Guinea
ドン・クリック
Don Kulick
上京恵［訳］
原書房

最期の言葉の村へ

目次

はじめに

　私は三〇年以上にわたって、言語がどのように消えるのかを調べるため、パプアニューギニア――よく誤解されるようにアフリカにあるのではなく、オーストラリアのすぐ北に位置する太平洋の国――の熱帯雨林の奥深くにある小さな村を訪れた。その年月で、このガプンという村のことをよく知るようになった。かつて村に住む人々は皆、タヤップ語と呼ばれる独特の言語を話していた。おそらく、タヤップ語はギリシャ語、中国語、ラテン語と同じくらい古い言語だと考えられる。しかしあと数十年でタヤップ語は消えてしまうだろう。現在、この言語を積極的に話すのは五〇人にも満たない。近い将来、タヤップ語は私がこの歳月で残した記録にしか登場しなくなるだろう。話者がいなくなり、言語が忘れられたあと、記録だけが心霊体のごとく長いあいだ残ることになる。

　初めてガプンに行ったのは一九八〇年代半ば。人類学を学ぶ大学院生として、そこで一年以上暮らした。そして現地での発見について本を書いた。よくできた本であり、今なお読むに値する信頼性の高い研究だ。しかしそれは専門の人類学者や言語学者、大学生向けの学術書である。眠気を誘う題名『*Language Shift and Cultural Reproduction*（言語の変遷と文化的再生）』――学問的に見せたいという熱心な若者の功名心と編集者によるまずい助言という不幸な組み合わせの結果――が、すべてを語っている。

今回、私は当時を回想して書いている。まったく異なる種類の本だ。初めて訪れたときからガプンで起こった出来事と、タヤップ語という言語が止めようもなく終わりに向かって消えていく経過を述べている。

本書はまた、村における私の研究と、どうして研究自体が終わりを迎えたかについても述べている。

どちらの終わりも暴力と密接に関係している。一方は、パプアニューギニアに白人がやってきたことが、その地の人々、文化、言語にもたらした、物質的および象徴的な暴力。もう一方は、村人自身やその近隣の人々によって実行され、村人を傷つけ、私をも傷つけたり傷つけると脅したりした、現地の暴力的行動。これらさまざまな形の暴力は地下を流れるマグマのごとく、ときどき私がここで語る物語の表面を破って噴出する。その物語とは、熱帯雨林の真ん中にある湿地の裂け目に形成された、非常に行きにくい場所にある人口二〇〇人の村で生きるのが、どういうことかを書いたものだ。村に住む人々が朝食に何を食べ、どのように眠るのか。村人がどう子供をしつけ、どんな冗談を言い合い、どんな悪態をつき合うのか。どんな恋愛をし、何を信仰し、どんなふうに口論し、どう死ぬのか――そしてまた、ある日どこからともなく現れて彼らの言語に興味があると言い、しばらくのあいだうろうろする許可を求めてきた白人の人類学者を、どう思っていたのか。

その〝しばらくのあいだ〟は、結局三〇年以上に及ぶことになった。

人は他人の代弁ができるのか？　二五年前にガプンについて初めての本を著したあと、学会の内外で、ときとして激烈にもなる議論が勃発した。研究者自身が属していない人々の集団に関して書くことが、果たして正当かどうかという議論である。マーガレット・ミードのような今は亡き人類学者たちの威厳ある日々は過去のこと。研究対象に対する彼女の考え方は、一九三九年に専門誌『アメリカン・アンスロポロジスト』に発表した記事で適切に要約されている。その記事は、ある同僚学者による、人類学的研究が信頼性を得るためには人類学者はフィールドワークの対象たる民族の言語を学ぶ必要がある、との主張に応えて書かれたものだった。

マーガレット・ミードは、そういうもっともらしい助言は無意味だと考え、うるさいハエのように払いのけた。現地の言語を学ぶべきと騒ぐのは人類学研究者にとって迷惑であり、とにかく間違っている、そんな必要はない、と。

人類学者が仕事をするためには、言語を〝知る〟必要はない、とミードは主張した。言語を〝使う〟必要があるにすぎない。そして言語を〝使う〟のに要するのは、たったの三つだけだ。

まず、〝最小限の交渉によって答えを得る〟ために質問をすることができなければならない（答えの言語を話せなければその答えをどうしたら理解できるのかについて、ミードは心配していなかったようである）。

人類学者が言語を使うために必要だとミードが考えた二番目は、信頼を築くことである（『特に、他人ばかりの家にいて、できるかぎり妨害されずにメモを取ったり写真を撮ったりしたいと望むときには』）。

言語を使うために三番目に必要なのは――私のいちばんのお気に入りだが――指示を与えることだ。現地の人々が身のほどを知り、尊大な人類学者に反抗しようとしない時代を念頭に、ミードはこう明快に助言している。『民族学者が現地の使用人や情報提供者や助手に手早く正確な指示を与えられないなら、場所を正確に説明してライカ用の単焦点レンズを見つけたり、三脚を儀式が行われる場所から夕陽に向かって置いたり、ヘビに噛まれた場合に新しい剃刀の刃と過マンガン酸カリウム結晶を持ってきたり［彼女がサモア語でそれをどんなふうに怒鳴ったのか、あなたは知りたくないか？］、現像液を調合するのに使う水を沸騰させて濾過したりするよう命じられないなら――学者は、もう少しうまく話せたなら委託できたはずの単純な仕事のために、多大な時間とエネルギーを浪費することになる』[1]

ミード（一九七八年死去）の時代以降、一部には彼女や当時のほかの人類学者が研究対象に対して取った傲慢な態度への反応として、学者――そして人類学の研究対象となった人々の一部

1　マーガレット・ミード『アメリカン・アンスロポロジスト』41 no.2（一九三九年四～六月）、p.189-205「フィールドワークのツールとしての現地の言語」

――は他人の〝代弁〟をすることに関して頭の痛い問題を提起した。そんなことは可能なのか？そういうことをしてもいいのか？

はるか遠くにある太平洋の国の人里離れた湿地に住む、ほとんどは無一文の（それは〝貧しい〟と同義ではない）黒い肌の村人について書いている私は、欧米人中流階級の白人男性教授である。私と、本書で描写した暮らしを送る人々との絶大な違いを思ったとき、いやでもその問題と直面せざるをえない。地面は、はっきりと見える地雷だらけなのである。

しかしながら、多くの典型的な人類学者と同じく、我々は自分とまったく異なる人々と関わって彼らの代弁をすることができるのみならず、そうすべきだ――そうする責任がある――というマーガレット・ミードの精神を、私も受け継いでいる。世界に訴える手段として人類学が発せられるメッセージがひとつあるとすれば、〝我々は違いから学ぶ〟ということだ。違いは世界を豊かにする。世界をにぎやかにし、拡大させ、増幅させ、変化させる。敬意を持って違いに対処することには、必然的にリスクが伴う。政治的・認識論的リスク（すべてを誤って解釈するかもしれない）、表現上のリスク（人々を――彼らの特異性や短所も含めて――上から目線になったり相手を理想化したり感傷的になったりすることなく尊厳を持って描写するには、どうすればいいのか？）、個人的なリスク（違いと遭遇した人は、しばしば予想外に、ときには望ましくない方向に、変わってしまう。しかも、責任を背負い込み、長期的で多くの場合は返せないほどの恩を受けることになる）。

それらはすべて深刻なリスクだ。リスクは認識し、理解し、常に留意しておかねばならない。だが、違いに対処しない――違いを無視する、拒絶する、背を向ける、否定する――というもうひとつの選択肢を考えたとき、リスクを冒さないことのほうがもっと大きなリスクではないか、という疑問が生じる。

それに本書は、研究対象の村人を〝代弁する〟というより、彼らと〝関わり合う〟ものだ。この問題について誰がどう考えていようと、村人は常に、私が彼らとそんなに違っていないということを思い出させてくれた。本書は、パプアニューギニアの熱帯雨林でそんな人々とともに暮らしながら人類学者として働くのがどういうことかを記した本である。村人たちにとって、私の白い肌や白人の特権は、そもそも違いの象徴ではなかった。それどころか、私が彼らのもとに現れたという事実は、実は私が彼らの一員であることを示していた。滞在中ずっと、彼らは当然のように私と交流し、義務や責任も同じように持たせたのである。

本書は、その交流を拡大し、義務を果たし、責任を持とうとするための、ひとつの方法である。ここに記す物語が、タヤップ語やガプンの村に――これらの人々に、この時に、この場所に――文章に残すという私の運命がどのように降りかかったかについて、単に説明するだけでなく、直感的に理解してもらえるものになることを願っている。

また、本書を通じて、長年にわたり何度も訪れて滞在したあいだに感じた興味や喜び――そして苛立ち、不安、ときには純粋な恐怖――を少しでもお伝えしたいとも願っている。人類学者が自らの研究について書き著すとき、良い面を強調して、自分が無理やり入り込んでその中で仕事場を設営した集団とともに長期間暮らすうえでの困難な側面をぼかす傾向がある。

本書は違う。

1　我々が吸う空気

「あんたたちがこの書類に記入しさえすれば、会社が来て、空気を取りはじめるんだ」腐敗政治家に憧れる太った男は、村人にそう説明した。彼は男たちの家（メンズハウス）の床に座っている。樹皮で造ってサゴヤシの葉で葺いた、高床式の広くて屋根のない建物である。

　近くの村から来た腐敗政治家かぶれは、四〇代半ばの禿げ頭だ。何度か州議会選挙に立候補したが、いつも選挙直前にその地域に来て、自分が約束したより多くの金やカヌーにつける船外モーターを与えると約束した人間に敗れていた。勝利者は選挙に勝ったことで使えるようになった、発展のために用意された政府やＮＧＯの金を受け取り、自らの銀行預金残高を増やす――そして二度とその地域に現れない。

　その太った男の野望はそのような政治家になることであり、いつの日か成功すると確信していた。それまでのあいだは、州議会選挙に勝った腐敗政治家にごまをすって取り入り、さまざまな方法で地元から利益をあげることに目を向けていた。でっぷりした腹が、変化をもたらすと信じ込ませた計画によって長年にわたり村人からうまく金を巻き上げてきた事実を示している。だがこれまで村人が経験した変化とは、彼の訪問のあと金が以前よりさらに減ったことだけだ。約束された変化が一度も実現しなかったことは、いつも別の人間のせいにされていた。腐敗政治家が嘘をついた、誰かが金を盗んだ、魔法使いが魔術で金を消した、など。

メンズハウスに座り込んで隅の柱で背中をかいているその太った男は、汗びっしょりだった。緊張しているからではない。このメンズハウスには何度も来たことがあり、村人を口車に乗せるすべは知っている。汗をかいているのは、太っているから、夕方の太陽が暑いからだ。そして口いっぱいにビンロウジ［ヤシ科の植物ビンロウの種子］を頬張っているからでもある。ビンロウジはカフェインのように刺激を与え、発汗させる作用がある。また、口の中を真っ赤に、歯を黒ずんだ赤錆色にする。

集会に来た村人はあまり口をきかなかった。男――オンジャニ（村人は陰で〝太鼓腹〟と呼んでいる）――の語る、ここへ来た理由にじっと聞き入っている。

メンズハウスに集まった二〇人ほどの村の男たちは、太鼓腹と同じく床であぐらをかいている。小さな半円状に集まって座った彼らもビンロウジを嚙み、ときどき上半身を乗り出しては、樹皮の床の亀裂を巧みに狙って血の色をした唾を吐く。女たちは声が聞こえる範囲の家々の玄関ポーチに座っている。彼女たちもビンロウジを嚙み、メンズハウスでの話を聞きながら、オンジャニが話しているあいだ隣人たちがささやく辛辣な発言にも耳を傾けていた。

「僕は認識を高めてもらうために来た」オンジャニはパプアニューギニアの公用語トク・ピシン

で高らかに話した――ＮＧＯまたは教会または政府主催の講座で耳にした新しい単語、「認識(エウェネス)」（*ewenes*）を用いて。ほんの数人の村人しか訪れたことのないはるか彼方の州都でそうした講座に出席していることを、彼は常に公言していた。今も州都から戻ったばかりだという。そこで新しいものに関する三日間の講座を受講してきた。二酸化炭素取引というものだ。

オンジャニは村人に、二酸化炭素取引は「国々」（「オル・カントリ」*ol kantri*）――パプアニューギニア以外の世界じゅうのあらゆる場所を意味する表現――で大きなブームになっているのだと話した。国々は空気を使い果たしつつある。ほぼすべての地面を覆う工場が空気を使い尽くしてしまった。もはや木はない。木は空気を作り出すものだ。木がないと空気もなくなる。国々の人間は呼吸がどんどん困難になっている。

一方パプアニューギニアは木だらけだ。オンジャニはあぐらをかいたまま身を乗り出し、床の亀裂から赤い唾を落とした。手の甲で口をぬぐい、真っ赤なしみを顎に広げる。両腕を外に向かって広げ、周囲の熱帯雨林を示した。「周りに目を向けてみろ。見えるのは木ばかりだ。パプアニューギニアには木があふれている。我々にはあふれるほど（*obaplo*(オバプロ)）の空気があるわけだ」

この豊かさを知った国々は、空気を求めてパプアニューギニアに使者を送ってきた。パプアニューギニア政府は国々を憐れんで契約を結んだ、とオンジャニは村人に話した。政府に認可された会社が巨大なガスタンクを熱帯雨林に持ち込み、それに空気を満たす。空気でいっぱいになったタンクは国々に運ばれ、空気は瓶詰めされて店で売られる。これが二酸化炭素取引だ、とオンジャニは説明した。

「そこでは、払った金額に応じて空気を手に入れられる」オンジャニはにやりと笑い、国々でものごとが動く仕組みについての卓越した知識を村人に垣間見せた。「金をあまり持っていなかったら、空気を充分手に入れられなくて、すぐに息が切れてしまう」

こうしたことが人里離れた湿地に住む村人に関係ある理由は、先祖伝来の土地である原始的な熱帯雨林が空気を集めるガスタンクを導入する場所として最有力候補であるからだ。これは絶好の機会だ、とオンジャニは繰り返し述べた——村人のための時代がやってきたのだ、と。二酸化炭素取引は莫大な金をもたらす。何十億キナ（パプアニューギニアの通貨）受け取れるのかはオンジャニにも正確にはわからないが、非常に多額であることは間違いない。しかも、会社は村に発展をもたらしてくれる。多くの木を切り倒さねばならず（なにしろガスタンクは大きくて、かなりの空間を必要とする）、村人は自分の土地での狩猟や植物の栽培を禁じられるだろう。だが、もはや狩りをしたり食べ物を育てたりしなくてもよくなる——会社が莫大な金をくれるし、幹線道路や滑走路も造ってくれる。波形鉄板とセメントでできた家や、商店や、観光案内所を建ててくれる。大学も作ってくれるだろう。

村人は、オンジャニが網バッグから取り出して自分の前の床に広げた書類に署名するだけでいい。書類は村人の誰ひとりとして自由に使いこなせない言葉、英語でタイプされていた。細かな活字は、二酸化炭素取引で得た収入は一〇〇パーセント、パシフィック・カーボントレード有限会社という会社の懐に入ると述べていた。その会社は、オンジャニと、彼の村出身のあと三人が所有していた。そういう細かな内容は、集会のあいだ一度も太鼓腹から説明されなかった。彼は村人に、変化を望むならぜひ署名するよう熱心に説いただけだった。

そして、彼らはどんなに変化を熱望していたことか！　魔術以外に村人の会話や心を占める話題がひとつあるとしたら、それは変化だった。彼らは必死で変化を求めている。だが、単に変わりたいわけではない――別のものに変わりたいのだ。私も徐々にわかってきたのだが、彼らは黒人（オーストラリアのアボリジニと同じく、ほとんどのパプアニューギニア人は黒い肌をしている）から白人に変わりたがっているのである。

私は白人だ。アメリカ合衆国で生まれ育ったが、一九歳のときスウェーデンに移住し、以来そこで暮らしている。一九八五年に初めてパプアニューギニアに行ったときは博士課程で学ぶ二四歳の学生で、熱心、純朴、そして滑稽なほど世間知らずだった。パプアニューギニアのことはほとんど知らず、熱帯雨林の生活についての知識は皆無だった。それでも地球を半周してパプアニューギニアまで行ったのは、言語がどのように消滅するかを研究したいと思ったからだ。

パプアニューギニアは、世界じゅうのどの国よりも多くの言語を有している。カリフォルニア州と同じくらいの面積で、八〇〇万人あまりが暮らす地域に、一〇〇〇以上の異なる言語――単に方言や変種ではなく、まったく別個の言語――が存在する。その大半はいまだ文書に記録されておらず、多くは五〇〇人以下の話者しかいない。

私はオーストラリアの言語学者ドン・レイコックに、その村へ行ってみるといいと言われた。レイコックは、それほど厳密な衛生観念を持たない大酒飲みである。彼は一九七〇年代初頭、丸木舟でパプアニューギニア北部のセピック川下流地域全体をめぐり、その地域で話される多くの言語を実地調査して分類するため、言語の話者から言葉を集めて単語リストを作っていた。

彼は広大なセピック川の河口付近の村で出会ったふたりの男の話から、熱帯雨林の奥深くにほかのどの言語とも関連していないらしい言語を話す小集団の住む村があることを知った。その村はガプンと呼ばれていた。レイコック自身はガプンを訪れていない。非常に行きにくい場所にあるからだ。実際、私が行くまでに、村を訪れたことのある白人は一〇人ほどだけだった。一九三〇年代と、第二次世界大戦後数十年のあいだに、数人のオーストラリア人行政官と、ドイツ人宣教師ふたりが、ガプンを通ったことがあった。彼らは皆、村にたどり着くのは非常に難しいと述べ、再度村へ行った者はほとんどいなかった。それ以外にガプンまで行った白人として、一九四〇年代後半以降にカトリックの司祭数人がいたが、彼らもたいていは一度しか行かなかった。多くの場合、村へ行き、短時間のミサを行い、数人の赤ん坊に洗礼を施し、村を去ったあとは二度と現れなかった。ただひとり何度も村へ行ったのは、マリエンベルク――カヌーで八時間かかる場所――の伝道所に駐在するたくましい老修道女で、数十年にわたって、巡回医療で年に一、二度村を訪れた。村でひと晩過ごして小規模な診療所を開設し、マラリアの特効薬クロロキンの錠剤を投薬し、できものをつぶし、必要だと思われる人に抗生物質の注射をした。

私がパプアニューギニアへ行く途中にキャンベラのオーストラリア国立大学を訪れ、博士論文のために言語の消滅に関する調査をどこですればいいかについて助言を求めようとレイコック教授のオフィスに立ち寄ったとき、教授はガプンへ行くことを提案した。彼は村のことも、そこで何が起こっているかも知らなかったが、言語の話者がきわめて少ないと聞いたことがあるのを覚えていた。「非常に小規模だから、きっと何かが起こっているだろう」彼は推測を述べた。「それが何か、見てきたらどうだね」

私はその助言に従ってガプンに向かった。一九八五年に初めて行ったときは、もっと長期間そこで暮らすことが可能かどうかを見きわめるために一カ月滞在した。

もちろん、ある日の午後にどこからともなく見知らぬ白人がやってきて、ここで暮らして彼らの言語について本を書きたいと拙いトク・ピシン――村人が新たに話すようになっていた言語――で告げたことに、ガプンの村人は当惑した。彼らがこれまでに出合ったことのある本といえば、聖書と、一九七五年にパプアニューギニアが独立する前にやってきたオーストラリア人行政官が持っていたノートだけだった。ひとりの村人は、漫画本と呼ばれる謎の物体の話を聞いたことがあった。そうした本にはすべて、金、飛行機、船外モーターといった、白人は持っているが彼らのようなパプアニューギニア人は持っていない積荷（カーゴ）をもたらす魔法の力がある、と村人たちは信じていた。

若い白人が突然現れて本のことを話したという事実は、彼らの興味を引いた。それは明るい希望をもたらした。だが、私はいったいなぜ彼らのところへ来たのか？　どうしてほかの村でなくガプンに来たのか？

村人はこの疑問について自分たちの中で話し合いを持ち、短時間で結論に達した。私がやってきた数週間後、彼らはその結論を教えてくれた。私がここへ来た真の理由だ。私は死んだ村人であり、変化への〝道〟に彼らを導くためガプンに戻ってきたのだ、という。

彼らがこの情報を伝えようと決めたのは、とても理想的とは言いがたい時間だった。猛烈な雷雨の真っ最中の夜だったのだ。私が多くの人々とともに床に座っていた家の屋根を、雨は激しく叩いていた。唯一の明かりは、村人全員が吸っていた新聞紙による手巻きタバコのオレンジ色の光。真っ暗闇の中で上下に動く光は、さながら霊体の目だった。ときどき稲妻が光り、瞬間的に全員が生気のない青白い顔の活人画のごとく止まって見える。その光景に、私は戦慄を覚えた。少年時代、深夜に数多く見た安っぽく陰惨なホラー映画のクライマックスシーンが思い出された。私はまさにそんな、常に耳をつんざく悲鳴で終わる場面に遭遇していた。場所は鬱蒼とした熱帯雨林、時刻は真夜中、逃げ道はなく、祖父母が戦利品として敵の頭を切り落としていたような人々に囲まれて、私は死んでいると訳知り顔で告げられていたのだ。

私は耳をつんざく悲鳴を押し殺さねばならなかった。

幽霊だと言われ、ほかにもいろいろと不愉快なことがあった――あらゆる場所にある泥、蚊の群れ（村人は八種類の蚊についてそれぞれ名前をつけていた）、村人たちが飲んだり料理したりするために水を汲む浅い井戸でときどき水浴びしているのを見かける、疥癬だらけで毛がなく青白い皮膚をした村の犬、ほとんどがねばねばした澱粉でできていて、村人が好きな方法で調理するとピンク色で濃い粘液のようになる現地の食べ物——にもかかわらず、一カ月の滞在が終わるとき、私はまたガプンへ来ようと心を決めていた。

言語をめぐる状況は、ドン・レイコックの予言どおりだった。私の見たところ、一〇歳以下の子供は村固有の言語であるタヤップ語を話さないようだった。全員理解はしているらしかったが、話す者はいなかった。彼らが話すのは公用語のトク・ピシンのみ。まさに今が、言語の消滅を調べる研究者たちが最も重要な瞬間と表現するときだった。ほかの研究は、消滅しつつある言語の最後の話者に焦点を置きがちだった——研究者は最終段階にある言語を調査し、完全に消滅する寸前に記録していた。ガプンにいれば、この変遷過程の始まりを目にすることができそうだった。村人たちは、なんらかの理由で——この言語の歴史上初めて——突然タヤップ語を母語として習得しなくなった、最初の世代を育てていたのだ。

さらに興味深いのは、この急な変化に対する村人の説明だった。なぜ子供たちがタヤップ語を話さないのかと私が尋ねたとき、母親たちも父親たちも皆、子供にはタヤップ語を話してほしい——自分が両親に育てられたのと同じように子供を育てている——と言い張った。なのに子供たちのほうが変わったのだ、と親たちは言った。子供たちはもはやタヤップ語を学びたがらない。

彼らは石頭すぎる。つまり、あまりに強情で頑固なためタヤップ語を話そうとしない、と。〝石頭の赤ん坊問題〟という謎の現象が定着していたのだ。

　私がガプンに戻ることにしたもうひとつの理由は、そこで暮らす一〇〇人あまりの人々を好きになったからだ――彼らは愛想がよく、興味深く、そして面白かった。私は死んでいるという話で怖がらせないときは、笑わせてくれた。

　しかも、村人たちも私に戻ってきてほしがっているのは明らかだった。最初の一カ月の滞在期間が終わるとき、彼らは私のために家を建てると約束した。そこでなら、軽率な子供や強欲な訪問者によって盗まれる心配なく持ち物を保管できる、と彼らは請け合った。そして私が出発する直前、物知りの老人たち――「長老」（トク・ピシンでは「オル・ビクマン」*ol bikman*）、タヤップ語では「ムンジェヌム・スマン」（*munjenum suman*）と称される人々――は羽毛やイノシシの牙で私を着飾らせ、呪文をかけた水をタロイモの葉に注いで飲ませた。その魔法の水は私の舌をなめらかにしてタヤップ語を話させる、と彼らは言った。私は前世で幼くして死んだためタヤップ語を習得していなかったらしい。

　その同じとき、彼らは私にタヤップ語での名前を与えると宣言した。それは死ぬ前の名前ではない。前世で私はクンジと呼ばれており、生後数カ月で死んでいた。転生した私に長老たちが与えると決めた新しい名前は尊いものだった――村の始祖のひとりの名前だ。

　その名前はサラキ。私は気に入った。しなやかに始まり、軟口蓋音［舌の付け根を喉の奥の部分に触れさせて息の流れを止めて発する子音。この場合はカ行の音」を挟んで、わくわくする母音の斜面を滑りおりていく。J・R・R・トールキンが意地悪なエルフにつけそうな名前だ。

というわけで、私は翌年ガプンを再訪した。村人が建ててくれた高床式の広くて住みやすい家で、一年三カ月間暮らした。博士論文を完成させ、タヤップ語について、なぜその言語が消えつつあるのかについて、発見したことを本に著した。

その後ガプンには五回戻り、[1]延べ三年近くの期間を村で過ごした。

村人はそのあいだじゅうずっと、私を幽霊だと思っていた。私はきわめて役立たずで厄介な幽霊だった。村人は、私が変化への道にまつわる秘密を有していると確信していた。それなのに私は何度も行き来していた年月で、決してその秘密を明かさなかったのである。それでも彼らは、私がいつか口を滑らせてうっかり秘密を漏らすことを願って、慎重に私の行動を観察し、発言の意味を考えることをやめなかった。私が行き方を知っている〝道〟を自分たちが見つけたら――あるいは死んだら、どちらが先に起こるにせよ――カニが脱皮するように、黒い皮膚が割れて、柔らかくて白くて裕福な人間として生まれ変われる、と信じていた。白い皮膚になれば、白人が持つあらゆる金やものが簡単に手に入るのだ、と。

1　私が村を訪れた時期は以下のとおり。一九八五年（一カ月）、一九八六～一九八七年（一年三カ月）、一九九一年（二カ月）、二〇〇六年（六週間）、二〇〇九年（九カ月）、二〇一〇年（一カ月）、二〇一四年（二カ月半）。

〝太鼓腹〟オンジャニが満腹になって徒歩二時間の距離にある自分の村に戻るためガプンを発ったあと、村人たちは彼が言ったことについて静かに話し合いを行った。女たちは嘲笑した。「会社が来て空気を全部取っていったらどうなるの？」彼女たちはいぶかった。パプアニューギニアにはたっぷり空気があるというオンジャニの宣言にも、安心はできなかった。「空気が全部なくなったら、熱帯雨林の豚はどうなるの？　サゴヤシの木は？　バナナ農園は、タロイモは、タバコは？」「子供たちはどんな空気を吸うことになるの？」

男たちは、それは懸念すべきことかもしれないと認めながらも、女たちより楽天的だった。一〇億キナは非常に多額である。幹線道路や滑走路も高額だ。大学も。オンジャニがこれまで何度も彼らをだましてきた卑劣なほら吹きなのはわかっているが、それでも彼の提案をただちに却下したくはなかった。彼が配布して村人全員が署名したものを来週集めに来ると言っていた書類を、誰ひとり理解できなかったのは事実だ。それでも書類ではある。機械でタイプされ、印刷されている。公式なものに見える。彼らは私に、読んで説明してくれと頼んだ。書類の文言を訳した私は、オンジャニはまただまそうとしているのだと言った。彼らは、いつも詐欺に引っかからないよう私が説得を試みたときと同じ反応を示した。私の訴えを無視したのである。

二〇〇九年半ばにオンジャニがガプンのメンズハウスを訪れたとき、私は村に充分長く滞在していて、二酸化炭素取引といった問題に対する私の意見はほとんど重要視されなくなっていた。国々についての直接的な経験を私が彼らより多く持っていたのは、村人たちも認めていた。しかし彼らの期待する変化への道を開くことを私がしていないため、オンジャニの持ってきたような計画への反対意見は軽視されるようになっていたのだろう。どうやら彼らは、私が彼らの探し求める〝道〟を知らないと考えていたらしい。ガプンを訪れはじめた当初は、私の無知は若さゆえだと思われた。私の国の長老たちは大事な秘密をまだ私に明かしていないのだ、と。

その後の訪問のあいだに、村人たちは私が愚鈍だと結論づけていた。

あるいは、私が秘密を隠している陰険な人間だと。いずれにせよ彼らは、周囲の世界についての確立した考え方に基づいて、私という人間を理解していた。彼らが国々の生活に関して信じていることの多くは不正確だという私の抗議は、穏やかにしりぞけられ、その後忘れられた。国々のほとんどの人は金を手に入れるために労働しなければならない、国々にも貧乏な人はいる、白人もときどきは歩く（運転手つきの自動車でどこへでも連れていってもらうわけではない）、と私が主張しても、いつもぽかんとされるだけだった。

他方、地下鉄のようなものについての私の話は、熱心に受け止められ、聞く耳を持つ者誰にでも伝えられた。私が地下トンネルについて話すと、村人は訳知り顔で微笑んだ。彼らは既にすべて知っていたのだ。死んだパプアニューギニア人は、地元の墓地の下を走るトンネルを通ってローマへ行き、白い皮膚に変わる。地下深くを通るトンネルを高速で進む大きな車両についての私の説明は、村人が既に自ら突き止めていたことを裏づけていた。ほかの村から来て知っていると主張する人々の広めた噂を分析したり、数年に一度村でひと晩過ごす数少ない司祭の語る話を慎重に取捨選択したり——そして一〇年以上にわたって近隣の村に存在していた小学校から手に入れた数冊の古いオーストラリアの教科書の絵や写真が何を表すかを考えたりすることによって、彼らなりの結論に達していたのだ。

私と村人たちとの関係は、いつもそんな調子だった。私は彼らの言うことすべてに耳を傾け、その多くを記録し、一語ずつ罫線入りの大きなノートに書き記した。

その関係は必ずしも相互的なものではなかった。私が話すとき、彼らは自分の聞きたいことだけを選んで耳を傾けたのである。

2　湿地の村

ガプンに行くようドン・レイコックが提案したとき、私はどんな地図上でも村を見つけられなかった。といっても、村を発見するために、羅針盤と地形図を持ち、防熱ヘルメットをかぶって熱帯雨林に入っていく必要はなかった。

ガプンは非常に人里離れた場所にあった（今もそうだ）。村の属する東セピック州の州都ウェワクからでも、隣のマダン州の州都マダンからでも、三日かかる。だが村から半径約三〇マイル（四八キロ）の範囲に住む人の多くはおおよその場所を知っており、船外モーターつきのカヌーを持つ少数の人なら、セピック川河口から少し入った巨大なマングローブの沼まで連れていってくれる。ガプンに行くには、この沼を抜けなければならない。大変なのは沼に入ってからだ。密生するマングローブの木の隙間にある、熱帯雨林に流れ込む曲がりくねった小川への入り口を見つけねばならないのだ。カヌーでその小川を三〇分ほどさかのぼっていくと、それ以上進めなくなる。そこでカヌーをおり、覚悟を決めて、あと一時間湿地の中を歩いていかねばならない。

初めてガプンを見つけるときは、まずウェワクに向かった。オーストラリアで、パプアニューギニア人の女と結婚してウェワクに住むオーストラリア人の名前を教えられていた。彼は親切にも、セピック川沿いにあるタウェイという村まで私を連れていってくれるよう義兄に頼んでくれた。そこでガプンまで行ってくれる船外モーターつきカヌーを借りることができた。ガプンまで案内してもらうため雇ったふたりの男は、ガプンの女と結婚した遠い親戚がいるため、村までの道を知っていた。親戚を訪ねて一度ガプンに行ったことがあるという。

日の出直後にタウェイを出発し、ガプンに到着したのは夕方遅くだった。村に着いたとき、私は湿地を歩く過酷な旅で疲労困憊し、空腹と方向感覚の消失で朦朧となっていた。案内人のふたりは私を屋根のないメンズハウスで待たせ、ひとりの子供に自分たちの親戚を捜しに行かせた。その時点で私はパプアニューギニアに来てまだ二週間で、トク・ピシンは最低限しか使えなかった。見物に来た好奇心あふれる村人に言えたのは、最初の質問への答えとして、いや、司祭ではない、ということだった。その後は、私の素性、ここへ来た理由、ここに滞在したがっていることについて案内人が大まかに説明するあいだ、後ろのほうに引っ込んでぼうっとしていた。その話はまずメンズハウスの中と周囲に集まった男女に伝えられ、案内人の親戚が現れたときにもう一度慎重に繰り返された。案内人は、ガプン滞在中、その親戚に私の世話を頼むつもりだったのだ。

ドン・レイコックが一度も訪れたことがなく何も知らなかった村は、熱帯雨林の小さな切れ目のような、風のない場所にあった。広大で果てしなく思える湿地に生えた巨大な木々で、四方を囲まれている。村にたどり着くため、どろどろべたべたした悪臭漂う湿地に足を取られながら歩いてきた私は、多くの人が熱帯雨林に持つロマンティックなイメージは――控えめに言っても――誤解であることを、身をもって学んだ。

かつて熱帯雨林はジャングルと呼ばれていた。いつ、「ジャングル」でなく「熱帯雨林」と呼ぶのが急に政治的に正しいとされるようになったのか、正確には知らない。だが「ジャングル」という言葉から連想される荒々しさや恐怖のほうが、そのような環境で遭遇する経験をはるかにうまく表現しているのは知っている。

熱帯雨林には牧歌的な響きがある。それは地球の肺である、とよく言われる。その浄化を連想させる比喩は、新鮮な空気、美しい花、ひらひら飛ぶ蝶、そして緑豊かで肥沃な環境と幸せに調和して暮らす穏やかでにこやかな土着の民を思い起こさせる。

一方、ジャングルは友好的な場所ではない。ジャングルは、奥深い森や毒ヘビ、縮んだ頭や人食い人種、ほんの数分でバッファローの肉を食い尽くす狂暴なピラニアの群れ、タールのようにうねりながら、行く道に現れたどんな生き物をも取り囲んでハサミのような何万もの小さな顎で嚙みついて苦悶に満ちた死を与える軍隊アリ、といったイメージを喚起する。

ジャングルは人が流砂にのみ込まれ、ワニに食われる場所。熱帯雨林は人が自然とまじわり、全生物とひとつになる場所。

ガプンのある地域は、熱帯雨林よりもジャングルと呼ぶのがふさわしい。大量発生する蚊、ワニ、くねくね動いて人の目の中に入っていこうとする黒いヒル、きわめて毒性の強いヘビ（死のヘビ（デスアダー）という、そのものずばりの呼び名がある）。どちらを向いても、針のようなとげのある木や、そばを歩く人間をつまずかせたり顔や体の皮膚を切り裂いたりするぎざぎざの鋸歯を持ち、垂れさがったり木に絡んだりしている蔓植物がある。そして泥、果てしなく広がる泥。泥は、鋭く、とげがあり、ぎざぎざで、ときには毒性のある、表面のすぐ下にひそむ動物や破片を覆い隠す。泥に足を滑らせたら、ワニやデスアダーの上に倒れたり、針のようなとげのある木や、ぎざぎざの鋸歯のある絡まった蔓植物にぶつかったりする。

そして、暑い。うだるような、情け容赦ない、頭の痛くなる、ぐったりさせる蒸し暑さに、全身の毛穴から汗が噴き出す――毛穴があることを知らなかった部位からも。

膝を折り、横乗り鞍に座る貴婦人のように足を尻の右側に出し、体を少し横に傾けて左手をついて支え、村のメンズハウスの樹皮でできた床に座り込んでいたとき、私がいたのはそういう環境だった（その後村で過ごした年月でいつも床に座り込んでいたものの、楽にあぐらをかいて座るやり方はついに習得できなかった）。私は周囲の音に耳を澄ませた。甲高いジージーというセミの鳴き声、ときどき聞こえるオウムの声、日中は村のすぐ外に立つ巨大なイチジクの木でさかさまになっているオオコウモリの群れのサルのような叫び。たまに、尿にまみれたオオコウモリのつんとしたにおい——焦げたゴムと汚れた靴下のまざったようなもの——が、かすかにメンズハウスのほうに漂ってくる。そのにおいは瞬間的に、ぐっしょり濡れたオーバーコートのようにぶらさがる、たわわに実って熟れすぎた熱帯果実のにおいを突き破って、私のところまで届いた。

新しくやってきた白人をひと目見ようとメンズハウスにぞろぞろ向かってきた村人はすべて、ヘルメットのように丸く頭を覆う黒い縮れ毛と、赤か黒の歯をしていた。皆の噛むビンロウジが刺激的なにおいをかすかに放っており、村人自身は、さわやかで清潔、心地よく鼻をくすぐる汗のにおいをさせていた。七歳くらいまでの子供は裸だった。それより年上の少年と成人男性は、人によって程度の差はあるがどれもぼろぼろの、布製の半ズボンをはいていた。メンズハウスまで上がってくることは許されないが、その下の地面に立って高い床に肘をつくことは許されている女たちのほとんどは、胸をむき出しにしており、腰の周りに布をゆるく巻いていた。靴を履いている者はおらず、私が村人に関して最初に気づいたのは足の巨大さだった。横幅が広く、平らで、堂々とした足。太くてよく動く足の指は、広げて物をつかむこともできそうだった。細い指のついた幅の狭い私の足とはまったく違っていた。見おろしたとき、自分が纏足をされた中国人娼婦になった気がした。

村人の大部分は（パプアニューギニア本土のほとんどの人々と同様）背が低く、身長は五フィート（約一五〇センチ）以下、多くは四フィート（約一二〇センチ）に近い。意外にも、私がその小ささに気づいたのは、村を出て写真を現像したあとだった（私の初めての訪問は一九八〇年代半ば。

フィルムを現像所に送り、それが写真紙に焼きつけられて送り返されるのを待つという、原始的な時代だった)。私が撮り方を教えた若者数人の手による写真を見たとき、村人のほとんどが私の胸に届く程度の身長しかないことが信じられなかった。村人たちは私を見おろしているという印象を抱いていたのだ。確かに、彼らと過ごした時間のうちほとんどは、一緒に床に座っていて、私は横乗り鞍に座るようにぎこちなく体を傾けた姿勢だったため、立っていたらもっと明確だったはずの身長の違いが目立たなかったのだろう。しかし、ときどきは立っていた。村人とともに熱帯雨林を歩きまわり、家から家へと訪ね歩いた。写真も、私が彼らと並んで立っていたことを証明している。なのに、身長の違いには気づいていなかった。実際の体の大きさとは関係なく、少なくとも心理的に村人は私を見おろしていたのだろう、と結論づけた。彼らは熱帯雨林について優れた知識を有しており、私はそこで生き抜くため彼らにすっかり依存していたからだ。

ガプンの村は、二〇ほどの小さな家が狭い空き地の真ん中にでたらめに並んでいるように見える、無秩序な場所だった。ごちゃごちゃと立つ家同士は、ココナツ、細いビンロウ、白っぽいピンク色の果実がたわわに実る、トク・ピシンで「ラウラウ」(*laulau*)と呼ばれるマレーフトモモなどの木で区切られている。村のある地域に草はなく、地面のほとんどは泥だ。ごわごわの剛毛に覆われた醜く黒い豚がブーブーと鼻で泥をつつきながら動きまわり、村人が投げてやった残飯を熱心に貪る。ジャッカルの大きさの小型犬(どれも疥癬がかなり進行しているようだった)

が、私が来てすぐ座ったメンズハウスに跳ねて飛びのり、炉のそばに寝そべる。村人は犬に気づくたびに、棒切れでぴしゃりと叩く。犬はキャンキャン吠えて飛び上がり、一メートルほど離れては元の場所に戻り、またすぐ近くの者に叩かれる。

村の家は、竹の柱、蔓植物、樹皮、サゴヤシの葉といった、藪から取れる材料で作られる。どの家も、地面から三・五～五フィート（約一～一・五メートル）高いところに床が組まれる。熱帯雨林にその名を与えている雨嵐によって頻繁に洪水が起こり、村の地面は広大な沼に変わるからだ。竹の柱や割って平らにした竹で編んだマットで作った壁で囲まれた家もある。だがほとんどの家は、屋根がなく、炉の風よけとして一面か二面に短い壁を立てただけの造りだ。炉は家の床の端に作られ、家事のほとんどはその周りで行われる。

家の床には興味をそそられた。床は硬くて平らで、長くて太い亀裂が入っている。のちにわかったことだが、床は一種のヤシの木から作られていた。木を切り倒し、木目に合わせて切り、縦に深い切れ目を入れる。樹皮がはがれ落ちると、内部の髄をスコップで削り取る。残った外皮をカーペットのようにくるくると巻いて村まで持って帰り、蔓で柱に結びつけられた細い敷物の上に広げる。平均的な家は床を作るのに、こうして巻いたものを九ロール（一ロールは五×一一フィート（一・五×三・三メートル））使う。

樹皮が乾燥すると、切れ目が広がって硬くなり、そのため床に広い亀裂が生じる。その亀裂からゴミを落とせるので、床を掃くのに便利だ。村人は常に大きな亀裂の横に座るようにして、ビンロウジを噛んで口にたまった苦くて赤い唾を吐き出している。床の亀裂のおかげで乳幼児の排泄物の処理も容易になる。赤ん坊が床の上で大小便をしても、その汚れはカップ一杯の水で亀裂から流し落とせばいい。

どの家も、内部はほぼ同じだった。家具はないが、女たちが湯を沸かしたり料理したりするためのアルミ製の鍋や釜は、いつも炉の周辺に転がっていた。鍋は、銛で突いたワニの革を売ったりコーヒーやカカオ豆といった商品作物を栽培したりして得た金で買っていた。こうした活動でたまに少額の金が手に入ることはあるものの、ほかの地域の業者がわざわざガプンまで行く値打ちがあると考えることはめったになく、村人には収穫したものを業者のところまで運ぶ手段がない。金を手に入れるために村人が育てたもののほとんどは、蔓にぶらさがったまま腐ったり、木に生ったままましなびたりするのだった。

私の最初の訪問以降、村の家の内部の間取りは少々変化したが（白人の家には部屋があると知った少数の者は自分たちの家の内部も部屋で区切るようになった）、平均的な家はいまだに、あらゆる活動が、しばしば同時に行われる、広い部屋ひとつだけで構成されている。人々はサゴを食べ、ビンロウジの唾を吐き、暴れる赤ん坊に水をかけ、タバコの葉から葉脈を取り除き、ココナツを砕き、タロイモの皮をむき、犬を叩き、巻きタバコを作り、指の爪や足の指のあいだに詰まった砂をナイフでこそげたあと平気な顔でそのナイフを使って皮をむいたばかりのタロイモを切り刻む――そのすべてが、夜には蚊帳を張って子供とともに寝ゴザに転がって眠りにつくのと同じ場所で行われる。

家族が住む家のほかに、メンズハウスがある。メンズハウスは村人の昔ながらの信仰や政治制度の名残りである。第二次世界大戦が生活を取り返しがつかないほど乱すまで（一九四二年に日本軍はパプアニューギニア北部に侵攻していくつもの基地を作ったが、そのひとつはガプンからそう遠く離れていなかった）、ガプンの宗教的および政治的生活は男性尊重の信仰を中心に展開されていた。この信仰は、弔いの宴、少年の通過儀礼（イニシエーション）、戦いの勝利の祝宴などで何組もの竹笛が演奏されるたびに呼び出される、恐ろしくて血に飢えた神を崇めていた。こうした神の崇拝――その地域一体に広まっていて、人類学の文献では「タンバラン」（*tambaran*）信仰というトク・ピシンの名前で知られているもの――は、その地域を破壊した果てしない戦いと関係がある。この信仰が、敵を殺して貪欲な神に捧げるため頭を切り落とすという行為をうながしたのだ。

タンバラン信仰はまた、男女を厳密に分離することを求めた。女は子供とともに狭い家に住み、成人男性とイニシエーションを終えた少年はメンズハウスで一緒に暮らす。女は料理を作って男と少年に届け、男は日中妻とともに熱帯雨林に入って、サゴ粉を作ったり畑の世話をしたりする。だが女はメンズハウスに入ることを禁じられていた。中で聖なる笛を演奏するためサゴヤシの枝でメンズハウスが封鎖されているとき、女は家を囲むエリアに入らないよう命じられ、背くと死が待っていた。

第二次世界大戦終結の数年後、ローマ・カトリック教会の宣教師がガプンに来るようになり、すぐさま村人をキリスト教に改宗させた。タンバラン信仰は事実上消滅し、メンズハウスの力は衰えた。それでも、今日に至るまでタンバランの神の姿は女に公開されず、聖なる笛は熱帯雨林の奥深くで保管されて、少数の村の男が管理している。メンズハウス（どの時代にも村に二、三軒は存在した）は今なお禁断の場所とされ、女は中に入るのを許されていない。

村人が最初に教会を建てたのは一九五〇年代だった。およそ一〇年に一度、古い教会がシロアリに食われたり熱帯暴風雨の被害を受けたりして崩壊するたびに新しい教会が建てられる。私はガプンに向かう道で最新の教会の前を通っていた。それは村の郊外にあり、湿地帯から出たとき初めて見た建物だった。村で最も大きい構造物で、当時ガプンに住んでいた一〇〇人あまりを収容できるように造られていた。高床式でない唯一の建物だったため、特別激しい雨のあとの日曜日には、村人は自分たちで作った低いベンチに座ることができなかった。礼拝のあいだ、濁った水たまりの中で、男は教会の右側、女と子供は左側に分かれて、立っていなければならなかった。

字を読める地元の男が毎週日曜日のミサを行う。村人は遠い過去のいつか村を訪れた宣教師が寄付していった、カビが生えて青っぽくなった絵の、かつてはアイボリー色の肌だったイエスの慈愛に満ちたまなざしを受けて、賛美歌を歌って祈りを捧げるのだった。

ガプンに住むようになった私は、村人とともに従順に礼拝に参加した。毎週日曜日の朝、村の真ん中に立つスリットゴング・ドラム［縦に細い穴の開いた木製の太鼓］が村の礼拝導師によって叩かれ、ミサに人々を呼び集める。私は、それぞれの家から出てきて泥だらけの教会にのろのろと向かう村人の群れについていった。母親は乳児を腕に抱き、幼児を肩車する。成人男性、青年、少年は二、三人のグループになり、水たまりを迂回して進む。私は男性用区画の後方で、うやうやしく黙り込んで座るか立つかしていた。あまり信仰心のない私は、最初こういう日曜日の勤めに苛立っていた――それは研究を邪魔する退屈なものだった。そして正直言って、礼拝を楽しんだことはない。ところどころに耳障りな甲高い裏声で歌う短い賛美歌を挟みながら、カトリックの祈禱書を単調に読むだけ。だが徐々に、その退屈な儀式を通して、村人の信仰生活が決して無意味なものではないことがわかってきた。それどころか、私が最も解き明かしたいと思っていたものを正確に理解するために非常に重要だったのである。

私はある特定の疑問への答えを求めてガプンに来ていた。すなわち、なぜ言語は消えるのか？という疑問だ。それが間違った疑問であると気づくには、長い時間がかかった。というより、それは明らかな答えを持つ疑問だった。言語が消えるのは、人々が話さなくなるからだ。

もちろん、なぜ人々は言語を話さなくなるのかと尋ねることはできるし、それは最初の疑問よりも少しは興味深いだろう。だが、その質問が言語学者――（先祖伝来の言語が消滅しかかっていることに、たいていは手遅れになってから気づいた少数の言語活動家と並んで）言語の消滅を真剣に危惧するごく少数の人間の一部――によってなされるとき、それは常に落胆や叱責の口調だった。

言語学者や言語活動家が「なぜある言語の話者がそれを話さなくなるのか?」と尋ねるとき、彼らが本当に言いたいのは、「なぜその言語の話者は我々を失望させているのか? なぜ彼らは、かけがえのない文化遺産、人類の宝箱におさめられたきわめて貴重な宝石、永遠に――少なくとも、すべての音素、おそらくは独特の語形、そして間違いなく特異な構文を我々が記録してしまうまで――保存すべきだった絶妙な芸術作品を手放したのか? なぜ、もっと賢明であるべきだった、先見の明に欠ける恩知らずどもは、どんな偏見にさらされようとも、たとえ大量虐殺の脅威に直面しようとも、ああ、なぜ彼らは、自分たちの言語がどれほど貴重かを理解せず、子供たちに教えなかったのか?」ということだ。

今日、言語の消滅に関して書く多くの言語学者は、その言語を話す人間に思いを馳せようとしない。彼らは絶滅危惧言語を絶滅危惧種になぞらえることを好む。すたれかかったウズベク族の言語は、絶滅の危機に瀕した種類のランにたとえられる。衰退しつつあるパプア言語はカリフォルニアコンドルのようなものだ。人類が環境や持続可能性に関心を持つべきだとされる時代、多くの言語学者は、瀕死の(その表現が実際に何を意味していようとも)言語への同情や支援を喚起するには生物多様性や生物種の消失という観点から論じるべきだと信じているようだ。

言語について考えるのに、多肉植物や希少な鳥のように扱う以上に悪い方法もあるだろう。しかし絶滅危惧言語を絶滅危惧種にたとえることの問題は、そうした比喩は人々の目を自然界に向けるということだ。だが、言語が消える理由を理解するに当たって、自然界を見るのは絶対的に間違っている。なにしろ、傷みやすい若いランは、聞いたことのない国際的な言語で授業がなされて伝統的なランの生き方がどれだけ間違っているかを学ぶだけに終わる学校に送り込まれはしない。カリフォルニアコンドルが、キリスト教に改宗させられて、伝統的なコンドルの生き方は悪魔的だと告げられることはない。

公平を期して言うと、言語自体がそういう目に遭っているわけではない。だが言語学者や言語活動家が心配している言語を話す人々は、まさにそういう目に遭っているのだ。

政治体制よりも生態系の観点で考えるようにして、絶滅危惧言語を絶滅危惧種にたとえると、〝言語の消滅は自然現象ではない〟という単純な認識が曖昧になってしまう。自然現象どころか、これはきわめて社会的な現象なのである。言語が消えるのは、成熟して勢いを失ったからでも、より広い音韻体系や豊かな構文を持つ獰猛な言語に滅ぼされたからでもない。人々が話さなくなるからだ。

なぜ言語が消えるのかを探索するよりも、するべき質問は「言語はどのように消えるのか？」だったのだ。ある言語の話者が暮らす社会で、両親が子供にその言語を教えなくなったことには、どういういきさつがあったのかを見いださねばならない。言語の消滅はどこから始まるのか？　それはどのように続くのか？　そこには誰かの利益になるような意識的な決断が関わっているのか？　誰も心から望んでいないのに言語が消えるなどということはありうるのか？

私の予測では、五〇年後にはタヤップ語は完全に消滅しているだろう。初めてガプンに行ったとき、タヤップ語を話すのは人口一三〇人のうちおよそ九〇人だった。三〇年後の現在では、二〇〇人中四五人ほどだ。村は拡大し、言語は縮小している。

といっても、ガプンの人間の記憶にあるかぎりでは、タヤップ語を話す人間は最も多いときでせいぜい一五〇人程度だった。最盛期でも、タヤップ語の話者はニューヨークシティの地下鉄の車両一両におさまるくらいだったのだ。

それは非常に少ない数だが、こういう小規模な言語はパプアニューギニアでは珍しくなかった。この国で話される言語のほとんどは、話者が三〇〇〇人以下しかいない。そして言語学者の推計によると、言語のおよそ三五パーセント（つまり三五〇ほどの言語）は、話者が約五〇〇人を超えたことがなかったという。

一般通念や常識とは逆に、このように小規模な言語の群れが存在する原因は孤立ではない。それぞれの村が山や踏み込めないジャングルで隔てられているからこのようなことが起こった、というわけではない。その正反対だ。パプアニューギニア全体を通して、最も言語的に多様な（つまり最も多くの言語が存在する）地域とは、川に沿ってカヌーを漕ぐなどして、比較的容易に人々が行き来できる地域である。大規模な言語は、ぎざぎざの背骨のごとく国の中央を貫く山脈の中など、人の移動がもっと難しい地域に見受けられる（いちばん大規模なのはエンガ語で、二〇万人以上が話している）。

この直感に反した言語の分布から言語学者が引き出した結論は、パプアニューギニアの人々は自己と他者を区別するために言語を使ってきた、というものである。世界じゅうのそれ以外の人々が、自分たちの集団をよそ者と区別するのに宗教や食習慣や衣服のスタイルを用いてきたのに対して、パプアニューギニア人は言語によって同じ結果を得ていた。人は近隣の人々と異なる存在でありたい。他者と区別する方法が、異なる言語を使うことだったのだ。

本土じゅうの多くの集団が、人の死後に起こることについてよく似た伝統的な考え方を共有している。魔術、イニシエーションの儀式、祖先崇拝に関して、昔から同種の考え方を持っている。自分たちの起源について、同じような神話がある。そして一九世紀半ばに白人が入植してくるまでは、彼らはよく似た服装をしていた（今でも、手に入る布製品の種類が限られているため、よく似た服装をしている——たいていは、男はTシャツと布の半ズボン、女は大胆に露出されていた乳房を隠して慎み深くするために宣教師が持ち込んだ、ぶかぶかの、ハバードおばさん［マザーグースに登場する、だぶだぶのドレスを着た老女］スタイルの女性用ブラウス《メリ・ブラウス》）。隣接する村々の人間は熱帯雨林に棲息する同じ種類の豚やヒクイドリを狩る。そして皆、サゴヤシか甘い芋であるタロイモ——その土地で育つほう——を食べる。

ところが話す言語に関しては、パプアニューギニア人は互いに非常に異なっているのである。

タヤップ語が話されている地域に住む人々の集団同士は互いに孤立していないが、タヤップ語そのものは言語的孤立種である。つまり、ほかのどの言語とも明確な関連はない。語彙はほかの言語の語彙とまったく似ておらず、文法的にも多くの独特な規則があり、同じ地域の多くの言語の中で異質なものとなっている。[1]

なぜタヤップ語が孤立種であるのかを説明できる者はいない。だが第二次世界大戦が終わり、村人が商品作物の栽培を始め、彼らが見返りを期待して育てる米やピーナッツを業者が買いに来られるよう（その目論見は失敗に終わったが）村をもっとマングローブの沼地に近いところに移すまで、ガプンはセピック川下流地域で最も高い山の上に位置していた。標高五〇〇メートルのこの山は今日では特別高くないが、数千年前は独立した島だった。

孤立した言語が昔は孤立していた島で話されているという事実は、数千年前に海が後退してセピック川が形成され、パプアニューギニアの内陸部から海岸地域への移住の波が起こる前から、タヤップ語が既になんらかの形で存在していた非常に古い土着言語であることを示唆している。起源がどうあれ、そしてどれだけ小規模であっても、英語やロシア語やナバホ語やズールー語

1 一例として、タヤップ語は他動詞（目的語を取る動詞）の主語を能格という文法構造によって表す。たとえば、「その女性は行く（ノギョール・ウォク）」（*nogor wok*）と言うが、「その女性」が他動詞の主語の場合、「女性」を意味する「ノギョール」（*nogor*）に「～イ」（*-yi*）をつける。そのため「その女性はサゴを料理する（ノギョーリ・ムム・ニルクワンクク）」（*nogoryi mum nirkwankuk*）となる。また、タヤップ語は自動詞（目的語を取らない動詞）を性で区別するので、男や少年には「来なさい（ウェテット）！」（*Wetet!*）と呼びかけるが、女や少女には「来なさい（ウェタックク）！」（*Wetak!*）と呼びかける。

と同じくきちんと完成された言語であるという事実から、タヤップ語は何百年、もしかすると何千年という非常に長期間にわたって発展し、安定して保たれていたと考えられる。ところがその繁栄の時代は、一九八〇年代に突然、そして決定的に終わりを迎えた。一九八〇年代半ばには、村で育った子供たちは、歴史上初めてタヤップ語を母語として学ばなくなっていた。その代わりに学んでいたのは、トク・ピシンと呼ばれる言語である。

トク・ピシンはパプアニューギニアで四〇〇万人が話していると推定され、国内で最も広く話されている言語である。タヤップ語など国じゅうで話されるさまざまな土着言語と違い、トク・ピシン――文字どおりの意味は〝ピジン言語〟あるいは〝鳥の言語〟――の歴史は非常に浅い。カリブ海ジャマイカのクレオール語やアフリカのカメルーンのピジン英語など、ほかの現存するピジン言語と同じく、トク・ピシンも一九世紀末にプランテーションで用いる言語として誕生した。太平洋において、ヨーロッパからの入植者はプランテーションで働かせるため、さまざまな言語集団の男たちを多数集めた。労働者がコプラ（いぶして乾燥させたココナツの実。圧搾して油を取る）を加工したり、アジア料理の珍味であるナマコを取ったりした結果、一九世紀半ばから末にかけて南太平洋全体に巨大な産業が生まれた。

数千人の男たち――共通言語を持たないが、ヨーロッパ人監督に与えられた命令に従って協力して働かねばならない人々――はどうしたか？　新たな言語を発明した。その言語の語彙の多くはヨーロッパ人の用いる言語から来ていた〈「トク」（*tok*）は「話す（トーク）」、「サナップ」（*sanap*）は「立ち上がる（スタンドアップ）」、「ピク」（*pik*）は「豚（ピッグ）」、「ミシス」（*misis*）は「奥様（ミストレス）」転じて「白人女性」、「マスタ」（*masta*）は「ご主人様（マスター）」転じて「白人男性」〉。だが文法は、男たちが故郷で話していた言語に深く根差していた。[2]

一九世紀後半に生まれたときから、トク・ピシンは多くのヨーロッパ人やオーストラリア人による嘲りの的だった。その普及ぶりと、彼らの目には英語をゆがめたように映った単語ゆえに、英語の話者は、この言語は単に英語の幼児版だという誤った考えを抱いた（今でもそう考える人間は多い）。そのため彼らの多くは赤ちゃん言葉のように話した。たとえば「彼、来る、こっち」のような命令を怒鳴った——鈍感な耳と人種差別的偏見のせいで、正しい形が「キシム・イ・カム」（*Kisim i kam*）だとわからなかったのだ。トク・ピシンを話すパプアニューギニア人から見れば、白人の話し方こそ赤ちゃん言葉だった。そういう話し方には中傷的に「白人言葉（トク・マスタ）」（*tok masta*）という名前がつけられた。彼らは軽蔑を込めてそう呼び、白人が黒人に命令して回るのにいかに下手くそな話し方をするかについて陰口を言って嘲笑った。

2　地元の言語がトク・ピシンにどれだけ影響を与えたかを示す例のひとつは、他動詞の形の取り方である。トク・ピシンでは、パプアニューギニアで話されているほかの多くの言語と同じく、動詞の形は目的語を取るかどうかで変わる。「シンダウン」（*sindaun*）という動詞は「座る」を意味する。だが他動詞になると（「何か／誰かを座らせる」）「シンダウニム」（*sindaunim*）に変わる——語尾の「～イム」（*-im*）は、動詞が他動詞であることを示している。英語では動詞にこのような区別はない。自動詞「私は座った」（*I sat down*）でも他動詞「私は赤ん坊を座らせた」（*I sat the baby down*）でも、“sit”という動詞は同じ形である。

年月の経過とともに、この新生言語は定着していった。動詞の形が定まり、語順が決まり、文法が整う。労働契約から解放された男たちはこの言語を故郷に持ち帰り、トク・ピシンは地下茎さながらプランテーションから村々へと広がった。故郷に帰るとき報酬として受け取った工場製の布、長刀（マチェーテ）、斧、陶製の貝殻などと同じく、男たちはトク・ピシンを高級なものとして持って帰ったのだ。それは貴重な財産、別世界への鍵だった。プランテーションで一緒だった男たちは、自分たちが世慣れていることを知らしめ、生まれた村から徒歩二、三日以内の場所より遠くまで行ったことのない田舎者の親戚や隣人を畏縮させるため、郷里でも互いにトク・ピシンで話をした。

トク・ピシンがガプンにやってきたのは一九一六年だった。第一次世界大戦勃発の一年ほど前、沿岸部から、働いてくれる若者を探して白人がその地域に来ているという噂が広まった。その白人とは労働者を募集しているドイツ人で、彼らが集めた男たちはニューギニア東部（当時そこはドイツ領ニューギニアだった）のライ海岸や遠くのさまざまな島にドイツ人が作ったコプラのプランテーションまで送られた。アヤルパとワイキというガプンの男ふたりが、その白人を探して沿岸部まで行った。白人は彼らを村からおびき寄せて殺したがっていると信じる親戚は抗議したものの、ふたりはそれに反発した。冒険がしたくてたまらなかったからだ。親戚を無視し、労働者を募集しているドイツ人を見つけ、彼らとともに去っていった。

アヤルパとワイキは、本土のいろいろな地域から集まった何十人もの男たちとともに、ノイ・

ポンメルン（〝ニューポメラニア〟）という遠い島のラバウルというドイツ人入植地の近くのココポにあるコプラのプランテーションに連れていかれた。少なくとも三年間このプランテーションにとどまり、第一次世界大戦の勃発時にオーストラリアがドイツ領ニューギニアを占領するのを目の当たりにしたそうだ（そのとき〝ニューポメラニア〟は強制的に〝ニューブリテン〟と改名された）。ガプンにおける私の言語の教師だった老ラヤは、父親であるアヤルパが、「イングリス」（*inglis*）（オーストラリア人のこと）がドイツ人を集めて「大きな木箱に入れた。全員を木箱に入れ、蓋を閉めて釘を打ち、やつらの国に送り返した」と話したのを覚えていた。

一九一四年のオーストラリアによるドイツ領ニューギニア占領のしばらくあと、アヤルパとワイキは故郷に戻った。彼らが労働の成果を持って勝ち誇って村に現れたことは、今も語り草になっている。ふたりとも、〝積荷（カーゴ）〟でいっぱいの木製の道具箱を持っていた。鋼鉄のナイフ、マチェーテ、斧、何反もの工場製の布、ヨーロッパ製のタバコ、貝殻のように見えるカップの受け皿サイズの陶製の板（ニューギニアじゅうの村人たちは、そういう平らな貝殻を貴重な品だと考えており、それを知ったドイツ人は労働者に支払うため白い陶器で模造品を大量生産していた）。けれども、彼らが持ち帰った品物と同じくらい印象的で、それ以上に長持ちしたのは、プランテーションで働くことについて彼らが語った話だった。中でも最も強い印象を残したのは、白人のために働いているあいだに獲得した新しい言語だった。

当時のニューギニアの人々のほとんどと同じく、アヤルパとワイキは、トク・ピシンを白人の言語だと思い込んでいた。そして、鋼鉄製の斧や模造貝殻と同じく、その白人の言語も村じゅうに広まった。アヤルパとワイキは、ただちに仲間にその言語を教えはじめたのである。

アヤルパとワイキがガプンに戻った数年後、オーストラリアの労働者募集担当者が突然村に現れた。白人が実際に村まで来たのはこれが初めてだったため、パニックが起こった。怯えた村人の大半は熱帯雨林に逃げ込んだ。残ったのは、アヤルパ、ワイキ、それに衰弱していて速く走れない数人の老人だけだった。村から人がいなくなったのを見たオーストラリア人は、時の試練を経たと思われる説得方法を用いた。残った老人を集めて監禁し、彼らの不安の叫びが若者を呼び戻すのを待ったのだ。そのとき、アヤルパとワイキはオーストラリア人に協力した。白人についていったら、自分たちが行ったところへ行ってトク・ピシンを学べる、と話したのだ。「僕たちは白人の言語の一部をきみたちに教えた」彼らはそう言ったと伝えられている。「だけど、きみたちはまだよくわかっていない。プランテーションに行ったら、ちゃんと学べるぞ」

五人がオーストラリア人とともに村を出た。

こうして、トク・ピシン学習のパターンが確立された。若者が村でこの言語の基本的な知識を学ぶ。そしてトク・ピシンを〝よく〟学ぶため契約労働者として働きに行く。その後村に戻ると、若者に言語を教える。一九四二年、日本軍がラバウルの町を爆撃してニューギニアを第二次世界大戦に巻き込んだときまでに、一三人のガプンの男が（おそらく二五人の成人男性中）村を離れて三年かそれ以上の年月をプランテーション労働者として過ごし、そのうち七人が戻ってきた（残った六人のうち五人は、その地の女と結婚して村に戻らなかったか、プランテーションで死んだかのどちらかだった。ひとりは戦後、ニューブリテン出身の妻と幼い子供ふたりを連れて戻ってきた。子供のひとりはモネイといい、何年ものちに私にとって最も貴重な言語の教師となった）。

戦争は突然、このパターンに終止符を打った。日本軍がガプンのあるセピック川流域北部に現れると、オーストラリア入植者の行政官は姿を消した。当初、好奇心豊かな村人は日本人を歓迎して協力した――彼らのベースキャンプに家を建ててやり、塩と交換にサゴヤシを供給した。だがやがて兵隊は、マラリアをはじめとした熱帯性の病気にかかるようになり、連合国側の爆撃のため補給路が断たれると飢えはじめた。彼らはどんどん狂暴で暴力的になり、村人は恐怖に怯えた。

村人は山上の村を捨てて熱帯雨林に逃げ込み、畑に近づくこともできないまま、一年以上そこで仮住まいをした。それは苦難と死の期間だった。大人の四〇パーセント（男五人と女一二人）が、おそらくはその地を襲って流行した赤痢で亡くなった。大半が高齢者であるそれほど多くの死は、トク・ピシンを知らない村人の数が激減したことを意味した。戦争を生き延びた村人の大多数はある程度のトク・ピシンの知識を有しており、生き残った男の多くは流暢に話すことができた。

戦後、トク・ピシンは村に定着した。主な理由は、タヤップ語の話者が多く死んだことに加えて、キリスト教の伝来にあった。村人は一九三〇年代からキリスト教のことを知ってはいたが、宣教師が村に来るようになったのは戦後だった。当時村に行き着くのは、現在よりさらに困難だったのだ。戦後、村人は元の山上の村に戻らなかったが、理由のひとつは、村が既に存在していなかったことである。村人が逃げたと知った日本軍は激怒して、無人となった家をすべて焼き払っていた。村人は、山のふもとの平らな土地、日本軍がベースキャンプを作っていた場所の近くに、新たに住み着いた。とはいえ、この場所も人里離れた奥地だった。ガプンは舟で入れる最も近い川からも遠く離れているため、そこまで行くには、胸まで水や泥に浸かりながら、大型の淡水ワニが棲息する湿地を三～五時間かけて苦労して抜けていかねばならなかった。

初めてガプンまで旅をした宣教師はイラリオン・モリンというカナダ人カトリック司祭で、一九四八年に村へ来た。彼はその後も何度か村を訪れ、一九五〇年代半ばまでに二五人の村人に洗礼を施した。キリスト教のことはすべてトク・ピシンで語られ、村人はトク・ピシンによる祈りを唱え、賛美歌を歌い、ミサに聞き入った。

教会によってトク・ピシンが普及したのに加えて、契約労働者として働くため村を出た若者がこの言語を学ぶという現象は継続した。一九五〇年代初頭には、ガプンの一〇代後半と二〇代前半の未婚男性の大半（おそらくは一七、八人の若者のうち合計一四人）が、遠く離れたプランテーションでの契約労働者、水夫、はるか彼方にあるラエの町での道路建設労働者として働き、少なくとも一年を過ごしていた。彼らはトク・ピシンを完璧に習得し、ガプンに戻ったあとも、父親の世代が確立した伝統と同じく、お互いに、そして自分の子供に話すときトク・ピシンを使いつづけた。

こうした変化によって、村ではより多くの場面でより多くの人々がトク・ピシンを使うようになった。トク・ピシンは戦後「大きくなった」と村人は言う。この〝大きさ〟をもたらしたのは成人女性や少女たちである。一九五〇年代後半には、彼女たちもコミュニケーションの手段としてトク・ピシンを使うようになっていたのだ。一九八〇年代に私がトク・ピシンについて話を聞いたひとりの女は、こう言った。「戦争のあと、トク・ピシンはもう珍しくなったわ。表舞台に立った——私たちの日常語になったの。戦後生まれの私たち女は皆、トク・ピシンとともに成長したのよ」

トク・ピシンを話す村人が増えたことで最も大きな害を受けたのは、それ以外の地元の言語を用いる能力である。トク・ピシンの到来までは、ガプンの村人は非常に多言語を操っていた。周囲の村の人間は誰も、ガプン人が用いる小規模な言語を学ぼうとしなかった——それはガプンの人々にも好都合だった。よそ者には理解できない秘密の符丁としてタヤップ語を利用できたからだ。

ほかの村の人々とコミュニケーションを取るため、ガプンの男女は、よそ者が話す日常語を学んでいた。一九八〇年代に私が初めて村に長期滞在していたとき、第二次世界大戦以前に育った老人たちがタヤップ語ともお互いにもまったく関連していないほかの土着言語ふたつを自信たっぷりに話すのを聞いたし、その老人たちがさらに別の一、二の言語に反応するのも耳にしていた。

たとえ話すことができなくとも、明らかに理解していたのである。

戦後トク・ピシンが「大きくなった」あとに生まれた世代においては、ほかの村の日常語を使う能力は急激に衰退した。もはや、それぞれの地の言語を学ぶ必要はなくなった。そのときには、トク・ピシンでコミュニケーションを取るほうが簡単になっていたからだ。女は男に後れを取り、さらに一世代のあいだ、ほかの日常語を学びつづけた。その地域の女は一般的に、男ほど簡単にトク・ピシンを話せなかったのだ。それでも一九七〇年代には、ガプンの女もトク・ピシンをほかの土着言語よりもうまく使いこなせるようになっていた。

トク・ピシンを話すようになるやいなや、女たちは幼い子供にもその言語で話しかけはじめた。とはいえ、それ自体はあまり大きな意味を持たなかった。北欧やアメリカにおける中流階級の親と違って、ガプンの大人は幼い子供に話しかけて長い時間を過ごすことをしない。彼らは、幼児は教えられることによって学ぶと思っていないため、子供に何かを教えるのに言葉を使わない。そして赤ん坊と会話を試みるのはばかげている。赤ん坊は会話の意味を理解することも、返事することもできないのだから。

しかし、子供、特に女の子が、新しく生まれた赤ん坊の世話をする母親を手伝うようになると、母親は子供に命令を与えはじめる。そういう命令――薪を取ってこい、赤ん坊が泣いて欲しがっているものを渡してやれ、木にのぼってビンロウジを取れ――がトク・ピシンでなされることが増えていった。女も、男が数十年にわたって男の子や青年（そして自分の妻）にしてきたことを、自分の幼い子供にするようになったのだ――トク・ピシンで命令するように。そして、息子や甥や妻にトク・ピシンで命令する男たち自身は、白人監督者にトク・ピシンで命令されることによって、その言語を習得していた。

言語の消滅においては、〝個体発生は系統発生を繰り返す〟［〝生物の個体が発生する過程は、その生物が祖先から進化してきた過程を繰り返す形で行われる〟というヘッケルの反復説を要約した表現］のである。

言語はこのようにして消滅する。ガプンでは、トク・ピシンは最初、ほかの村の日常語を駆逐する形で村人の言語のレパートリーに加わり、最終的には彼ら自身の日常語を駆逐していった。村人が操れる言語の数は着実に減っていき、きわめて多言語の使用が、四世代のあいだに一言語だけの使用になった。かつて多くの言語を操った人々が、一言語しか操らなくなったのだ。その一言語とは先祖伝来の言語たるタヤップ語ではない。トク・ピシンである。

村の滞在が長くなり、このことがわかってくるにつれて、私がガプンで行おうと思っていた課題――言語がどのように消えるかを理解すること――は、自分が何もわからないまま負った巨大な責任のほんの一部であることに気がついた。タヤップ語は消えかけているだけではない――まったく記録されてもいないのである。これが消滅したとき、言語としての独自の特質は跡形もなく消え失せるだろう。私が、書き留め、記録し、解き明かすという任務を引き受けないかぎり。

それも急いで。

3　まずは教師をつかまえる

文字によらない言語をどう学ぶか？

人類の歴史のほとんどを通じて、大半の人々にとってその疑問は常に自然と解決していた。知らない言語を話す人々とともに生活するようになる――結婚して新しく夫となった人の一族とともに暮らす、略奪集団につかまる、母国が他国の植民地となって契約労働者として働くためプランテーションに送られる、単に見知らぬ土地に移住する――と、いやでも新しい言語を学ばざるをえず、身につくのだ。カササギが役に立つ巣を作るため小枝やふわふわして光る物体を集めていくように、一音一音、一語一語、一句一句、徐々に自分のものにしていく。幼い子供はそういう言語のかけらを苦もなく集める――三歳児を新しい国に連れていったら、数カ月以内に自信を持って新たな言語を話すようになるだろう。

一方、大人がその地に住み込んで文字によらない言語を習得するには、もっと長い時間を要する。多くの場合は何年もかかる。学ぶための期間が何年もあるのなら、それでもいい。しかし、私にはなかった。一九八六年にガプンに来たとき、目的の研究を完成させるための資金がきっかり一年三カ月分であることはわかっていた。その期間内に、地元の言語と村に関するその他すべてを学ぶ必要があった。村に着いた瞬間、カウントダウンが始まったのである。

私がガプンに来る前、村人以外の人間がタヤップ語について知っているのは、それが孤立した小規模な言語だということだけだった。第二次世界大戦勃発の数年前、ゲオルグ・ヘルトカーというドイツ人宣教師が数時間ガプンに来て、村人から聞き取った短い単語リストを作っていた。彼は一年後にそのリストを発表し、この言語はほかのどんな言語とも関連していないようだと述べた。

パプアニューギニアで話されている言語の大部分は、言語学者によってパプア諸語と呼ばれている。それはいまだ詳しく調べられていない世界で最後の言語グループであり（言語学的研究のほとんどは一九五〇年代に始まったばかりである）、今なお最も知られざる言語群である。現在わかっていることの大部分は、それらの言語を話す人々に福音を説いてキリスト教に改宗させるため言語を学んだ宣教師たちの研究に由来している。ガプンに来た少数の宣教師は、誰ひとりタヤップ語の習得を試みようともしなかった。あまりに小規模なので、わざわざ学ぶほどの価値はなかったのである。

だが宣教師たちと違い、私はこの地にとどまってわざわざ学ぼうと決意した。

料理家ハナー・グラスが一八世紀に著した料理本が、野ウサギのシチューのレシピを以下のような忠告で始めたとされているのは有名だ。『まずは野ウサギをつかまえましょう』。これは明らかに誤りである。グラスはこのようなことを書いていない。だがこの話が二〇〇年以上にわたって伝えられているのは、それが確かに優れた助言だからだ。街角の肉屋へ行って野ウサギの包みを買うことのできない人にとっては、今でも有効な助言である。

タヤップ語を学ぶに当たって、私はハナー・グラスの架空のレシピを思い出した。最初にすべきは教師をつかまえることだ。それは言うほど簡単なことではなかった。ガプンには、一日じゅう座り込んで客の白人と言語談義を交わす以外にすることのない暇人がいるわけではなかった。村人は働き者だ。毎週数日間、主食の原料であるサゴ粉を作るため、蚊やヒルがはびこる泥の中を進んで熱帯雨林に入り、サゴヤシの木を切り倒し、叩き、洗う。男は狩りをする。女は薪を集め、水を汲み、家族と常に数が変わる親戚や訪問客のために、一日に一度か二度食事を用意する。五月から一一月までの乾季には、女は熱帯雨林の中をちょろちょろと流れる浅い小川で釣りをする。男も女も日常的に、多くの場合は村から徒歩一時間以上のところにある、タバコ、バナナ、タロイモの畑の世話をする。また、いつか業者がガプンまで来てくれるという、たいていは実現しない望みを抱いて植えた、商品作物（コーヒー、バニラビーンズ、カカオ）の世話もする。まれにそれが実現したときには、村人は稼いだ金を町まで行く者に預けて、新しい蚊帳、懐中電灯、アルミ製の鍋といったものを買ってきてもらう。

タヤップ語を記録するのに、ハチドリのように人から人へと飛びまわり、たまたま少し暇があった人から言語に関する情報の断片を引き出すといったことはできなかった。タヤップ語についてのちょっとした面白い話をしたり猥談をしたりするより長い時間を、進んで私と過ごしてくれる人を見つけねばならなかった。また、流暢な話者を見つける必要もあった。一九八〇年代半ばにタヤップ語を学びはじめたときは、二五歳以上なら誰でもそれに当てはまっただろう。問題は、二五歳以上の人間には仕事があったことだ。

とすると、残るは老人だった。

一九八〇年代半ば、村にはひと握りの老人しかいなかった。ガプンでは、そしてパプアニューギニア全体として、老齢まで生きる男女は少ない。六〇歳以上は老人と見なされる。七〇代まで生きる数少ない丈夫な人々は、途方もない高齢者として一種の畏敬の念を持って見られる。実際、そういう人たちは「先祖」（トク・ピシンでは「トゥムブナ」*tumbuna*、タヤップ語では「アパ」*apa*）と呼ばれる。大半の人が比較的若くして死ぬのは、発展途上国では悲しいほどよくある理由による。慢性マラリア、脳マラリア、インフルエンザ、結核、毒へビに嚙まれる、そして女の場合――特に初産の若い母親の場合――出産時の死亡。こうした原因による死亡率の高さは、初歩的な医療も行われていないこと、そして村におけるすべての死（七〇歳を過ぎて衰弱した老人の死も含めて）は魔法使いの引き起こした殺人であるという村人の思い込みによって、いっそう悪化している。こういう考え方ゆえに、病人を治すには、魔法の呪文を唱えながら病人に唾を吐きかけたり、隣接するサナエという村（すべての魔法使いが住むと言われる場所）の人々に金や豚を送って死の魔法を解いてもらうよう頼んだりするしかないのである。

一九八六年にガプンで真剣に研究を始めたとき、村の人口は一〇〇人をわずかに上まわる程度だった。その中で、六〇歳くらいなのは次に挙げる七人だけだった。

(1)ンガヤム。サナエに住む魔法使いと共謀している邪悪な反社会的精神病質者として村人が恐れている、癇癪持ちでやぶにらみの男。ンガヤムの体は痙攣してあちこちおかしな方向に動き、ろれつは回っていない。私は彼がハンチントン病の末期症状を示していたと考えているが、村人は彼の病気を、ンガヤム自身が一九六〇年代半ばに土地をめぐる口論の末に村長を血も涙もなく殺害したことで自らとその家族にもたらした呪いによるものだと信じていた。

(2)ソムバン。ンガヤムの瘦せこけた姉で、弟と同じ病気で衰弱している。

(3)アジラギ。ンガヤムとソムバンの弟で、皆から愚鈍だと思われている。

(4)ワンジョー。すすけた暗い家から決して出ず、絶対に人に聞こえる声で話さない、虚弱な男。

(5)アグラナ。乳房が〝まだ立っている〟（つまり、ぴんと張っている）若い娘に抱く好色な弱み（フェブレス）を非常にばかにされ、皆から愚鈍だと思われている男。

(6)クルニ。ガプンの前村長。六〇代前半で体つきはがっしりしているが、腰は曲がっている。かつて筋骨隆々だった背中は脊柱側彎症のため湾曲し、その結果大きな甲羅を背負って歩いているように見える。

(7)クルニの弟ラヤ。引きしまった体で、結核持ちの、生き霊のように見える老人。常に痰の絡んだ湿った咳をしていて、そのためいつも機嫌が悪い。この病気は、別の男と駆け落ちした前妻がもたらしたと信じていた。非常に気難しいためあまり他人と長時間一緒に過ごさず、一〇代の息子に、村の外れに壁のない小さな小屋を建てさせていた。日中はよくそこで――しばしば、彼とともにいることを特別に許されていたアグラナとともに――座って、砂時計形の太鼓や神話上の始祖を描いた伝統的な複雑な模様の彫刻を作っている。男ふたりはその狭い小屋で背を向け合い、それぞれ反対側の端に座って、互いに心の中で競争心を抱いて難しい顔をし、屈み込んで彫刻をする。たまにそっけなく、アグラナの生まれた村の言語であるコパール語で言葉を交わす。この非常に穏やかな情景は、たまたま近くを歩いて平和を乱した子供にラヤが罵詈雑言を怒鳴りつけるたびに乱される――そういうことはしょっちゅう起こった。ラヤの小屋は意図的に、村に出入りする者なら誰もが使う大通りのすぐそばに配置されていたからだ（ラヤは誰も好きではないが、世情には通じていたかったのである）。

この限られたメンバーでは、選択の余地はほとんどなかった。ンガヤムとソムバンはろれつが回っておらず、私がタヤップ語の発音を知るのに役に立たない。ワンジョーのか細い声は、地面の果てしなく深い切れ目から立ちのぼる蒸気のようにゆらゆらしていて、ほとんど聞き取れない。アジラギとアグラナはどちらも陽気そうだったが、確かに少々愚鈍に思えた。

残ったのは、クルニと、その不機嫌な弟ラヤだった。

兄弟は見かけも性格もまったく違っていたので、今でもふたりの父親が同じだというのが信じられない。クルニは弟より背が低いが、その印象は背中が曲がっていたからかもしれない。穏やかで優しそうな顔つき、短く刈り込んだ白髪、髪と同じような色で白カビのごとく左目に広がった白内障による白濁。鉤鼻の内部を左右に区切る鼻中隔には大きな穴があった――大昔に受けたイニシエーションの儀式で開けられた、ヒクイドリの脚の骨を削って作った太い編針のような飾りをつけるための穴だ。耳にも穴があり、彼はときどきそのゆがんだ穴を、吸いかけのタバコや緑のキンマの葉［ビンロウジと石灰とともに噛む植物］を一時的に差しておくのに用いた。ほかの村人と同じく、クルニも大きくふくらんで一生分のたこだらけの巨大な手と足をしていた。人の話を聞くときは、顔の筋肉をゆるめてわずかに口を開けるため、常に驚いてぼうっとしているという印象を与えていた。

ラヤはクルニよりかなり老けて見えた。一九八〇年代半ばにはまだ五〇代後半だったと思われるが、既にかなりの老齢に思えた。体は骨と皮ばかりのがりがり。髪はほぼ真っ白。顔の皮膚は非常に薄くて、頭蓋骨の形まではっきり見え、頬骨や眼窩の上の骨は顔から突き出していた。睫毛も眉毛もなく、目の周りにはアライグマのような色褪せたタトゥーが入っており、まばたきをしない目は小さな黒いビーズに見えた。鼻は長くて広く、彼が毎日彫っている伝統的な彫刻の鼻のように曲線を描いていた。

私と一緒にいて、過去に出会った白人について話すときのクルニは謙虚で、卑屈ですらあったのに対して、ラヤは辛辣だった。第二次世界大戦後ガプンを訪れたオーストラリアの行政官に怒鳴ったこと、一九五〇年代に遠く離れた町ラエで契約労働者として働いていたとき白人の監督が気に入らない行いをしたら抗議したことを、話すのが好きだった。ためらうことなく、私があまりものを知らないようだと告げた。私がずぶ濡れで泥まみれで村に戻るのを見るたびに、怖い顔で、私は村の出入り口にある滑りやすい橋からしょっちゅう落ちているようだと述べた。まともに歩くこともできないのか、と。

ラヤはこうした批判を、かすれたガラガラ声で発するのだった。歯の抜けた口にいつも大量のビンロウジが入っているため、声はくぐもっていた。そのビンロウジは、自分で彫って網バッグに入れている小さな携帯用の木製の乳鉢に入れて、乳棒で念入りに砕いたものだった。

純朴ですぐ人を信じるクルニと違い、ラヤは疑い深くて人に気を許さなかった。薄い唇をへの字に曲げた仏頂面をし、半ば伏せた目で他人をにらんだ。私は彼を見て爬虫類を連想した。彼を恐れ、怯えていた。

人のいい兄と恐ろしい弟のどちらかを選ぶことになり、最初はクルニにタヤップ語を教えてもらおうとした。彼も同意してくれたが、二、三度授業を受けただけで、どれだけクルニに細かい点に集中させようとしてもそれは難しいことが判明した。彼は、私がタヤップ語を学びたがっているのを、村に昔から伝わる神話を聞きたがっているのだと解釈した。私がある動詞の語形変化――「私は食べた」「あなたは食べた」「私は食べるつもりだ」「彼女は食べている」「彼らは食べてしまった」などをどう言うのか――を教えてもらおうとするたびに、クルニはなんらかの伝説的な物語を思い出して熱心に話しはじめ、彼がタヤップ語をたくさん教えたことに満足して大きな笑顔で話し終えるまで、私はちんぷんかんぷんのまま苛々と座っているのだった。

何度か辛抱強くそういう授業に耐えたあと、意を決して、おずおずとラヤに接触した。彼は不機嫌そうに承知してくれたものの、その前に、なぜ自分のところに来るのにこれほど時間がかかったのかと皮肉たっぷりに言った。結局のところ、自分は村の重要な出来事を記録してきた唯一の村人なのだ、とラヤは指摘した。メガネを持っている、ともったいぶって言い、過去のいつか訪問してきた司祭にもらった黒縁の丸メガネを振ってみせた。そしてペンも持っている。本も持っている。ラヤの言う〝本〟とは、実際には、一九七〇年代末から一九九〇年代半ばまでのあいだの何年間か近くの村に存在していた学校で子供たちがもらってきた、破れた紙やぼろぼろの捨てられたノートを集めたものだった。それでも、彼は確かにその紙に重要な出来事を記録していた。たとえば弔いの宴で何匹の豚がふるまわれたかや、老いた村人が死んだ日付などだ。

ラヤは、卓越して鋭敏で集中力のある言語教師だった。ほぼ毎日一緒に過ごしたため、私たちはお互いをよく知るようになった。ラヤはいつまでも私に対して批判的だった。私が世界についてほとんど知らないことに対する感想を言うのを、やめはしなかった。しかしやがて軟化し、私は若すぎて自分の国の長老からすべての秘密を教えられていないのだ、と考えて納得した。たまに私は午前中いっぱい使って、ふたりがとる昼食として異国的なごちそうになると思った料理を用意したが、彼は必ず私が目の前に置いたものをけなし、これは人間の食べるものではないと不愉快そうに言うのだった（たとえば、村から二日かかる町からわざわざ運んできた貴重なタマネギを加えた野菜シチューについて）。スパゲティを作ったときは、彼は青ざめ、まるでミミズだと言って通りかかった子供に渡した。子供も嫌悪の目でそれを見て、たまたまそのときブーブーと鼻を鳴らしていた大きな豚に与えた（「だけどきみたちは、うねうねしたサゴゾウムシの幼虫を生きたまま食べるじゃないか」私は憤慨してそう考えたのを覚えている。「それにカブトムシの幼虫も！　ミミズのどこがいけないんだ？　というか、それはミミズじゃないんだぞ！」）。

一九八〇年代半ばにガプンに滞在した一年三カ月のあいだに、ぐらぐらするラヤの狭い小屋で、測り知れないほどの長い時間を彼とともに過ごした。タヤップ語を教えてもらうときもあったが、多くの場合は単に一緒にいてラヤやアグラナとおしゃべりをし、彼らが彫刻をするのを見、彼らの人生についての話や、仲間の村人に対するたいていは批判的な意見に耳を傾けた。ラヤの下品な機知や辛辣で猜疑的なものの見方が好きだった。戦前のガプンでの少年時代について、ラエで契約労働者をしていた時代について、彼の曾祖父の時代から私が一九八五年に村に来たときまでに起こったことすべてについて、ラヤの語る話は生き生きしていて詳細にわたっていた。ラヤはまた、事情通で熱心で意地悪な噂好きであり、人類学者にとってはもってこいの情報源だった。しかも、私に世の中のことを教える必要があると判断したラヤはその任務を引き受け、白人が飛行機や船外モーターや自動車といったありとあらゆる〝積荷〟を持っているのに黒い肌のパプアニューギニア人は持っていないのはなぜか、パプアニューギニア人は最後には皆ローマへ行き、そこにたどり着いたら何が起こるか、といったことについて、淡々と説明してくれるのだった。

一九八七年に私がガプンをあとにしてスウェーデンに帰国した直後、ラヤは死に、私は二度と彼に会えなかった。彼は、もはやこの世におらず、私が頻繁に思い出して懐かしく思う人のひとりだ。彼のかすれた咳まじりの笑い、私が村をうろうろ歩きまわることに対する辛辣なコメント、世界における自分たちの立場に関する仲間の村人の考え方への皮肉めかした発言が懐かしい。ラヤは、いつの日か自分たちが変わるという村人の考えは間違いかもしれないという疑念を口にした、ガプンでただひとりの人間だった。知り合ってかなり経った頃、ラヤは、一九五〇年代にセピック川沿いの雑然とした小さな町アンゴラムを訪れて、若い白人と忘れられない出会いをしたと話してくれた。この男はラヤに、宣教師はパプアニューギニアの人々に嘘をついているのだと言った。村人は自分たちの伝統的な習慣を低く評価すべきではない、と男は忠告したそうだ。キリスト教的でない考え方や黒い肌は、キリスト教的な考え方や白い肌に劣ってはいないのだ、と。

この正体不明の白人の言葉とそっくり同じことを、私も言いたかった。ただし私なら、そこまではっきり宣教師が嘘をついたとは言わなかっただろう。理由のひとつは、過去にガプンを訪れた司祭が村人に実際どのような説教をしたかを知るすべがなかったからだ（ただし村人が司祭の話をどう解釈したかは知っているし、それは気のめいる内容だった）。しかし主な理由は、私がガプンにいたのは、村人が何を信じているかを突き止めるためだったことだ。世界についての彼らの見方を覆して考え方を改めさせるためではなかった。私に言わせれば、それは福音伝道者や政治家の仕事だ。直接的に質問されたときは、国々についての彼らの理解はその国々に住む人々の考え方と同じではない、ということをそれとなく示唆した。だが私の抗議は、いつも彼らの耳には届かなかった。ところが鋭敏な老ラヤの耳には届いていたらしい。彼が見知らぬ白人の警告を長年心に留めていたことを知り、私は感心した。

「その男が言ったことをどう思う?」私は穏やかに尋ねた。「本当だと思うかい?」

ラヤの返事に、私の心は沈んだ。

彼は目を伏せてうつむき、「本当じゃないことを願っている」と小声で答えたのだ。

滞在期間が終わる頃、ラヤが私のことをどう考えるようになっていたかは知らない。私は尋ねなかったし、彼のほうからもそういうことは話してくれなかった。しかし、これだけは知っている。私が六月のある暑い日、故郷に戻るため村を去るとき、村人は総出でお別れを言ってくれたのにラヤだけは現れなかったのだ。決して村のそばから離れなかった男が、どこにも見当たらなかった。ラヤは病気になったのか、あるいはもっと悪いことに、私が知らず知らずに彼を怒らせたり気分を害したりすることをしたのか、と私は心配した。そのあと何時間も彼のことを思って過ごし、彼の身に何が起きたのかと考えたが、それを知るすべはなかった。パプアニューギニアの郵便制度は熱帯雨林の真ん中まで普及していなかったのだ。たとえ普及していたとしても、手紙で尋ねることはできなかっただろう。ガプンで人が手紙を書くのは、何かを頼むためであり、尋ねるためではないのである。

ついに四年後村を再訪したとき真っ先にしたのは、当時二〇代の若者になっていたラヤの息子を見つけて、私が去る日父親がどうしていたか覚えているかと尋ねることだった。

「覚えているよ」彼は言った。「父さんは蚊帳の中にいた。隠れていたんだ。僕は、あなたが行ってしまう、さようならを言いたがっている、と言った。だけど父さんは、いやだと返した。『サラキに会いに行くことはできない。おいおい泣いてしまう』と」

私はよくラヤとともに彼の狭い高床式の屋根のない小屋の床に座り、タヤップ語について教えてもらったものだ。まずは、どの発音がこの言語に含まれるかを確定しようとした。どんな言語も、人間が発することの可能な音のうち、限られた特定の発音だけを使用する。世界には、これが非常に数多い言語もあれば（コオ語というアフリカの言語には一一二個の音素がある）、はるかに少ない言語もある（パプアニューギニアのブーゲンビル島で話されているロトカス語には音素が一二個しかない）。

英語には約四〇個の音素がある。たとえば、英語では〝s〟と〝z〟を区別する（そのため〝sip〟と〝zip〟は別のことを意味する）。タヤップ語にはどんな音素があるのか？　長母音と短母音のような違いはあるのか？　声門閉鎖音のような独特の発音はあるのか？　声調はあるのか？　そういったことすべてを知らねばならない。そのための唯一の方法は、誰かに長々と退屈な質問をぶつけることだった。

まずは単音節の単語、たとえば「話す」を意味する「ナム」（*nam*）から始めよう。そして罫線入りのノートを開いてリストを作ろう。「『ヌム』（*num*）という言葉はある？」ペンを構えてそう訊く。「ある？〝村〟という意味？　ちゃんと書き留めたぞ」「オーケー。じゃあ『ノム』（*nom*）は？　野生のタロイモ？　いいぞ、続けよう。『ニム』（*nim*）は？　そんな言葉はない？　『ネム』（*nem*）はどう？」という具合に。

言語を構成する音という点で、タヤップ語はそれほど複雑ではないことが判明した。声調も、声門閉鎖音も、その他英語を話す人間にとって容易に理解して発音することのできない音や音素はない。英語に存在する区別の一部はタヤップ語には存在しない――たとえば、タヤップ語は（パプア諸語のほとんどと同じく）〝*r*〟と〝*l*〟を区別せず、どちらの発音でも通じる。

しかしタヤップ語には、英語のアルファベットで表現できない音が二種類ある。そのため、この言語を書き記すとき、私は発音記号を用いなければならなかった。その二種類の音とは、「ユ」のように発音される母音の〝ɨ〟と、軟口蓋鼻音で「ング」のように発音される子音の〝*ŋ*〟である。タヤップ語には〝*ŋ*〟で始まる単語が多くある。たとえば一人称代名詞「私」を表す「ガ」（*ŋa*）、一人称所有代名詞「私のもの」を表す「ガンガン」（*ŋaŋan*）などだ。

基本的な発音体系がわかったあとは、さまざまな語彙について調べることにした。「母」はどう言うのか？「父」は？「姉（または妹）」は？「兄（または弟）」は？「娘」は？「息子」は？ 食べ物はどうだろう。「サゴヤシ」はなんと言う？「バナナ」は？「ココナツ」は？「今朝私の朝食に出された、あの茹でた虫」は？

ありがたいことに、タヤップ語のみを用いて学ぶ必要はなかった。言い換えれば、タヤップ語を通じて学ばなくてもよかったのだ。それだといつまで経っても終わらなかっただろう。私は村人とトク・ピシンで話をしていたので、トク・ピシンで「タヤップ語では何々をどう言う？」と質問できた。そのやり方はタヤップ語習得のスピードをかなり速めてくれた。しかしトク・ピシンを用いることには、歴史の浅いピジン言語であるトク・ピシンの語彙がそれほど豊かでないという問題があった。たとえば、「グトペラ」（*gutpela*）（文字どおりの意味は「良い（グッド）」）は「オーケー」から「すばらしい」までさまざまな状態を表す。「美しい」「幸せ」「おいしい」「上手」「健康」「穏やか」など。「メキム」（*mekim*）（文字どおりでは「何かを作る（メイク・サムシング）」）は、「作る」「する」「引き起こす」「成し遂げる」「行動する」「強制する」などを意味する。「ブルキム」（*brukim*）は「何かを壊す（ブレイク・サムシング）」だが、「折りたたむ」「裂く」「曲げる」「割る」——そして「暴露する」「渡る」「近道をする」という意味もある。

こういった多義性は、話すとき使う分には問題がない。たいていの言葉の意味は文脈から明らかにわかる。月が出る前に就寝し、翌日村人に、昨夜の月が「グトペラ」だったかと尋ねた場合、その質問は月がおいしいかとか、幸せだったかとかを尋ねているのではない。満月だったかどうかを訊いているのだ。しかし言語を学ぶ場合は、トク・ピシンには広い意味を持つ単語が多いために、正確に習得するのが難しくなる。たとえば、月が満月であることと、きれい、魅力的、ロマンティック、印象的、絵のように美しい、壮大、劇的、詩的であることの違いを区別するのは困難だ。これらはトク・ピシンにおいてすべて「グトペラ」で伝えられるからである。

何カ月もかけて、単音節の単語や、食べ物の名前や親族関係を示す用語といった語彙から徐々に進めていく中で、タヤップ語をほかと異なるものにしている特徴を見いだしていった。

タヤップ語を周囲の言語と区別する最も明らかな特徴は、その語彙である。ガプンが位置するセピック川下流地域で話されるほかのいくつかの言語と比較すれば、タヤップ語が近隣の言語とどれほど顕著に異なっているかがわかるだろう。[1]

こうした特徴的な語彙に加えて、タヤップ語の性の表し方も、周囲の地域で話されているどの言語とも異なっている。村人は自分たちの言語について話すとき、どんな相手にでも、タヤップ語は「ふたつに分かれている、女の言葉と男の言葉だ」と面白そうに言う。女に話しかけたいなら「〝女言語〟を使う」と、村人は辛抱強く説明する。「男に話しかけたいなら〝男言語〟を使うんだ」

1　この表はウィリアム・A・フォーリー『ニューギニアのパプア諸語 *The Papuan Language of New Guinea*』（ケンブリッジ、ケンブリッジ大学出版、一九八六年）p.215から引用した。

	イマス語	アンゴラム語	ムリック語	タヤップ語
1	ムバ〜 （*mba-*）	ムビア （*mbia*）	アベ （*abe*）	ナムバル （*nambar*）
2	〜ルパル （*-rpal*）	〜(リュ)パール （*-(lɨ)par*）	コムパリ （*kompari*）	セネ （*sene*）
3	〜ラムナウ （*-ramnaw*）	〜エリュム （*-elɨm*）	ケロンゴ （*kerongo*）	マナウ （*manaw*）
男性	パンマル （*panmal*）	ポンド （*pondo*）	プイン （*puin*）	ムンジェ （*munje*）
星	アワク （*awak*）	アレンジョ （*arenjo*）	モアイ （*moai*）	グドゥム （*ŋgudum*）
シラミ	ナム （*nam*）	ナム （*nam*）	イラン （*iran*）	パキュンド （*pakɨnd*）
目	トゥングリュング （*tuŋgurɨŋ*）	タムブリ （*tambli*）	ナブリン （*nabrin*）	ギノ （*ŋgino*）
耳	クワンドゥミュング（*kwandumɨŋ*）	クワンドゥム （*kwandum*）	カレケプ （*karekep*）	ネケ （*neke*）
木	ヤン （*yan*）	ロル （*lor*）	ヤラル （*yarar*）	ニュム （*nɨm*）
明日	ナリュング （*narɨŋ*）	ナキュミュン （*nakɨmɨn*）	ガリュング （*ŋaruŋ*）	エピ （*epi*）
ヘビ	ワキュン （*wakɨŋ*）	パルング （*paruŋ*）	ワキュン （*wakɨn*）	アラム （*aram*）
蚊	ナングン （*naŋgun*）	ワワリュン （*wawarɨn*）	ナウク （*nauk*）	アト （*at*）

それは要するに、話しかける相手が男か女かによって自動詞の命令形の取る語尾が変わる、ということだ。言い換えれば、目的語を取らない動詞の命令形（たとえば「行け！」「来い！」「言え！」「見ろ！」）が相手の性によって異なるのである。

両者の違いは複雑ではない。少年や成人男性に命令するときは動詞の語幹に「～テット」（*-tet*）を、少女や成人女性に命令するときは「～タック」（*-tak*）をつけるだけでいい。だが、村人がこの特徴を表現するときの大げさな言い方――男と女にそれぞれ独特の〝言語〟で話しかけねばならない――を聞くと、まるでタヤップ語全体が「ふたつに分かれている」ように思えてしまう。自らの言語についての村人の話は、名詞といったものにも女用と男用で異なる形があり、何かを言うときには両方の形を習得しなければならない、とほのめかしているかのようだ。

ガプンの村人がタヤップ語をこのように表現するのを聞いた非ガプン人は、当然ながら常に落胆の表情になり、人間の話す言語がそれほど複雑になりうることに対して、やれやれと首を振るのである。

タヤップ語が性を区別する方法は村人が考えるよりもずっと単純である

男の聞き手	オテット （*o-tet*） 「行け！」	ムンゴテット （*muŋgo-tet*） 「立て！」	プルクテット （*pruk-tet*） 「働け！」
女の聞き手	オタック （*o-tak*） 「行け！」	ムンゴタック （*muŋgo-tak*） 「立て！」	プルクタック （*pruk-tak*） 「働け！」

ものの、私はすぐに、誰も気にしていなかった別の特徴が恐ろしくややこしいことに気がついた。タヤップ語の単語の作り方だ。

言語学者がある言語の特徴を述べるとき、彼らが目を向ける基本的な点のひとつは、単語がどのように構成されるかである。単語を構成する仕組みは形態論、単語を形作る要素は形態素と呼ばれる。英語における形態素の一例は、〝*dogs*〟や〝*houses*〟における〝*-s*〟だ。この〝*-s*〟は複数を表す形態素である。話者は楽しんで、あるいは詩的に、単語を分割して形態素を作り、それを使って独創性豊かに新たな言葉を作ることができるのだ。近年では、英語の話者は単語の〝*-gasm*〟や〝*-zilla*〟といった部分を形態素と認識して、それらを用いて〝*shoegasm*〟［靴を見たり買ったりして感じる熱狂や興奮］や〝*bridezilla*〟［結婚式について自分の要求を無理に押し通そうとするモンスター花嫁］などの新たな単語を発明している。

世界じゅうの言語における形態論の複雑さは大きく違っている。中国語やベトナム語などの言語では、形態論は非常に単純だ。そういった言語では、接尾辞がなく、ほとんどの単語は独立した形態素である。したがって、「犬たち」（*dogs*）は「多い」（*many*）と「犬」（*dog*）、「食べた」（*ate*）なら「食べる」（*eat*）と「既に」（*already*）という言い方をする。このような、単語の形が変化しない言語は孤立語と呼ばれる。

複雑さにおいてこれと対極に位置するのが、総合的言語と呼ばれる言語である［動詞の活用など語形変化のある日本語も総合的言語に分類される］。この種の言語は世界じゅうに存在するが、中でも特に複雑なのがラコタ語などのアメリカ先住民の言語である。ハリウッドの西部劇映画を見たことのある人なら、アメリカ先住民の名前で総合的言語を垣間見ている。たとえば、「クレイジー・ホース」(*Crazy Horse*) や「シッティング・ブル」(*Sitting Bull*) は有名な戦士の名前だが、それぞれ「彼の馬はクレイジーだ（ハスンケウィットコ）」(*tȟašúŋkewitkó*)、「座っている雄のバッファロー（ハタンカイヨタンケ）」(*kȟatȟáŋkaiyotaŋka*) というラコタ語の単語を英語化したものだ。「彼の馬はクレイジーだ」や「座っている雄のバッファロー」といった名前は、高度に総合的な言語における単一の単語が英語では一文に相当することを例証している。高度に総合的な言語は、人称、数、性、方向などを示して時制、期間、法（発言内容に対する話者の態度を言語が文法上どう表現するかを示す専門用語で、英語では〝*can*〟、〝*will*〟、〝*must*〟といった助動詞で表すもの）などを表現するため語形変化する音素を組み合わせて単語を構築する。

タヤップ語もそうした総合的言語に属し、ほかのパプア諸語（一般的に難解な形態論を特徴とする）と比べても非常に複雑である。タヤップ語は、それだけでは単語として成立しないさまざまな形態素（たとえば英語における〝*-s*〟、〝*-gasm*〟、〝*-zilla*〟）を組み合わせて、途方もなく複雑な単語を作ることができる。例を挙げると、「彼

tapr-	***-at-***	***-ki-***	***-ŋgi-***	***-ati-ki-tak-ana***
動詞語幹〝*tap-*〟「肩に担ぐ」に、形態素境界に挿入される〝*r*〟がついたもの	「彼」が語形変化したもので、語末でない動詞とともに現れるときだけ登場する、目的語を表す形態素	動作を表す動詞とともに使われたときだけ用いられる、従属動詞語幹〝*ki-*〟「連れてくる」	「彼」が語形変化したもので、独立動詞とともに用いられる、目的語を表す形態素	動作を表す独立動詞〝*atiki-*〟「行く」が、「彼女」の未来の意図を表す法によって語形変化したもの

女は彼を肩に担いで連れていくつもりだ」と言うとき、英語ではそれを表現するのに一文を必要とする。タヤップ語では、それを一語で表現できる。

その言葉とは「タプラットキュンギュアテュキュタカナ」（*tapratkingiatikitakana*）である。この単語は右下の表の要素から構成されている。

文字どおりに訳せば、この単語は「担ぐ・彼を・肩に・連れて・彼を・行く・彼女は・するつもりだ」という意味である。

おそらく当然のことだろうが、私がこうした内容を理解できるところまで進歩するには長い時間を要した。何カ月ものあいだ、ラヤやほかの村人から聞いた動詞を分析するのに苦労し、どの部分がどんな意味でなぜ形がそのように変化したのかがわからずにいた。なぜ「彼女は来た」が「ウォカラ」（*wokara*）なのに、「彼女は来るだろう」は「アイキタク」（*aikitak*）なのか？　こうした言葉のどの部分が動詞なのか？　「ポクン」（*pokun*）と「ポイアタン」（*poiatan*）のどちらも「誰かが豚を槍で突いた」を意味すると人々が言い張るなら、その違いは何か？　なぜ「私はそれを食べたはずだ」を意味するのに「アクリュクヌクン」（*akrikukun*）と言う人と、同じ意味のことを「アックン」（*akkun*）と言う人がいるのか？

ラヤの授業や、クルニなどほかの老いた話者との話で取ったメモを、何時間もかけてじっくり読み返した。週に数日かけて母親や養護者が子供に話しかけるのを録音したテープを書き起こしたものを、徹底的に調べた。リストを作り、図を描き、表を作った。単語帳を作った。ノートは下線、矢印、丸、取り消し線だらけになった。「奇妙」「時制標識？」「反事実条件文？」「なぜ一部の動詞には三人称複数形が三種類ある？」「これはなんだ？」「もう一度確認すること」「どうしてこんな変な例外が？」「これは正しく聞き取れたのか？」といった書き込みであふれた。

それでも最終的には、タヤップ語を独特なものにしている特徴の大半を理解できるようになった。とはいえ、三〇年にわたってこの言語を研究し、長い月日を村で過ごしたにもかかわらず、話せるようにはならなかった。一九八〇年代に観察した子供たちと同じく、聞き取る能力は充分ある。人々が話すことはほとんど理解できる。だがそういう子供たち――今は成人した者たち――と同じく、あまりタヤップ語を話す必要はなかった。例外は、ほかの村から来てガプンを訪問した人がいるときだった。そういうときは必然的に、そして腹立たしいことに、村人は私の抗議を決然としりぞけ、調教したオウムのように私を見せ物にした。自分たちの村に住み込む白人を見せびらかしておおいに喜び、私がタヤップ語の命令に従っていくつかの決まり文句を口にできることで客を感心させて楽しんだのである。

何カ月にもわたる言語の授業の中で、私とラヤのあいだでは何度も感情的な行き違いが生じた。所有格代名詞や所有格名詞が異なる種類の形容詞とともに使われたとき変化するかを確かめるために「私の三つの目」といったありえないフレーズをどう言うのかと尋ねると、ラヤは不機嫌になった。よく起こった行き違いは、ラヤが言い方を教えていない文を私が形成できたときに起こった。メモを読み返すことで、私はある特定の動詞の形を予測できることが増えていき、ときどき――ラヤから話を聞き出すプロセスを加速するため、そして私がちゃんと学んでいることをラヤに見せつけるため――ラヤに教えを乞うのではなく、望む動詞の形を自分から彼に告げることがあった。

「どうしてそれを知っている？」彼は非難口調で言うのだった。「まだ教えていないのに」

特別記憶に残っている行き違いが起こったのはある日の午後、「送る」という動詞の正しい形を見いだそうとしているときだった。この動詞は、それまで何カ月もかかって学んできたどのパターンにも当てはまらないように思えた。ほかのタヤップ語の動詞と同じく、この語も異なる時制を示すのに語幹から変化していた（「切る」という動詞は過去形では「プ」(*pu*)、未来形では「ウ」(*wu*)、「食べる」は過去形では「カ」(*ka*) または「オ」(*o*)、未来形では「ア」(*a*) というように）。だが、「彼は昨日サナエに豚を送った」と「彼は明日サナエに豚を送るつもりだ」をタヤップ語に訳すよう頼んだとき、ラヤが何を言っているのか理解できなかった。未来形は「ムブジ」(*mbudji*) だと思った。しかし、ラヤが何度繰り返しても、過去形はどうしてもはっきり聞き取れなかった。同じ形、「ムブジ」(*mbudji*) に聞こえたけれど、それでは理屈に合わない。

私はラヤに、ちょっと休憩しようと言った。彼は小さな木製の乳鉢でビンロウジをつぶし、細かく砕いたものを大量に口に含んだ。私はメモを見直した。そのとき突然、この動詞のあるべき形がわかった。

「『豚を送った』は『ムブスピクン』（*mbuspikun*）かい？」私は彼に尋ねた。「『送った』は『ムブス』（*mbus*）？」

「そうだ」ラヤは答えた。ひと息置いて、ぶっきらぼうに付け加えた。「おまえが言うのは簡単だ。ちゃんと歯が揃っているんだから」

動詞の語形変化に関する私の質問に答える――機械的に次から次へと列挙させられる（「私は行く」「あなたは行く」「彼は行く」「彼女は行く」「私たちは行く」「私たちふたりは行く」……タヤップ語では「ガ・ムボット」（*ŋa mbot*）、「ユ・ムボット」（*yu mubot*）、「ギュ・ムボット」（*ŋi mbot*）、「グー・ウォック」（*ŋgu wok*）、「イム・ウォック」（*yim wok*）、「イム・セネ・ウォケ」（*yim sene woke*）……）――のは、死ぬほどつまらない作業だった。遅かれ早かれ、どんな熱心な言語の教師でも退屈しきってぼうっとしてしまう。おそらくそれゆえに、ラヤはときどき授業の主導権を握り、私の質問を無視して、私が知るべきだと彼が考えたことを話したのだろう。残念ながら、そうした積極的行動は無益に終わった。彼の話を私は理解できなかったからだ。一度、ラヤは私に「彼は行ってしまった――もう帰ってこない」をタヤップ語でどう言うのかを教えた（私はあとになってそれを理解した）。

ラヤがこの突然の不可解な発言で何を言おうとしているのか、私にはさっぱりわからなかった。私はただ、タヤップ語で「行くな」をどう言うのか尋ねただけだったのだ。

私が当惑しているのを見たラヤは、短気に鼻を鳴らし、右手をドンと床に置いた。「いいか」彼は言った。

「おまえが書き留めているのは、大きな話だ」床についた腕を空いている手でつかみ、その手を下へ滑らせて、クモの脚のように床に広げた節くれだった指までおろしていった。「しかし、こういう細かい話は」指を撫でる。「学んでいない。わかっていない」

「いいや、私はそういう学び方はしていない」私は反論した。「むしろ逆だ。細かい話から始めて、だんだん大きな話へと進んでいる」

私とラヤはまったく別のことを言っていたのだ。「細かい話」で私が言いたかったのは、言語の最小単位、音声体系の要素から始めて、そこからだんだん「大きな話」（単語、文）に進んでいく、ということだった。

言語を実体のない幽霊のような体系、つまり文法として見るという考え方は、ラヤにはなじみのないものだった。彼にとっては「細かい話」こそ言語の核心だった。いくら「大きな話」――「私は行く、あなたは行く、彼は行く、彼女は行く」などの言い方――を知っていても、状況に応じた正しい言葉を使えない人間はうすのろのばかだ。「行く」という動詞の活用を完璧に言えることは大切ではない。子供に、燃えさしの薪を持ってこいとかタバコに火をつけろとか命令することができないなら――あるいは、亡くなった人に言及するとき「彼は行ってしまった。もう帰ってこない」と言うべきなのを知らなかったら――寝言をしゃべっているのと変わらないのだ。

もちろん、ラヤの言うとおりだった。彼との言語の授業が遠い思い出になってから何年ものち、私はついにタヤップ語の文法書を出版した。分厚い本だ。五〇〇ページを超える本は、綿密に組み立てた化石の骨格の言語学版だった。博物館に展示したブロントサウルスの骨格のように、私の文法書はタヤップ語の構造を表していた。この言語の見事な構造を披露し、かつて呼吸して動いていたその恐るべき力を示していた。しかし私の著した文法は、あらゆる文法と同じく、ラヤが「細かい話」の重要性を語ったとき指摘した決定的に重要な要素を欠いている。文法には命がないのだ。言語の内臓、言語の神経、言語の唾、言語の生命力を欠いている。それらはすべて、言語が消えるとき消えてしまう。

たとえば、ラヤが死んだとき、タヤップ語の心臓のきわめて重要な部分が拍動を止めてしまったのである。

4　モーゼスの計画

村の破壊は、近年の破壊の多くと同じく、酒を飲んだ騒ぎの中で起こった。計画を立てたモーゼスは、しっかり準備をしていた。彼は一日かけて、バケツ何杯分もの〝白いスープ〟を醸造した。実際には白くなく、スープでもない液体だ。安物のジャングル産ワインの一種で、黄色っぽく、パンのにおいがした。モーゼスをはじめとした村人数人がその白いスープの作り方を知ったのは、ほんの二年ほど前。モーゼスの従兄弟カクがセピック川沿いにある村から持ち帰ったレシピを教わったのだ。カクはその村で、ブーゲンビル島の分離独立主義勢力との一〇年にわたる内戦（一九八八〜一九九八年）のあいだパプアニューギニア軍隊にいた男に会った。戦後、その男は傷病兵として無一文で自分の村に戻った。毎日タバコやビンロウジをほかの者にねだり、そのお返しとして、自分や仲間が数多くの女を強姦し、ココナッツからアルコールを作ったという自慢話をしたのだった。

白いスープの材料は、割ったココナッツの実から取った果汁一ガロン（約三・七八リットル）につき砂糖二ポンド（約九〇〇グラム）、スプーン九〜一二杯のイーストだ。だがモーゼスは白いスープを作るのに、その二倍近くのイーストを使った。結果として酸っぱく不快な味になったが、それは問題ではなかった。速く発酵させて、強い酒を作れれば、それでよかったのである。

モーゼスは村の「コミティ」(*komiti*)――英語の「委員会(コミッティー)」に由来するが、トク・ピシンでこの語は集団でなく、村の長(おさ)として選出されたひとりを指す――だった。五年に一度、武装警官を伴った政府の役人が、ある朝短時間村に現れる。投票用紙を配り、州議会と遠く離れた首都ポートモレスビーにある国会の議員としてふさわしい候補者に村人が印をつけた用紙を急いで集める。村人は同時に、その地域(この場合はガプンを含む三つの村)を率いることになる「カウンシル」(*kaunsil*)(「評議員(カウンシル)」)と、村の「コミティ」の投票も行う。

「コミティ」にも「カウンシル」にも実質的な権限はない。どちらの役職も、オーストラリアの植民地時代(一九一四~一九七五年)の名残りである。当時、行政官はすべての村について、主に行政官の気に入らないことを村人がしたとき責任を負わせるため、特定の人間を長に任命した。植民地支配が遠く色褪せた記憶となった現在、「カウンシル」や「コミティ」を管理する行政官は存在せず、何をするかは彼らの自由に任されている。

誰ひとりとして、「カウンシル」が本来何をする役職なのか知らないし、その役職に選ばれた者が実際に何かをした証拠を見たこともない。しかし一般的に「コミティ」は、道の伸びすぎた草を刈ったり大雨で流された橋を修繕したりするとき主導権を取って村の働き手の集団を組織するのが仕事だ、と思われている。「コミティ」が現実にそうした行動を取るかどうかは、人によって異なる。ガプンでは長年、その役職には、積極的で強引で、常にスリットゴング・ドラムを鳴らして村人に地域活動をするよう長々と説く男（必ず男である）と、五年の任期を何もせずに過ごす「おとなしい」(*mauspas*)男（強引な「コミティ」にうんざりすると、村人はたいていこういう人間に投票する）が交互についていた。

モーゼスは積極的で強引なほうの「コミティ」だった。四〇代前半、ガプンのほかの人間と同じく痩せて筋張った体つきだが、およそ五フィート四インチ（約一六二センチ）という身長は大部分の村人よりも高い。また、自分を皆より数段頭がいいとも考えている。彼の世代の村人で、六年生の試験に合格して村を出て州都ウェワクにある高校へ行ったのは、モーゼスひとりだけだからだ。一年半高校に通ったあと、両親が学費の送金をやめた。八年生で退学したモーゼスは、ウェワクで出会った人々の世話になりながら数年間ぶらぶらし、その後ウェワク郊外にあるコプラのプランテーションで労働者になった。

一九八〇年代末にかけての四年間はマリエンベルクのカトリック伝道所で過ごした。そこに派遣されてモーゼスを魅力的で聡明だと認めたハンガリー人司祭が、一種の個人的な使用人として彼を雇ったのだ。司祭はセピック川流域の教区にあるさまざまな村にモーゼスを同伴した。彼はまた、満月のとき裸になってゴムホースで自分の体を鞭打つようにと教えた——満月時には女への欲望が最も強くなるが、神に仕える身なのでその欲望をかなえることはできないからだ。

そのハンガリー人司祭が別の場所に配置換えになると、モーゼスは海岸の村出身の女と結婚し、妻を伴ってガプンに戻った。

一九九〇年代初頭に村へ戻ってすぐ、モーゼスはある発言をふと耳にして激高した。隣接する村サナエ――〝太鼓腹〟オンジャニやその地域のすべての魔法使いが住む場所――の男たちが、ガプンの男たちは「ブス・カナカ」（*bus kanaka*）――トク・ピシンの中傷的な語、昔の植民地時代風の侮辱の言葉で「粗野な野蛮人」――だと陰口を叩いていたのだ。

サナエの男たちはガプン人を、外界のことを何も知らない痩せっぽちのばかな「ブス・カナカ」だと嘲っていた。この侮辱にモーゼスは傷ついた。八年生までの教育を受け、白人司祭と密接に暮らした経験を持つ唯一の村人として、自分にはサナエの男たちが間違っていることを証明する責任があると考えた。

古いノートからちぎってきた、湿ってアリに食われた紙と、一九九〇年代に徒歩二時間のところに存在していた小学校に通っていた村の子供から取り上げた赤と黒のマーカーペンで、モーゼスは地図を描いた。徹底的に再構築したガプンの地図だ。

当時のガプンの村は、何軒かずつ集まって無秩序に建てられた、大きさや向きもまちまちな家で構成されていた。家々の集まり同士は狭い道で隔てられ、道沿いには、村人の日常生活を支える二大作物を提供しているココナツとビンロウの木、そして、軽食になるだけでなく情け容赦ない熱帯の太陽をさえぎるのに絶対に必要な日陰を作ってもくれる、マンゴー、トゲバンレイシ、ラウラウといった種々の果樹が生えている。

モーゼスの計画では、これらを一掃する必要があった。自然発生的なでたらめな村のレイアウトは、〝秩序〟によって組織化されたレイアウトに替えねばならない。モーゼスは教科書で、同じ形の家々がきちんと並ぶ、整然としたオーストラリア郊外の写真を見たことがあった。こういったコミュニティには名前があることを学んでいた。〝近代的生活〟である。

モーゼスはガプンに近代的生活をもたらす計画を立てた。そのためには現在の村を完全に取り壊し、新しい村を一から構築せねばならない。まずは、すべての木を切り倒す必要がある。そして、村の一家族ごとに〝ブロック〟を割り当てる。そのブロックは二九メートル×一六メートルの大きさにする。こうしたブロックは村の中央を貫く広い通りを挟んで、向かい合って並ぶ。それぞれの家は同じ大きさで、すべて道路に面して建てられる。かつて簡単に行き来できた家同士は、クロトンノキで隔てられる。クロトンノキは成長が速く、頑丈なフェンスのように各ブロックを囲むことになる。

このように村を完全に構築し直すのは、単にモーゼスの個人的な好みではなかった。これは村の考え方を体現するものだ。私もガプンに滞在中何度となく耳にした、〝形を整えれば機能はあとからついてくる〟という考え方である。ひとたびあらゆる家が秩序正しく並び、ひとたびあらゆるブロックがクロトンノキのフェンスで隔てられ、ひとたびココナツの木や果樹が切り倒されて道路が滑走路のように村の中央を貫くようになれば――言い換えれば、ひとたび村がモーゼスの抱く白人社会の郊外のイメージに変身すれば――追い求めていた変化が必然的に訪れる、とモーゼスは信じていた。自動車が現れ、水道や電気が通り、村にショッピングセンターが生まれ、死んだ人間があふれるほどの金を持って墓場からよみがえり、村人は白人に変身する。

そうしたら、あの好戦的なサナエの男たちに、本当は誰が「ブス・カナカ」なのかを思い知らせてやれるのだ。


モーゼスがその地図を描いたのは一九九〇年代だったが、それを隠して時機を待った。そして村の「コミティ」に選ばれるや、自らの立場を利用して、変化の必要性を絶えず村人に説いて回った。あらゆる機会をとらえて、自分は八年生まで教育を受けたので彼らよりも知識があることを思い出させた。長年行動をともにしたハンガリー人司祭から、村人皆が熱望する変化の過程を速めるのに使える強力な秘密をおさめた〝小冊子〟をもらっている、と意味ありげにほのめかした。

村人はモーゼスの熱弁に、人から熱心に何かを説かれたときいつも見せる反応を見せた。何もしなかったのだ。話に聞き入り、村はいまだに変化を待っているのだと言葉少なに嘆き、それぞれの家に帰ってビンロウジを嚙んだりサゴ粉を作る準備をしたりする。ほとんどの月曜日、モーゼスが日の出直後にスリットゴング・ドラムを鳴らして地域活動に呼び出したとき、村人の少なくとも何人かはそれに応じて集まった。しかし、村を取り壊して新しい村を建設するという彼の話にまともに耳を貸す者はいなかった。

ところが、予想外のことが起こった。

ある日、ワタムという海沿いの村から、男が一通の手紙を持ってガプンにやってきた。それは公的な便箋にタイプされた招待状で、その地域の村々の長に、村人を六人派遣してある講座を受講させるよう求めるものだった。その講座は「エルティ・アイラン」（「健康的な島(ヘルシー・アイランド)」）という名のNGOが主催する。

私はのちにインターネットで調べて知ったのだが、このヘルシー・アイランドとは世界保健機関が太平洋の島国で公衆衛生を促進するため提唱したプロジェクトだった。目的は既存の保健制度をサポートし、結核といった伝染病や、特に糖尿病などの非伝染性の病気の蔓延を抑止することだ。

そういう立派な理念が、その話を広めるため保健省によって低賃金で雇われたパプアニューギニアのカトリック伝道所の労働者まで伝わったときには、木を切り倒せという乱暴な勧めに変わっていた。ワタムで講義を受けた村人が聞いたのは、木は人、特に子供が死ぬ原因になる病気の源だ、という話だった。雨水は木の葉や木の根元にたまる。そこに蚊が繁殖する。したがって、それぞれの村を〝健康的な島〟にするには、村人は木を切り倒さねばならない。NGO職員がワタムに集まった村人に配った本の表紙の写真は、理想とされる健康的な村がどんな外観であるべきかを示していた。

その写真に写っているのは、木のないゴルフコースのようなところに建てられた、どれも同じ箱のような家々で構成される整然とした村だった。

村の長として、モーゼスは講座を受けるためワタムへ行ったガプンの村人六人に含まれていた。そしてそこで、健康的な村とはまさに彼が思い描いていたものであることを知った。木がなく、きれいに草が刈り込まれた大平原の真ん中にある場所。どこからともなく現れたＮＧＯがこのメッセージを発したのは、単なる偶然ではない。お告げだった。

エルティ・アイランの講座は土曜日に終わり、モーゼスはワタムに住む妻の親戚からつけで買ったプラスチック瓶四個分のドライイーストと四〇ポンド（約一八キロ）の砂糖を持って、その夜にはガプンに戻った。日曜日一日使って、バケツ何杯分もの白いスープを静かに醸造した。

月曜日には、準備万端整っていた。

モーゼスがスリットゴング・ドラムを鳴らして村人を集めたのは、闇が薄れて夜明けの灰色の光が差しはじめたばかりのときだった。月曜日の朝の集まりが開かれる村の端まで村人が来たとき、モーゼスは既に叫びはじめていた。時は来た、と大きく声を響かせている。今こそ変化をもたらすときだ。明日でなく、来週でもなく、来年でもない。今だ。彼がワタムで受けてきた講座がその証拠だ。村人は闇から足を踏み出さねばならない。〝近代的生活〟をガプンにもたらさなければならないのだ。

モーゼスは早口で、断固として、非難を込めて話した。ＮＧＯの講座の人間が話したのとまさに同じことを、自分は何年も前から村人に言いつづけてきた。だからモーゼスが正しく、村人は間違っている！　村人は怠惰だ！　原始的だ！　悪魔の使いだ！　モーゼスはメンズハウスに座り、独善的な憤りと非難で口角泡を飛ばした。

ほどなく、モーゼスが矢継ぎ早に繰り出す熱心な説教が、意図した効果を発揮しはじめた。村の礼拝導師である弟のラファエルが斧をつかみ、自分の家の横に立つビンロウの木まで走っていったのだ。優美でほっそりした木が、一本また一本と地面に倒れていく。ラファエルは近くに立ってぽかんと見ている若者たちに、残りの木を切り倒すのに手を貸せと怒鳴った。兄弟や数人の従兄弟がそれぞれの家まで行き、斧を持って戻ってきた。彼らはラファエルの家の前に立つココナツの木を切りはじめた。そのあいだじゅうモーゼスは、自分の計画に従え、近代的生活をするときが熱帯雨林の村ガプンにもついに訪れた、今こそそれを実現させるのだ、と叫びつづけた。

ラファエルの家の前の木がすべて切り倒されたときには、若者たちは一種の狂気に冒されていた。鬨の声をあげながら、目の前のあらゆるものをなぎ倒していく。ビンロウの木は倒れ、マンゴーの木は地面に衝突し、巨大なココナツの木も震えて崩れ落ちた。

男たちは村の三分の一ほどのところまで木を切り倒しながら進んでいったが、そこで止められた。六五歳のサメクが自分の家の横に生えたビンロウの前で、長い草刈りナイフを構えて仁王立ちになっている。「これは誰の木だ？」彼は声を張りあげた。「おまえらのか？　おまえらが植えたのか？　これは俺のビンロウだ！　俺のココナツだ！　親父が俺のため、俺の子供のため、またその子供のために植えてくれたんだ！　勝手に切るな！」

争いが勃発した。ラファエルはサメクを罵り、こういう老人がいるから村はまだ変わっていないのだと叫ぶ。頑丈で疲れを知らない闘士という評判を持つ筋骨隆々の男、サメクの息子アブラムが、ラファエルに向かって走り出す。ラファエルの兄弟がラファエルの前に立ちはだかって斧を構える。アブラムの従兄弟たちがマチェーテを振りかぶる。何人かは、やすりで研いでヒクイドリの羽根をつけた硬い鉄の矢を射る弓、〝針金製弩（いしゆみ）〟を取りに行く。この弩は狩猟に用いるのだと人は言うが、真の目的は、酒に酔ったあげく手に負えなくなった喧嘩で相手に重傷を負わせることだ。

何度かパンチが繰り出される。だが喧嘩が本格的な乱闘に発展する前に、ラファエルと、村の三分の一を破壊した若者たちは呼び戻された。後ろを向き、破壊を始めた村の端まで歩いて戻っていく。

モーゼスはそこで待っていた。白いスープをたっぷり入れた、いくつものプラスチック製バケツを横に置いて。

計画の遂行が簡単でないことは、モーゼスにもわかっていた。ほぼ毎回の食事に使っているココナツや、いつも噛んだり人と交換したりしているビンロウジや、子供たちが好んでおやつに食べる果物や日陰や空気を提供してくれる果樹を切り倒すことに、すべての人が乗り気になるわけではないだろう。小競り合いやトラブルは予期していた。

だからこそ、この酒を醸造したのだ。

ラファエルたちが戻ってくるやいなや、モーゼスは彼らに、ラファエルの家の前に倒れているビンロウの一本から大きな枝を切り落とすよう命じた。その枝にタバコの葉数枚と新聞紙二枚ほどを結びつける。これは「クップ」(*kup*)という、仲直りのための贈り物だ。モーゼスは弟が迷惑をかけて申し訳なかったと言ってサメクにそれを渡し、サメクと彼を支持する仲間たちに、話し合いのため自分の家へ来るよう誘った。

彼らはやってきた。同じような和平の贈り物を持ってきてモーゼスに渡し、自分たちも悪かった、話を聞く気はある、と言った。

そこでモーゼスは話しはじめ、やんわりとサメクたち村の老人を責めた。「あなたたちはガプンを変えることに成功していない」彼は言った。「我々は先祖の時代とまったく同じだ。サゴ粉を作り、犬を連れて熱帯雨林で狩りをする。金はどこにある？　波形鉄板でできた家は？　変化はどうなった？

僕はこの村で生まれた。今こうして話しているのは村の役に立ちたいからだ。村が変わるのを手助けしたい。あなたたちのしたいようにさせておいたら、何も変わらない。でも、いつまでも原始的ではいられない。今こそ頭を使うときだ。ガプンにも近代的生活を取り入れなければならない。あなたたち老人の時代は終わった」

モーゼスは冷静に、しかしきっぱりと話した。彼の信念には説得力があった。村人が彼の計画に従いさえすれば実現する変化について話した。整然と並んだ家を建ててフェンスを作ったら、すぐにＮＧＯが水道を引いてくれると言った。ショッピングセンターもすぐそこで待ちかまえている。木がすべてなくなって道路を作ったら、やがて自動車が村を通るようになる。死んだ人々は、白い肌をしてたっぷりの金を持って国々からよみがえってくる。そんな未来がすぐそこにあるのだ、とモーゼスは説いた。村を作り替えたらそれが実現するのだ、と。

村の誰もが希求する変化をアピールすることで、モーゼスはサメクたちの心をつかんだ。彼らは折れた。すべての木を切り倒すことに合意した。

そして彼らが考え直す前に、モーゼスは白いスープのバケツを出してきて、全員をぐでんぐでんに酔わせた。

酒宴は四日間続いた。最初に用意した白いスープのプラスチック製バケツがすべて空になるやいなや、モーゼスはさらにココナッツを割って砂糖とイーストを加え、もっと多くの酒を作った。常に酔っているおかげで、若者たちは素面なら維持できなかったであろうエネルギーと力強さで作業を続けた。酒で興奮して元気になった彼らにとって、作業は遊びのように感じられた。最終的に、村の木は一本残らず切り倒された。

五日目、目覚めた村人たちはひどい二日酔いになっていた。周りを見ると、景色は一変していた。かつて緑豊かだった村は不毛な荒野と化していた。地面には切り倒された木がごろごろ転がっている。これを運び去るのは重労働で、結局それから一カ月かかった。ココナツ、ビンロウジ、マンゴー、そのほかの倒れた木の実が、あちこちに落ちている。酔った男たちが不注意な木の切り方をしたせいで、何軒かの家は押しつぶされていた。死人が出なかったのが不思議なくらいだ。つぶれた家は建て直さねばならない。というより、破壊された村全体を作り直さねばならない。もちろん、まさにそれがモーゼスの計画だった。

木々が切り倒されてから一〇年以上が経過した。二〇〇七年の酒にまみれた四日間に起こったことは、ガプンではあまり話題にされない。破壊が起こったとき、私は村にいなかった。二年後に村へ来て、そのとき話を聞いた。何が起こったのかと村人に尋ねると、彼らは恥じ入るか批判的になるのだった。毎日のように誰かが、自分のビンロウの木が失われたことを大声で嘆いた。今や村人は、生活に絶対必要なものを手に入れるため、子供たちを森の奥深くまでやらねばならない。かつて豊富だった資源が乏しくなったせいで、常にビンロウジを誰が盗んだかをめぐって争いが起きる。村を縦断する広い道路――皮肉屋の村人はそれを自分たちの〝ハイウェイ〟と命名した――は暑く不毛な草地だ。日陰がないので、人はそこを歩こうとしない。その代わりに、今や細長くなった村を縦断するときは家々の裏にある熱帯雨林沿いを歩く。女は、草を刈らねばならないことに文句を言ってばかりいる。草刈りはほとんど毎日しなければならない――体をふたつ折りにして、長い草刈り用ナイフを振るう。成長の速い熱帯の草を放っておいたら、ほんの数日で人の通れない草むらになってしまうからだ。

ハイウェイに自動車は寄りつかないが、毒ヘビは寄りつく。ヘビは太い体を道路の中央の硬くて温かな草の上に横たえて、日なたぼっこをするのが好きだ。素足でそんなヘビを踏むのが怖いのも、村人が道路を歩かない理由のひとつである。モーゼスの計画に従って道路に面して建てられた家は、山やマングローブの沼地から降ってくる雨から守れる向きに屋根がついていないので、雨が降るたびに家の中はずぶ濡れになる。それぞれの〝ブロック〟を区切るクロトンノキのフェンスは、絶え間ない口論の原因となっている。村の豚はクロトンノキのあいだから中に入って、人の「プレミシス」(*premisis*)(「敷地(プレミシズ)」)の内部で糞をする。子供たちは遊びまわってクロトンノキを折り、そのため隙間が生じて、隣人同士が大声で激しく言い争うことになる。

モーゼスはもはや村の「コミティ」ではない。彼の代わりに、何もしないおとなしい男がその役職についた。破壊のあと、モーゼスは村を出て、妻とともに熱帯雨林の内部に建てた家に移り住んだ。新たな家は彼が村から一掃したココナツやビンロウの木や果樹に囲まれている。モーゼスは憤慨しているが、その理由は、サメクのような人々が怒る理由と異なっている。サメクは自分の家から乾燥した荒れ地を眺め、父の植えた愛する木々を失ったことを嘆いている。

モーゼスが憤慨しているのは、村人が彼の計画を完遂しなかったからだ。木を切り倒して〝秩序〟の原則に従い村を再建するのは変身への第一歩にすぎないことを、彼らは理解してくれなかった。近代的生活を手に入れ、金が流れ込み、村人の肌が白くなるには、ほかにも踏まねばならない段階がある。チェーンソーを買って熱帯雨林の木をさらに切り、木材として売らねばならない。カカオ豆を乾燥させるのに「ペメンテリ」(*pementeri*)（セメント製の炉）を作らねばならない。ＮＧＯに水道を引いてもらうために水車を手に入れなければならない。モーゼスは、酒宴と伐採の四日間にそうした段階に言及し忘れたのかもしれない――何があったのか話してくれと私が頼んだとき、彼はしぶしぶそれを認めた――が、あとから村人にその話はしたのだ。

なのに村人は関心を持たなかった。耳を傾けるのをやめてしまった。

だからモーゼスは森の中の自分の家で、自分の描いた地図をいじり、ハンガリー人司祭にもらった汚れた小冊子をめくっている。その小冊子とは、イギリスの会社のピンク色をした通販カタログだ。透視メガネといった面白グッズや、あらゆる願いをかなえて即座に富や権力や美しさをもたらす魔法のおまじないや呪文を売っている。

モーゼスは学校で習った英語を駆使して、この会社に期待を込めて手紙を書いている。私が生活必需品を手に入れるため町まで行くとき、彼は必ず、封筒と切手を買って手紙をイギリス宛に投函してきてくれと頼んだ。

そして今でも、サナエの男たちはガプンの村人をばかにし、陰で彼らを「ブス・カナカ」と呼んでいる。

5　贈与の義務

ガプン人はなぜ村に住み込んだでしゃばりな人類学者にこれほど寛容なのだろう、と私はよく不思議に思ったものだ。いきなりどこからともなく初めて村に現れた瞬間から、村人は温かく歓迎してくれた。私が研究と呼ぶ謎の活動の大部分は、自分たちの問題に首を突っ込み、噂話を引き出し、穏やかに秘密を聞き出そうとすることだというのが徐々に明らかになってきてからも、彼らは愛想よく親切でいてくれた。

私が寝泊まりできるよう、村人は三回の訪問時（一九八六年、一九九一年、二〇〇九年）にそれぞれ家を建ててくれた。私が来るたびに、多くの村人がそれ以上カヌーで進めない地点に集まり、荷物をおろして背中に担いだり頭に載せたりし、一時間かけて熱帯雨林の湿地を抜けて、丸太と樹皮でできた狭くて滑りやすい橋を渡った。村に入ると、食事を出してくれた——成人女性や少女が一日じゅう食事の皿を届けてくれたり、鍋いっぱいのサゴゼリーやバナナシチューを作ったときは自分たちの家に来て食べるよう呼んでくれたりする。

放っておいたら、浅い井戸から水を汲んだり、私の服を洗ったりもしてくれただろう（水汲みと洗濯だけは熱帯雨林で私でもうまくできたので、実際には彼らにやらせなかった)。村人は私が清潔できちんとしているよう気を使い、私の脚に少しでも泥がはねたのを見たら、すぐに洗うよう忠告した。彼ら自身の素足や脚は泥だらけだったのだが。ある女とおしゃべりをしているとき、彼女は私の爪が汚いのに気づいて注意した。

「どうして洗って白くしておかないの?」彼女は心配そうに尋ねた。

熱帯雨林で暮らしている以上、私の爪も彼女の爪と同じように汚れるのはしかたがない、と私は言った。

彼女はその答えに納得しなかった。「あなたには全部白でいてほしい」彼女は辛抱強く説明し、爪をきれいにしておかないなら私はばかか無神経かのどちらかだ、と断言した。

私が満足に過ごせるよう村人がそれほど気を使ってくれた理由のひとつは、もちろん、私を彼らの切望する変化の前触れだと考えていたからだ。しかし、それだけではありえない。村人には多くの長所があるが、辛抱強さはそれに含まれていないのだ。私の存在を許容した理由が、私が切望に応えて天から積荷(カーゴ)を持ってくるのを期待していることだけだったなら、村人はとっくの昔に私を見限っていただろう。

歳月を経て、私は、頼りなく詮索好きな私が村にいることを村人が許容したのにはほかにも理由がある、との結論に達した。

その第一は、私という存在がとても面白かったことだ。ガプンの人々が退屈しているわけではない（本もラジオもテレビも映画もないが、魔術の話、熱帯雨林の冒険譚、互いについての噂話などで楽しんでいる）。しかし、生活にあまり目新しさがないのは確かである。私は村にいるとき、その目新しさを提供していた。白い肌、見慣れない習慣、過剰なほどの持ち物、不可解な機械類を持つ私は、彼らにとっては宇宙から来たエイリアンと同じくらい珍しい生き物だった。

若者や子供が大好きな娯楽は、私が仕事をするところを見ることだった。つまらなく聞こえるだろうし、実際つまらないことである。彼らが好んで見ていた仕事とは、私が家の真ん中で青いプラスチック製の椅子に座って、ゆがんだ下手くそな作りの厚板製テーブル（私の手作り）に向かって書き物をするところだった。パソコンにタイプすることもあったが、多くの場合は（パソコンを動かす太陽電池との接続に頻繁に問題が生じたため）ペンでノートや日誌に手書きしていた。途方もなく退屈な活動であり、私ならペンキが乾くのを見ているほうがましだっただろう。だが、私が黙ってパソコンやノートに屈み込んで何かを書くことに、村人は抗しがたい魅力を感じたらしい。私が彼らを風変わりだと思ったのと同じく、彼らも私を風変わりだと思ったようだ。

特に私の到着後数週間して、さすがの彼らもただ見ているのに退屈するようになると、少年たちは私の家に押し寄せてきた。中でも力の強いふたりがほかの者を押しのけ、テーブルを挟んで向かい側に置かれたもうひとつの青いプラスチック製の椅子を半分ずつ分け合って座り、私と向き合った（その椅子の目的は、村人の話を録音したものを書き起こすとき一緒に作業してくれる者に座ってもらうことだった）。勝ち誇った少年ふたりはこの椅子に座って、テーブル越しに私を見つめる。青い椅子に座れなかったほかの少年たちは床に広がり、私がよく見える位置に陣取ってあぐらをかいて座ったり寝転がったりする。そして彼らも私を見つめた。

私は、動物園のサルみたいに見物されることに慣れ、受け入れるようになった。ときどき、書き物に熱中して、少年たちがそこにいるのを忘れることもあった。ふと顔を上げると、家じゅうの少年が映画を鑑賞するように私を見つめている。ポップコーンを売ったらいいだろうかと思うこともよくあった。

幼い子供も同じように、暇があれば家に入ってきて、青いプラスチック製の椅子によじのぼって見つめるのだった。小柄なので、村のほかの家と同じく高床式だった私の家の下を歩きまわることもできた。家の下にいて、樹皮の床の亀裂から見上げ、私の一挙手一投足を観察した。私の活動を、スポーツ実況中継のようにお互いに伝え合った。「サラキはお湯を沸かしている」私が小型バーナーを操作していると、床の下から小さなささやき声が聞こえたものだ。「サラキは箱の中の何かを捜している」「髭を剃っている」「バナナを食べている」「髪の毛をといている」

村人が私に寛容だった第二の理由は、私が彼ら自身のことについて話してくれと頼み、興味を持って聞き入ったことだろう。一九八〇年代――人類学者がポストコロニアル［植民地主義の問題について研究する学問］の学者から、人類の多様性を研究する善意の、そして進歩的な取り組みだと思い込んでいたものは、実際には植民地主義的な態度で現地の人々を知ることによって彼らを東洋流に支配することだと指摘されたとき――以降、人類学者はもっぱら現地の人々自身に語らせるようにしてきた。学者は、自分たちは威張っているのではないか、自分たちが母国でない場所に存在していること自体が搾取的な力の行使、不愉快な抑圧の手段ではないか、と心配しているのだ。

私より若い世代の学者はこうした非難の波に襲われたせいで、立ちすくみ、自国にとどまり、自分と同種の人々だけを研究対象とするようになった。だが、私がパプアニューギニアで研究を始めたのは、それより前の時代だった。おそらくそのために、異国の地へ行って研究対象の人々に根掘り葉掘り質問することにさほど罪悪感を覚えなかったのだろう。そして、現在多くの人類学のクラスで学生が学んでいることとは逆に、私は現地の人々から話を聞き出すことを特に困難だと思わなかった。一般的に、人は自分について話すのが好きなのだ。実のところ、ほかの何よりも、自分自身について話すことを好んでいる。

一九八〇年代半ばに初めてガプンに行ったとき、いちばんよく一緒に過ごしたのは老人だった。主な理由は、彼らがあまり活動せずじっと座っていたからだ。ラヤやクルニのような老人には時間が余っており、彼らは私と一緒にいて話をするのを楽しんだ。タヤップ語の基本を教えるのに加えて、人生の思い出を話してくれた。昔のイニシエーションの習慣は第二次世界大戦前にすたれたが、彼ら兄弟は、そういう儀式を自ら体験したか、もしくは――彼らが体験する前に既に習慣がすたれていたとしたら――父やおじから聞いたかで、儀式についてよく知っていた。だが村の者は誰も、彼らにイニシエーションについて尋ねなかった。誰も、村の起源にまつわる神話やタンバランの連作歌曲について尋ねなかった。誰も、タヤップ語の複雑な構文に関心を示さなかった。しかし、私は関心を示して尋ねた。物語、神話、連作歌曲、言語を記録した。魅了されたからではなく（どんな神話にも連作歌曲にも私は死ぬほど退屈した）、老人ふたりが明らかにそういうことを話したがっていたからだ。

今日、彼らの物語、歌、解説として残っているのは、そうした記録だけである。

さて、うろうろ邪魔をして回る私が村に住むことを村人が許容した第三の——これが最も重要であることについてはみじんの疑いもない——理由。それは、私が彼らにものをあげたからである。四六時中。

私が村にいるのは、サンタクロースが熱帯雨林に店を出したようなものだった。私は誰ひとりとして悪い子扱いせず、全員を良い子扱いした。朝六時半に家のドアを開けた瞬間から、夜一一時頃に灯油ランタンを消して蚊帳に潜り込んで就寝するまで、男や女や子供がひっきりなしに訪れ、自分には（というより、自分の母、夫、兄、おじ、祖母などには、というほうが多かった）〝ちょっとした心配ごと〟（「リクリク・ワリ」*liklik wari*）があると小さな声で告げる。

そのちょっとした心配ごととは、彼らが小川から村まで運んできた箱か容器のどれかに私が隠していることを彼らが知っている（あるいは強く推測している、あるいは望んでいる）、ちょっとした品物の要求だった。私の家に来て彼らが欲しがるのは、たいていささやかなものだった――タバコ用ライター、塩、少々の灯油（それを入れるための小さなプラスチック瓶も持参していた）。その品物があるかぎり、私は与えた。ときどきは、村人が大切にしていると知っているものをいくつも持参した。たとえば肉切り用ナイフ（この場合は彼らが熱帯雨林で狩る豚やポッサム、ヒクイドリの肉を切るのに用いる）や、ナイフを研ぐやすり、あるいは新聞『シドニー・モーニング・ヘラルド』の束など。新聞は、慎重に細長く割いて、畑で育てているタバコの葉を巻き、いつも吸っている細いタバコを作るのに利用される。私はこうした品物を、村に着くなりすべての家族に分配した。しかし、どれだけたくさん買ってきても決して充分ということはなく、ナイフややすりや新聞紙を期待していたのに受け取れなかった者は、必然的に〝ちょっとした心配ごと〟を抱えて私の家を訪れたのである。

村人は大きなものもねだった。たとえば「レイダ」（*reda*）（「レーダー」）。日本軍が第二次世界大戦終結時パプアニューギニアを去る前にどこかに埋めていったと彼らが信じている大砲や爆弾の隠し場所を探すための金属探知機のこと）、トラクター、水車など。数人のグループが潜水艦を持ってきてくれと真剣に頼んだこともあった。パプアニューギニアから分離独立を願うブーゲンビル州の反政府勢力のリーダーが国々から潜水艦を与えられた、という話を聞いた彼らは、自分たちも一隻欲しがったのだ。

村人がすべての木を切り倒してハイウェイを作ったあと私がガプンに滞在したときは、芝刈り機を買ってくれとねだられた。町へ行った村人ふたりが芝刈り機を見て、当然ながら感動していたのだ。村人は、草を刈らねばならないことに不満を言い、芝刈り機さえあればはるかに暮らしやすくなるのにと嘆く。それをさんざん聞かされてうんざりした私は、最後には折れて本当に芝刈り機（正確には電動草刈り機）を買ってやった。彼らはそれに私が買ってきたガソリンを入れて五回ほど使ったが、どんな機械でも制圧できそうにない熱帯性植物の硬い茎を切り取ろうとしたとき草刈り機は爆発した。

トラクターや潜水艦をねだられたときは、それほど困らなかった。たいていは、水車のような大きなものを運んで熱帯雨林の湿地帯を抜け、子供ひとりより重いものが通ったら折れたり流されたりしそうな急ごしらえの橋を渡るのが困難であることを指摘するだけでよかった。「レイダ」のようなものをねだられたなら、その機をとらえて、第二次世界大戦やその後に起こったことについて彼らに質問をした。

だが一方、ひっきりなしに家にあるものを与えつづけることに、私はひどく苛立ちもした。理由のひとつは、果てしない要求によって、先進国の白人として自分が持つ特権を絶えず意識させられたことだ。

しかし苛立ったのは、村人の要求のしかたが原因でもあった。

若い女四人のグループが私の家を訪れるとする。話はこういうふうに進む。彼女たちは家に上がってきて戸口に立ち、テーブルについて書き物をする私を見つめる。何も言わない。

私は、こちらから沈黙を破るのを期待されているのに気づく。「どんな心配ごと？」

四人の代表として決められていた女が咳払いをし、おずおずと口にする。「ムススマが輪ゴムのことをちょっと心配しているの」

「わかった」私は言う。

立ち上がって、町で買った色つき輪ゴムの袋をどこにしまったか思い出そうとする。村人は輪ゴムを集めて手首にはめるのが好きなのだ。

私は大きなプラスチック製の箱を探る。汚れた指の少年たちに盗まれたり、もしそれが食べ物なら、夜にランタンを吹き消した瞬間、草を食むバッファローの群れよろしくぞろぞろ家の中を這いまわるアリやネズミサイズのゴキブリに食べられたりするのを防ぐため、持ち物はすべてそういう箱にしまっている。

数分間いろいろな箱を開けたり閉めたりしたあと、私は輪ゴムの袋を見つける。一本取り出して箱の蓋を閉じ、ムススマのところまで〝彼女の心配を終わらせる〟ものを持っていく。

輪ゴムをムススマに渡すと、彼女は何も言わずに受け取ってうつむく。それは村人が人から何かをもらうときの礼儀正しい作法だ。彼女が輪ゴムを手首にはめると、四人は帰りかける。ところがドアの手前で立ち止まる。

「ジパンダも輪ゴムのことをちょっと心配しているの」

打ち寄せる波のごとく毎日ちょっとした心配ごとが次から次へと家にやってくるのには閉口したが、そういう状況を招いた原因の一端は私自身にある。ガプンでの最初の長期滞在中、村人の世話になりながら、そのお返しとして彼らが決して読めない博士論文の約束しか与えないのは、道徳的に不適切だと考えた。しかし金を払いたくはなかった。村の生活では、金はあまり高く評価されなかったからだ(今も同じである)。それに、一部の村人だけに(たとえば家賃や食費として)金を払ったら、ほかの者がねたみ、それによって喧嘩が起こり、魔術が発動され、病気や死が訪れる……。それで、主に良心の呵責をやわらげるため、村人が求めたり欲しがったりするちょっとしたものを買うようになり、ねだられたら誰にでも与えるようにした。

村人がしてくれたことのお返しに私が村人にあげたものは、厳密には報酬ではなかった。贈り物だ。私と彼らの関係に謝意を示すもの、その関係を永続させるためのものである。それこそが贈り物の本質だ。人類学におけるきわめて有名な本が、この問題について論じている。その本とは『贈与論(ザ・ギフト)』、フランスの社会学者・人類学者のマルセル・モースが著した本で、一九二五年に初版が刊行されている。『ザ・ギフト』というのは英訳で、フランス語の原題は『贈与論(エッセ・シュール・ル・ドン)』。「ドン」という語は「贈り物」の意味だが、この言葉を見るたびに自分の名前を呼ばれているように感じる。私はこの本を自分の状況に当てはめ、自分の関心に合わせて読む。この本はガプン滞在中の私についての論文だと妄想して楽しんでいる。この本の主張は確かに当を射ている。贈り物とは決して気前のよさや思いやりや愛の表現ではない、とモースは論じる。贈り物は何よりもまず、贈り手と受け手が社会的関係を結んでいることを示す印である。モースの適切な表現を借りれば、贈り物は『義務を伴って』[1]受け取られる。贈り物は（報酬とは区別して）交換を意味し、お返しを要求するのである。

ガプンでも、ほかの場所と同様、贈り物の義務は双方が負っていた。村人が世話をしてくれたので私はお返しをせねばならないと感じ、同様に、私がものを与えたので彼らは私の世話をしつづけねばならないと感じる。贈り物を与え合うこの無限のサイクルが、私たちを結びつけていた接着剤だった。

その社会的な接着剤——本を書くための材料を提供してくれる人々の中で暮らしつづけるために、誰が何を誰に与えるか——の正確な性質について、一般に人類学者はあまり明瞭に説明しない。その理由を断言はできないが、おそらく、人類学者は今なお、人々が話してくれるのは彼ら（人類学者）が友好的で聞き上手で本当に心から思いやりがあるからだという印象を与えたがっているからだろう。あるいは、もっと感傷的に、研究対象の民族は彼らを熱烈に歓迎して寛大にアマゾン族やネパール人といった家族に受け入れてくれるのだ、と人類学者は主張する。だから、家族に受け入れられた人類学者としては、彼らの〝姉妹〟や〝母〟や〝兄弟〟が寄せてくれる信頼

1　マルセル・モース『贈与論——アルカイックな社会における交換の形態と理由』W・D・ホールズ訳（ロンドン、ラトリッジ、一九九〇年）p.41より引用。

は家族としての愛情から来るのであって、金銭そのほかの利益から来るのではない、と言い張るのである。

品物ともてなしや情報を交換している、という事実を人類学者が明かすことはまずない。それは下品だと見なされるからだ。

では、下品だと思われるリスクを冒して——そして、私が帰国して書く本や論文にはなんの興味もない人々と社会的関係を維持するためにこの人類学者が実際何をせねばならなかったのかに関して、謎のベールの端を少しだけめくって——ガプンでの典型的な一週間のうちの五日間に与えたものと受け取ったものを箇条書きにした表をお見せしよう（二〇〇九年六月二二～二六日の例）。

月曜日

与えたもの

・巻きタバコ用の新聞紙一枚をヤマンに
・タバコ用ライター一個をケマに
・タバコ用ライター一個をエグラヤ（ケマの姉妹）に
・肉切り用ナイフ一本をキキに
・肉切り用ナイフ一本をエブランジャに

・風船一個をクリング（ヤマンの四歳の甥）に
・風船一個をドゥガモク（一〇歳の少女）に
・やすり一個をマンガイに

受け取ったもの

・茹でた二枚貝五個を添えたサゴ団子一個をムブプから
・茹でた二枚貝三個を添えたサゴパンケーキ一枚をンダモルから
・茹でたサゴゾウムシ四匹を載せたサゴゼリー一皿をキキから
・茹でたサゴゾウムシ六匹を載せたサゴゼリー一皿をカムベマから
・茹でた二枚貝四個入りサツマイモスープ一皿をンダモルから
・茹でたツカツクリの卵少々を載せたサゴゼリー一皿をエグラヤから

火曜日

与えたもの

・巻きタバコ用の新聞紙一枚をムビットに
・巻きタバコ用の新聞紙一枚をムバヌ（ンダモルの夫）に
・タバコ用ライター一個をカレパ（ムビットの娘）に
・タバコ用ライター一個をケマ（昨日はライターを頼んでいない、私がナノを彼女と間違ったに違いないと主張）に

・新聞紙一枚とタバコ用ライター一個をムバウルに
・風船一個ずつをポニケル、ムブル、アポップ、カメク、カペ、ガウル、アタニ、サマイ、グーレ、ケム、マヌップに
・肉切り用ナイフ一本をムボボトとモポク（ンダモルの娘たち）で共有するように

受け取ったもの

・タロイモ入りスープ一皿と茹でたフクロアナグマ一匹をンダモルから
・ラウラウ（マレーフトモモ）一〇個をモポク（ンダモルの娘）から
・茹でたマングローブアマガイ三匹を載せたサゴゼリー一皿をンダモルから

水曜日

与えたもの

・単四電池四本をムボウディに
・新聞紙一枚とタバコ用ライター一個をメサムに
・小さなプラスチック瓶に入れた灯油をンガンドゥに
・以前ンガンドゥの咳止めシロップを入れていた瓶に入れた塩をアタニに
・新聞紙一枚をエビヤナに
・タバコ用ライター一個をパシに
・タバコ用ライター一個をムビットに

・新聞紙一枚をモーゼスに
・テープ一本をエビヤナに

受け取ったもの

・ヤムイモスープ一皿をエラポから
・パパイヤ一切れをカマから
・サゴパンケーキ一枚と豚肉スープ少々をカムベマから
・小さなパパイヤ一個をムボニカから
・茹でたサゴゾウムシ五匹を載せたサゴゼリー一皿をヤパから
・サゴパンケーキ一枚と豚肉スープ少々をンダモルから

木曜日

与えたもの

・新聞紙一枚をカミクに
・新聞紙一枚をパソ（カミクの母）に
・新聞紙一枚をアリュバ（カミクの父）に
・タバコ用ライター一個をケマに。また来て、まだもらっていないと私に信じさせようとしたが、今回は成功しなかった。「もうその手は通用しないぞ」私はもったいぶって言った。
・風船一個ずつをモポク、ムブル、ムバジナに

・夫メサムのために新聞紙一枚とタバコ用ライターをエグラヤに
・新聞紙一枚とタバコ用ライター一個をエントモヤに
・使用済み単一電池三個をシムビュラに
・テープ一本をエブランジャ（シムビュラの妻）に
・小さなプラスチック瓶に入れた灯油をキリングに

受け取ったもの

・茹でた二枚貝三個を載せたサゴゼリー一皿をナノから
・茹でた豚肉入りバナナシチュー一皿をエラポから
・茹でた豚肉一切れを載せたサゴゼリー一皿をヤパとムボニカから
・豚肉スープを添えたサゴパンケーキ一枚をカマから

金曜日

与えたもの

・新聞紙一枚をサラキに
・剃刀の刃一枚とティーバッグ二個をサンギに
・輪ゴム一本をカクに
・新聞紙一枚と剃刀の刃一枚をモラバンギュに
・小さなプラスチック瓶に入れた灯油をソパックに

受け取ったもの

・茹でたポッサム一切れを載せたサゴゼリー一皿をンダモルから
・茹でた魚一切れを載せたサゴゼリー一皿をカマから
・茹でた魚一切れを載せたサゴゼリー一皿をキキから
・サツマイモスープ一皿をンダモルから

6　ガプンでの食事

ガプンの生活で順応するのが難しかったのは、常にものを与えることだけではなかった。それに加えて、性生活の欠如、蚊、泥にも慣れねばならなかった。そして長期間のフィールドワークにおいて最も困難なのは、現地の食べ物を食べることである。

こういった不愉快を解消することは不可能だった。

セックスに関して言うと、村人から誘いを受けたことは一度もなかった。女の多くを魅力的だと思ったものの、死人だと見なされている私は、彼女たちと異性関係に陥ることなどありえなかった（思うに、村人たちは、私と関係を持つのは一種の死体性愛になると考えて敬遠したのではないだろうか）。

蚊と泥については、美しい熱帯の島のもっと快適な環境で消えつつある言語でなく、湿地で消えつつある言語を研究して長い年月を過ごすと決めた自分を罵るしかなかった。

食べ物をめぐる状況も、自分ではどうしようもなかった。自国の食べ物を村まで持ってくることはできない。それは費用がかかるし荷物が増える。しかしもっと重要なのは、そんなことをしたら村人と親しくなれず、彼らを侮辱してしまうからだ。他人と食べ物を分かち合うのは、社会的関係の構築においてきわめて基本的なことである。差し出された食べ物を拒むのはひどく無礼だ。フランス人の食通ジャン・アンテルム・ブリア＝サヴァランの料理に関する有名な金言『何を食べているか教えてくれたら、きみがどんな人間かを教えてあげよう』は、単に個人的な好みの話にとどまらない。これには社会的な意味もある。つまり、相手の食べ物を拒絶するのは、相手を拒絶するのと同じことなのだ。

村の、そしてセピック川流域全体の主食はサゴである。サゴは一年中毎日、理想的には一日に少なくとも二回食べられる。一回は朝、もう一回は夕方。生の形は粉で、湿ったコーンスターチを圧縮したものに似ている。これを平らに伸ばして、割れた鍋のかけらかフライパンで熱すると、ゴムのように硬いパンケーキができる。テニスボール大のかたまりにして炉に放り込み、生焼けにすることもできる（そうしてできた、表面は黒焦げで中は乾いた粉という料理は、タヤップ語で「ムナ・コキュール」（*muna kokir*）と呼び、文字どおりでは「サゴの頭」を意味する）。木の葉で包んで火を通してもいいし、竹に詰めて焼いて固まらせることもできる。

だが、最も一般的で最も喜ばれるのは、サゴプディングあるいはサゴゼリーと呼ばれる料理である。しかしそういう命名は大きな誤解を生じさせる。なぜなら、その名前は（a）その食べ物はプディングやゼリーのように固まっている、（b）その食べ物はプディングやゼリーのようにおいしい、と思わせるからだ。

どちらもひどく間違っている。サゴ〝プディング〟やサゴ〝ゼリー〟と呼ばれる食べ物の粘度は、実際にはむしろスライムや痰に近い。口に入れたとたんに、ねばねばした痰のように喉を流れ落ちる。西洋人が食べ物として認識する粘度ではない。こんな粘液のようなどろっとしたものが喉に入ってきたら、のみ込むのではなく、思わず吐き出したくなってしまう。

そして、サゴゼリーは決しておいしいものではない――もちろん、生まれついてのセピック川流域の村人にとっては別だが（ガプンの村人は早くも生後数日から赤ん坊にサゴゼリーを食べさせはじめる）。味はないが、それは唯一不愉快でない点だ――汚れた水で洗われた場合を除いて。その場合は家具磨き剤のような味がする。サゴゼリーの色は濾過するとき用いた水の質によって、薄いピンクから濃い赤までさまざまで、黒の場合もある。

皮肉にもタヤップ語で「ムム」（*mum*）と呼ばれるサゴゼリー（「皮肉にも」と書いたのは、スウェーデン語では「おいしい」のことを「ムムス」（*mums*）と言うからだ）は、大きく浅い皿もしくは洗面器に入れて大量の気味悪いかたまりで供される（村人はいつも、どこかから手に入れた四角いプラスチック製足湯桶に入れて私に出してくれた）。そのかたまりの上に、野菜の葉数枚、茹でた幼虫数匹、茹でた魚、茹でた肉の小さなかけらなどが載せられる――アイスクリーム・サンデーの上にサクランボを載せるように（とはいえ、そのイメージも、おいしそうに思われるので誤解を招きやすい）。その上から、スプーン二杯ほどの〝スープ〟が注がれる。スープは、「ムム」に載せる野菜や肉を茹でたココナツミルク（ココナツをすりつぶして冷水の中で絞って作った液体）である。塩を持っている村人は、大量の塩で味をつける。塩を過剰に入れるか、まったく入れないかのどちらかであり、ガプンの料理ではそれ以外にどんな調味料も香辛料もハーブも使わない。手に入らないからではない――なにしろ、世界じゅうのキッチンで使われている香辛料の多くは熱帯雨林が原産地なのだから。ただ、村人はそういうものに興味がない。味をつけないか、塩を入れすぎるかして食べるのが好きなのだ。

サゴの作り方は非常に面倒なので、人間がそんな方法をよく思いついたものだと感心してしまう。そもそもサゴヤシの木は、あまり近づきたいと思うものではない。幹と葉はサボテンのような長く鋭いとげだらけなのだ。それでも、遠い過去のどこかの時点で、人はそのとげとげのヤシの木の内部から食べられる澱粉が取れることに気づいた。だが、その澱粉は簡単には手に入らない。まずはサゴヤシの木を切り倒し、マチェーテでとげを切り落とす。次に斧で外側の樹皮に縦に切れ目を入れる。斧とマチェーテを使ってその硬い樹皮の裂け目を徐々に広げていくと、やがて貝殻のように幹がぱかっと開き、薄い色の内部が露出する。

そこで、つるはしと大型鑿の中間のような道具を使って、幹の内部の髄を削り取っていく。木の根元から始めて、てっぺんまで進む。この道具で削り取った髄は、ピンク色をしたざらざらのおがくずに見える。

ここからは妻の仕事だ。彼女はピンク色のおがくず状の物体を、サゴヤシの近くに簡単に掘った井戸まで運ぶ（サゴヤシは湿地に生えているため、たいてい近くにたっぷりの水がある）。サゴヤシの葉の根元で作った長い漏斗にそれを入れる。漏斗の先にココナツの繊維で作った漉し器を取りつけ、漏斗に水を注ぎ入れる。漏斗に入れたサゴの髄を揉んで搾り、中に含まれる澱粉を取り出す。澱粉は水とともに漉し器で漉され、ヤシの葉でできたバケツに集められる。

澱粉が完全になくなるまで四、五回このように水を通し、最後に残った髄の搾りカスは捨てられる。

水とともに濾過されたサゴ澱粉はヤシの葉のバケツの底にたまり、上澄み液は捨てられる。残ったのが湿った粉のかたまりである。そのかたまりに木の葉で蓋をして熱い灰を載せる。灰からの熱が残った水分を取り去る。乾燥したらサゴ粉のかたまりを村に持って帰り、食事の材料として使う。

サゴヤシを切り倒してからサゴ粉のかたまりができるまでの全工程は、ふたりで作業して丸一日、朝八時頃から午後三時か四時までかかる。この一日の作業で処理できるのはサゴヤシ一本の半分だ――残りの半分は翌日に処理する。ふたりがかりで一日作業してできるのは、サゴ粉の大きなかたまり五〜八個くらいである。親戚にどれだけのサゴを配分するかにもよるが、この量のサゴは八人家族で二〜四日で消費される。

サゴゼリーを作るには、サゴ粉をひと山取って鍋に入れ、少量の冷水で薄める。この水っぽいペーストを濾過すると、残った不純物（虫、とげ、灰など）の大部分が取り除かれる。次に、沸騰した大量の湯をペーストに加えて精力的にかきまぜつづける。湯の熱と攪拌によってペーストは凝固し、村人が愛してやまない、ねばねばのかたまりになる。この鍋一杯のどろどろしたゴム状のものを、食卓に出す洗面器にタフィーのように流し入れ、お約束の木の葉、幼虫、あるいは小さく切った肉や魚などを載せたら――さあ（ヴォアラ）、召し上がれ（ボナペティ）！

初めてこの「ムム」を食べたのは一九八五年にガプンに到着したほんの数時間後だったが、私は嘔吐しかけた。洗面器からスプーンですくい上げたとき、ピンク色のねばねばが鼻水のごとくリボン状に伸びて垂れるのを見て、咽頭反射を必死でこらえた。口に入れたものが喉を滑り落ちはじめたとたん、えずきはじめた。村に来るため暑い湿地を歩いてきたせいで既に汗びっしょりだったが、今や汗腺からは噴水のように汗が噴き出していた。少なくとも一年間は滞在して研究したい村で最初に出された食事を戻しかけていることを認識したからだ。スプーンで小さくすくったものをなんとか数口喉に流し込んだあと、もう満腹だと言った。

それに続く数週間は、咽頭反射を抑える練習をたっぷりさせられた。ほぼ毎食「ムム」を出されたからだ。当時の私は、サゴにはほかの料理法もあることを知らなかった。また、「ムム」がごちそうに分類されることも知らなかった――村にとってこの料理は、目玉焼きに対するオムレツ、ハンバーガーに対するヒレステーキだった。当然ながら、村人は謎の白人の客に、最も自慢の食べ物を食べさせようと考えた。そして当然ながら、謎の白人の客はそれを食べるようになった。空腹だったから、そしてガプンレストランのメニューにはそれしか書かれていないことを悟ったからである。

なぜ、地元民がごちそうと感じるものが吐き気を催すほど気味悪い、というケースが少なからずあるのか？　スウェーデンで、きわめてスウェーデンらしいごちそうだと熱狂的ファンが吹聴する食べ物は、シュールストレミングと呼ばれる魚料理である。この語は文字どおり訳すと「酸っぱいニシン」となる――ただしここでの「酸っぱい」は、レモン味のような刺激的な酸っぱさではなく、腐った酸っぱさを意味する。捕獲したばかりのニシンを濃い塩水に入れて血を抜き、頭を落として内臓を取り除き、今度は薄い塩水に漬け、数週間放置して発酵させたあと缶に入れ、缶の中でさらに発酵を続けさせる。

このプロセスによって魚は腐敗し、缶はふくらんで蓋の継ぎ目が変形する。破裂する恐れがあるため、この缶詰を飛行機で運ぶことは許されない。だがもちろん、食通はそんな禁止規定にひるまない。毎年八月――シュールストレミング販売が解禁される時期――になると、スウェーデンの新聞は、海外に住むシュールストレミング愛好家のスウェーデン人が、愛する腐ったニシンの缶詰を開けて地元の警察や保健所に摘発された、という記事であふれる。

警察が呼ばれるのは、腐ったニシンは排泄物――正確には赤ん坊の大便――のような悪臭を放つからだ。

私はスウェーデンに移住して数年後に、一度だけシュールストレミングを味見した。遅かれ早かれ、外国人は皆そうする。スウェーデン人（大半はその食べ物に近づこうともしない）は面白がって、食べてみるよう非スウェーデン人をけしかけ、外国人はその挑戦を受けるのだ。私は糞便のような魚のにおいを嗅いだが、言われたとおり缶の蓋を開け、茹でジャガイモと生タマネギのスライスを添えたクリスプブレッド［北欧で食べる平たく乾いたクラッカー状のパン］に缶の中身を素直に置いた。そしてシュールストレミングを口元に持っていった。便のにおいがするからといって便の味がするはずはない、と考えたのだ。

それは間違いだった。

ガプンにはほかにもごちそうがある。その最たるものは、茹でたチャエリツカツクリの卵である。チャエリツカツクリはツカツクリ科に属する、キジのような大きさの鳥だ。ツカツクリ科は英語では〝*megapode*〟、文字どおりの意味は「大きな足」である。この鳥は腐敗した落ち葉を大きな足でかき集めて巨大な塚状の巣を作り、雌がそこに卵を産みつける。塚に埋められた卵はその中で温められ、孵化したヒナは殻を破って地面に現れる。羽毛がなく無力なほかの鳥のヒナと違い、ツカツクリのヒナは孵化したときから羽毛が生えており、生後すぐに親鳥から独立して生きることができる。

ガプンの成人女性や少女は、熱帯雨林の中でこういう塚状の巣を見つけたら、薄い殻を割らないよう慎重に表面の土をどけて卵を探す。卵は大きく――アヒルの卵の約二倍――殻はきれいな黄土色をしている。村人は卵を、ほかのあらゆる食べ物と同じように料理する――茹でるのだ。そしてたいていは、スプーンで食べやすいように殻の一部をむき、サゴゼリーに載せて出す。

それだけ聞けば、特に害はないように思えるだろう。だが問題は、卵は偶然見つかるので、ヒナがさまざまな発達段階にあることだ。

一九八六年に私が最初の長期滞在のためガプンに着いたとき、女たちは、ツカツクリの卵はごちそうであり、がんばって見つけて私に食べさせてくれると言った。卵なら、毎日の「ムム」によく載せて出される茹でたサゴゾウムシやマングローブアマガイよりおいしいだろうと考えた私は、ぜひ食べてみたいと熱心に答えた。

ある日の午後、ひとりの子供が私の家にやってきた。頭に載せたアルミ製の洗面器は、中の食べ物をハエから守るため幅広い「カピアク」(*kapiak*)（パンノキ）の葉で蓋がされている。少女は洗面器を渡しながら、母親が私のためにツカツクリの卵を見つけて「ムム」の上に載せたと言った。「それはありがたい」私は言い、葉を持ち上げた。

私は愕然とした。洗面器いっぱいのピンクの粘液の中央に卵が置かれている。少女の母親が親切にも割ってくれた殻の内側から私を見つめているのは、完全な形の大きな目だった。その目を見おろしたとき――というより、その目が私を見上げたとき――映画『サイコ』のシャワーシーンのバックに流れる甲高いバイオリンの音を聞いた気がした。

戦慄が走る。急いで考えをまとめねばならない。食べさせると前々から約束されていた卵を、少なくとも食べるふりくらいはしなければならない。捨てるのは不可能だ――そのためには熱帯雨林までひそかに持っていかねばならないが、人に見られることなくひとりで出かけられることはないので、それは無理だ。たとえ、なんとか卵を家から熱帯雨林まで持ち出したとしても、やがて誰かが殻を見つけ、私が捨てたのだとばれるかもしれない。それに、私は以前から、ツカツクリの卵を食べるのを楽しみにしていると言い触らしていたのだ――今、それが手に入った。自分が卵アレルギーであることを急に思い出したり、マラリアの発作を起こしたふりをしたり、脳出血を起こしたりすることはできない。

卵を入れた洗面器を頭に載せて持ってきた少女は、家の床と地面をつなぐ登り棒を半分ほどおりかけていたが、私は呼び戻した。お母さんに洗面器を持って帰ってほしいから待ってくれ、と言った。何をしているか見えないよう少女の頭の上まで洗面器を持ち上げ、スプーンで卵を割り、完全な形に成長した茹でヒナが転がり出るのを見て吐きそうになった。急いで「ムム」を数口食べた――その頃には村の滞在期間が充分長くなっていて、たいていはえずくことなくのみ込めるようになっていた。少量のサゴゼリーを食べてできた隙間に、茹でたヒナをそっと押し込む。メイドが盗んだ包みを雇い主のオリエンタルラグの下に押し込むように。

そうして少女を見おろし、卵はとてもおいしいけれど、残念ながらほかの母親が届けてくれた「ムム」を食べたばかりで満腹なのだ、と言った。だから卵を食べるのを手伝ってくれないか、と。

少女は目を輝かせた。茹でたヒナは、私が「ノーマン・ベイツ」［映画『サイコ』の主人公である殺人鬼の名前］と言うより短い時間で平らげられた。

それで終わりにすればよかったのに、愚かな私は典型的な過ちを犯してしまった。その後少女の母親に卵はどうだったかと訊かれたとき、ツカツクリの卵を食べたらじんましんが出たとか、吐き気がしたとか、一時的に目が見えなくなったとか言うべきだった。ところが私は、現地のごちそうへの感謝を表すのが賢明で礼儀正しいことだと考えた。それで、歯を食いしばりながら丁重に礼を言い、とてもおいしかったと嘘をついたのである。

それからは、私がガプンに来るたびに、女たちがいつもうれしそうに真っ先に言うのは、「ツカツクリの卵を見つけてあげるわね」だった。彼女たちが歓迎の印として口にした言葉は、私の耳には脅迫に聞こえた。そして村に滞在中、「ムム」に載せられた茹でたツカツクリの卵が次から次へと届けられることになった。卵の発達段階はひとつひとつ異なっていた。大きなオレンジ色の黄身から、しっかり羽毛の生えた茹でヒナに至るまで。

とはいうものの、ツカツクリの卵は、ガプンで食べたもののうち幼生に至っていない数少ないもののひとつだった。

村人はイノシシ、樹上性のポッサム、大きなネズミのようなフクロアナグマを槍で狩る。最近では、罠を仕掛けてカンムリバトやヒクイドリといった大型の鳥をつかまえることを覚えた。熱帯雨林を流れる小川で釣りをし、マングローブの沼地では、茹でると泥で包んだゴムの粒のような味がする、ねばねばしたナメクジの一種を獲る。オオトカゲを殺して食べる。だが彼らの食生活のかなりの部分を占めているのは、茹でたり生で食べたりする昆虫である。

最も一般的なのはサゴゾウムシの幼虫だ。大きなイチゴくらいの大きさの、太って環状の溝が入った白い虫である。硬くて茶色い小さな頭がついている。体全体が脈動している。村人は熱帯雨林で見つけたサゴゾウムシを生きたままおやつに食べるが、集めて茹で、サゴゼリーに載せもする。生でも茹でても、なんとなくナッツのような味がして、バター風味がある。また、口の中に後味が残るので、食べてから何時間も、息にはサゴゾウムシのにおいが強くついている。

村で食べられるほかのものと同じく、サゴゾウムシも慣れるまではなかなか食べにくい。だが私は、自分が何を食べているのかを考えないようにしているかぎり、比較的冷静に食べることができた。実際のところ、幼虫の中身はなんだろう？　肉ではないし、エビのしっぽでもない。牡蠣でもない。私が唯一考えられたのは膿である。だから、脈打つサゴゾウムシを口に入れて噛んでいるときはいつでも、慎重に別のことを考えるようにした。

しかし、サゴゾウムシよりはるかに気味悪いものもある。

あるとき、エブランジャという女が自分の料理したシチューを持って私の家にやってきた。もったいぶって、私だけのために特別に作ったと言う。熱帯雨林にいたときたまたまカブトムシの幼虫を見つけ、私が食べたことがあるかどうかわからなかったので作ってきたそうだ。彼女が目の前に差し出してきたボウルを見おろすと、スープに特大のウジムシのようなものが入っていた。

実はほかの人間がこれを食べるのを見たことはあったけれど、それまではなんとか食べずに避けていた。しかし、ウジムシのようなシチューをにこにこして差し出し、期待の表情でこちらを見ているエブランジャを前にしたとき、私は陰鬱な気持ちで、ついにこのときが来たことを悟った。いちばん小さな一匹――それでも親指ほどの大きさはあった――を選んで目を閉じ、口に放り込む。

最初は普通のサゴゾウムシと似た味がした。けれども噛んでいるうち、腐ったような不快な味が口の中に広がった。急いでのみ込み、おいしかったと言った（私は決して教訓を学ばない）が、今はあまり腹が減っていないから、置いていってくれたらあとで食べて皿は明日返すと付け加えた。彼女はわかったと明るく言い、自分の家に戻っていった。

エブランジャの姿が見えなくなるとすぐに、私は皿をこっそり隣のンダモルの家まで持っていき、子供たちにおなかは減っているかと尋ねた。彼らは「わあ、カブトムシの幼虫だ」と言って、いちばん大きいのを求めて争った。私はンダモルに、この幼虫はあまりおいしいと思えなかったと白状した。

ンダモルはシチューから一匹つまみ上げ、しげしげと眺めた。

「エブランジャは作り方が下手ね。糞を取らなかったのよ。腹を切って糞を取り出さなきゃ。あの人、そのままにしているわ」

ンダモルの料理批判から私が引き出したすばらしい結論は、私は巨大なウジムシを食べただけではなく、巨大なウジムシの糞も食べたということだ。

シチューで。

うーん、ムムス。

だが、村における最高に強烈な食体験をしたのは、ある朝、ひとりの女が大きな幼虫三匹を載せた「ムム」を――それも朝食に――持ってきたときだった。幼虫の一匹には、触覚、大顎、脚がついていた。リドリー・スコット監督の映画『エイリアン』に登場する生物のライフサイクル初期の形に似ていた――クモのような脚で歩きまわり、産卵管を人の喉に突き刺して腹に食肉性の卵を産みつける、あの気味悪いやつだ。

私は皿を受け取ったが、茹でたエイリアンは、途方もなく気持ちの悪いものでも食べられるようになっていた私の能力をも超えていた。女が帰るやいなや、私はその皿を持って、もうひとりの隣人、パソという女に皿を渡した。

パソはすぐさま、脚の生えた幼虫をがつがつと食べた。その虫をタヤップ語でなんと呼ぶかと私が尋ねると、彼女は教えてくれた。

「ウルク・ウルクよ」

その名前は非常にふさわしい擬音に思えた。それは人が激しく嘔吐するときの音なのだから。

7　「ここから出ていく」

ガプンでの生活で味わった食べ物やその他さまざまな不愉快に耐えられた原因のひとつは、村の子供たちの存在である。彼らは、友人の家や、ショッピングモールや公園といった公共の場所で私が出会う、欧米の甘やかされた過保護の中流階級の子供たちとは、まったく異なる。ガプンの子供は驚くほどしっかりしている。四歳になるまでに、火を熾し、ビンロウの木にのぼり、マチェーテでココナッツを割れるようになっている。少女は小川で魚を獲り、簡単な料理を作り、草刈りナイフを使い、小型の斧で薪を割り、幼い弟や妹の世話を任される。少年はスリングショットで小さな鳥を撃ち、硬い草の茎や竹で作った短い槍を投げることができる。まるで小さな大人のように、冗談を言い、人を叱り、脅し、悪態をつく。他人からうまく聞き出した秘密を知っている。活発、強靭、豪胆。彼らは私を楽しませてくれた。

子供たちも私を気に入ってくれた。私が人気者だったのは、子供たちが集まって騒がしくするたびに怒鳴って追い払う多くの大人と違い、彼らがベランダや家の下で遊ぶのを歓迎したからだ。いつも、彼らにも贈り物を与えるようにした。ビー玉、輪ゴム、トランプ、子供が蹴って遊べる大きさのボールといったものをプレゼントした。よちよち歩きの幼児には、風船をふくらませたりシャボン玉を作ったりして喜ばせた。

常にひとりひとりの名前を覚えるようにした。それほど簡単なことではない。どんなときでも、村には一五歳以下の子供が一〇〇人近くいたからだ。しかも、村人同士の結婚が多く行われるため、子供たちは非常に顔が似ていた。双子のような兄弟姉妹や従兄弟が大勢いる中で誰が誰かを見分けるのは至難の業だった。たとえば、隣人ンダモルの家族は、皆ほとんどそっくりだった。四歳の末っ子アマニは、兄ムブルが四歳のときとまったく同じ顔だった。そのムブルは、彼の兄ンガウルがムブルの年齢のときとそっくりだった。少年たちの母親ンダモルは、その母親ソパックがンダモルの年齢のときとそっくりだったし、ンダモルが老齢になればソパックそっくりになるだろう。写真がなくても村人は自分がもっと若いときの顔を覚えていられる——将来どんな顔になるかが予想できる——のだろう、と私はよく考えたものだ。周りを見まわせば、自分と同じ顔があるのだから。

子供が私を気に入ったもうひとつの理由は、私が村でただひとり、彼らを脅したり叩いたりしない大人だったからだ。私の攻撃性のなさに彼らは戸惑い、この不可解な態度について彼ら同士で話し合っているのがときどき私の耳にも入ってきた。彼らはそれを理解はできなかったが、喜んでいたようだった。おそらく私を、ほかの大人なら叱ったり叩いたりするようなふるまい——ひどい悪態をついたり小さな手巻きのタバコを吸ったりすること——にも見て見ぬふりをする、無害でばかで寛容な独身のおばさんのように思っていたのだろう。

ガプンでの滞在中、なんらかの理由で特に私を気に入り、自分を私の特別な友達だと決め込む少年が、必ずひとりはいた。一九八〇年代半ば、ムビニというおとなしい三歳児は、会うたびに手を伸ばしてきて私と手をつなぎ、抱っこされると私の膝の上で満足そうに眠り込んだ。二〇〇九年の長期滞在中は、ンジメイという二歳半の男の子が毎朝母親の目をかすめて私の家の登り棒をよじのぼり、こっそり入ってきて、間に合わせのテーブルの前に置かれた青いプラスチック製の椅子にのぼった。椅子に座ってひとりで小声で歌い、やがて床におりて体を丸めて眠り込むのだった。

二〇一四年に最後に村を訪れたとき、ンダモルの子供の元気な四歳児アマニがある日、私の「スクリティ」(*sukuriti*)(「護衛(セキュリティガード)」)になると宣言した。以来、私が家に入るため登り棒をのぼろうとするのを見るたびに、走ってきて私より先に上がり、ドアを開けてくれようとした(ドアを押さえている木のブロックに手が届くよう、私は彼を持ち上げてやらねばならなかった)。また、私が夜にどこかへ歩いていこうとすると必ず懐中電灯を持つと言い張ったが、実のところそれはたいして役に立たなかった。たいていは懐中電灯で自分の目を照らしていたからだ。閃光が当ったあと一時的に目が見えなくなるのを、いかにも四歳児らしくおおいに楽しんでいた。

私が村の子供を好きになり、親切に相手をしてやったことに、まったく私心がなかったわけではない。タヤップ語が消えつつある理由を理解するためには、言語伝承の途切れがどのように起こったかを特定する必要があった。歴史上初めて、村の子供がもはや先祖伝来の言語を学ばないという現象が、どのように起こったのか？　それを解き明かすには、子供同士が話しているとき何を言っているかを聞く必要があったのだ。また、彼らがどのように言葉を学ぶのかも理解せねばならなかった。

母親などの養護者がまだ言葉をしゃべれない乳幼児と接する様子を観察しているうち、村の社会的生活において嘘が重要な役割を演じていることがわかった。生後数カ月間は、赤ん坊がむずかるたびに、母親はぞんざいに胸を吸わせておとなしくさせる。生後六カ月くらいになり、この方法がもはや効果を発揮しなくなると、ガプンの母親は赤ん坊に嘘をつきはじめる。

気をそらすのによく用いられるのは、赤ん坊に村や熱帯雨林のほうを向かせ、大仰に外を指差すことだ。

「エム・イア（*Em ia*）！」（「見て！」）母親は腕を外に向けて伸ばし、尻上がりのイントネーションで小さく付け加える。「見て、豚よ。豚を見るの。まあ、ニワトリのヒナを食べているわ。見て、豚よ。豚。豚が見える？」

子供はむずかるのをやめ、母親が指し示した方向に目を凝らす。だが、一〇中八、九は豚など見えない。見えるところに豚はいないからだ。

母親は嘘をついているのである。

ある夜遅く、マシトは神経をすり減らしている。三歳の娘ペロは、もう一時間ばかりぐずりつづけている。ペロは最近ずっとこんな調子だ。日中はご機嫌で遊んでいるのに、夜になって疲れてくると、むずかって泣き出すのだ。

「昼間は大人なのに、夜には赤ちゃんになるのね」マシトは苛々して不機嫌に言う。そして何度か「お黙り！」と怒鳴る。それでもペロがぐずりつづけていると、マシトは歯ぎしりをしてうなるように言う。「明日おまえが遊んでいるとき、叩いてやるわよ」

そのあと唐突に作戦を変える。

熱帯雨林のほうに首を伸ばし、小さく切羽詰まった声で言う。「ねえ、女の人が赤ちゃんを産みに森に入っていったわ。赤ちゃんが泣いている。見て」暗闇のほうを指差す。「森の中の明かりが見える？」

娘の返事を待つことなく、今度は最近出産した女の名前を口にする。「アムパムナの赤ちゃんが死んだわ。幽霊がこっちに来る」焦った口調で言う。

さらに話を続ける。「ああ、サナエの男たちが来て、サカップ（ペロの四歳の従兄弟で遊び友達）をつかまえたわ。

かわいそうに、あいつらサカップを豚みたいに縛り上げて運んでいったわ。泣いている子供を探しているのよ。そんな子供を連れていくの。

ほら、もう寝なさい」マシトは娘に命じる。「サナエの魔法使いが来るわよ！」

数分後、ペロは炉のそばの母親の隣で樹皮の床に座り込み、静かにぐずりつづけている。マシトの一四歳の甥、テレガがやってきて腰をおろす。

「テレガ」マシトは心配そうに、娘に聞こえる程度のささやき声を出す。「サナエの男たちはサカップを村まで連れていった？」

テレガはすぐに察して答える。「うん、あいつら、泣いている子供を探しに来たんだ」

マシトは呼びかけに用いる呼格の「オー」(*O*) を使って、家のすぐ外にいる人に呼びかけているということをペロに伝える。「オー、うちの赤ちゃんは蚊帳に入っています、オー。私が蚊帳に寝かして、あの子は今寝ています、オー」

テレガも加わる。「帰ってください、オー。ペロは寝ています、オー」

「うちの赤ちゃんは寝ているんです、オー！」マシトは声をあげる。守るようにペロを抱きしめ、目を大きく見開いて、うろつく魔法使いの一団に豚みたいに縛り上げられて連れ去られたくないなら黙ったほうがいい、と合図する。

マシトが娘を泣きやませるために言ったことは、すべて嘘（トク・ピシンでは「ギアマン」*giaman*、タヤップ語では「タクワット」*takwat*）である。赤ん坊を産むため森に入っていく女はいない。森の中に光は見えない。アムパムナの赤ん坊は死んでいない。泣く子を連れ去りにサナエから来た者はいない。

全部嘘だ。

村人は、自分たちが子供にためらいなく――積極的ですらある――嘘をつく、ということをあっけらかんと認める。嘘をつくのは、子供の気をそらして泣きやませたいからだ。マシトのように嘘をつく村人（つまりガプンの村人すべて）は、子供に見るよう指差したものが実際には存在しないことを、悪いと思っていない。子供に話しかける目的が教育だと考えているなら、嘘は悪いと思うだろう。だが村人は子供に何かを教えようとはしていない――たとえば、豚がどんな外見か、どんな色か、どんな鳴き声を出すか、といったことは教えない。「豚は何色？」「豚はなんと鳴くの？」といった質問――西洋の中流階級でよく子供になされる質問――は、ガプンではなされない。子供にそういう質問をするのは、興味を持たせるためであり、教育のためである。しかしガプンでは、そのような話をする必要がない。村人は、幼い子供は教えられて学ぶと思っていないからだ。

子供は自分の「サヴェイ」（*save*）（「知識」）が発現したら自然に学ぶのだ、と村人は言う。「サヴェイ」はトク・ピシンの言葉で、ピジン言語の多くと同じく複雑な経緯をたどって生まれた単語であり、ポルトガル語の「知る」を意味する動詞「サベール」（*saber*）に由来している。それに相当するタヤップ語は「ヌムブワン」（*numbwan*）、「思考」という意味だ。四歳くらいまでの幼い子供は「サヴェイ」を持っていない、と村人は言う。どんな思考も、どんな知識も有していないのである。

ガプンで赤ん坊が最初に発する単語は、「お母さん」や「お父さん」でも、同じことを意味するほかのバージョン、たとえば「ママ」や「パパ」などでもない。すべての子供が最初に発するのは「オキュ」(*oki*) だ、と村人は声を揃えて言う。「オキュ」はタヤップ語の「行く」という動詞の語幹である。赤ん坊が「オキュ」と言ったら、それは「自分は去る」という意味だ。もっと端的には「ここから出ていく」ということである。

「オキュ」の次に発せられるのは「ミュンダ」(*minda*) だ。赤ん坊がこう言ったら、「これにはうんざり」という意味。村人によれば、三番目は「アヤタ」(*ayata*)。「やめて」の意味である。

世界じゅうどこでも、赤ん坊は喃語を発する。親は赤ん坊の喃語を、子供とはどういうものかについての自らの考えに基づいて解釈する。ロサンゼルスやロンドンの中流階級の親が、「ママ」や「パパ」と解釈できる音をとらえたとき、それは子供の考えを表しているというより、親の考えを示している。子供の初めての言葉と人が考えるものは、子供はどういう性質か、子供が周りの世界をどうとらえているか、についての親の考え方を強く反映している。ガプンにおいて、「ママ」や「パパ」と聞こえる音は重視されない。赤ん坊がそういう音を発するのは、喃語をしゃべる赤ん坊がさまざまな音の組み合わせを口にするからにすぎない。村人は「ママ」や「パパ」といった音に反応しない。それらには注意を払わない。その代わりに、村人は赤ん坊の無意味な喃語の中から、赤ん坊の外界との関わり方を表現すると考えられる三つの単語――「オキュ」「ミユンダ」「アヤタ」――を認識する。

この最初の三語から容易にわかるのは、ガプンの赤ん坊はかなり不機嫌な状態でこの世に生まれ出ると考えられている、ということだ。赤ん坊は怒りっぽく、偏屈で、周りのあらゆるものに早くも完全にうんざりしている。赤ん坊はとんでもなく頑固な意志を持って生まれてくる。彼らは大きな「頭」（トク・ピシンでは「ヘッド」(*hed*)、タヤップ語では「コキュル」(*kokir*)）を持っている、と村人は言う。

赤ん坊はすべて癇癪持ちでわがまま［英語では"*big-headed*"は「思い上がっている」を意味する］だと考えられているため、赤ん坊に話しかける目的は会話をすることではなく（まだ話せない赤ん坊と会話を試みることに意味があるか？）何かを教えるためでもない。むずかるのをやめさせるためだ。母親が幼児に話しかける理由は三つある。気をそらすこと、子供の泣き声を正しく理解したと確認すること（「ビンロウジが欲しいんでしょ？」）、そしてあらゆる手段が失敗した場合は脅すこと（「サナエから魔法使いが来るわ！」）である。

同じ理由で、赤ん坊は不機嫌で強情であるため、生後二、三年以内の乳幼児を世話する人間は常に子供をなだめようとする。赤ん坊はなんでも欲しいものを与えられる。赤ん坊がむずかるたびに、母親は必ずすぐさま胸を口に含ませる。子供が何かに手を伸ばしたら、親はそれを手渡す。たまたま赤ん坊が欲しがるものを手にしている人間がそれを渡すのをためらった場合は、赤ん坊の世話をする者から、渡すよう強要される。その人間が赤ん坊の兄や姉だとしたら、赤ん坊の母親かもっと年長の姉が、赤ん坊の欲しがるものを子供の手から乱暴に取り上げ、すぐに赤ん坊の望みに応えなかったことへの罰としてその子を叩きもする。

この気前のよさはあらゆるものに及ぶ。赤ん坊が扱うには、穏やかに言っても不適切だと思われる物体であっても――たとえばタバコ用ライターや錆びた電池など。村の床屋を務める男の持つハサミは赤ん坊に人気のおもちゃで、赤ん坊が口にしているところは私もしょっちゅう見かけた。私がガプンにビニール袋を持ってくるたびに、村人は一枚くれと頼んできた。傷のある足を泥から守るため、服をしまう防水性のある入れ物として――あるいは赤ん坊に遊ばせるおもちゃとして。

また、私が村人のために肉切り用ナイフを買ってきて家々を回って配っていると、母親の膝に座ったり抱っこされたりしている赤ん坊は例外なく、ぴかぴか光る新しいものに注意を引かれて手を伸ばしてきた。どんな場合でも、私からナイフをもらった母親は平然としてそれを赤ん坊に渡した。

ナイフを渡す前に、母親は鋭くこう言うのだった。「私のナイフをだめにしないでね」それでもためらうことなく、バブバブ言って喜ぶ赤ん坊に渡していた。

言葉を話せない赤ん坊がおもちゃとして肉切り用ナイフを与えられるのを見て、私は最初大きなショックを受けた。だがやがて、村人がこれほど無頓着に見えるのは、赤ん坊は常に母親や姉の手の届くところにいるからだとわかった――多くの場合、赤ん坊は誰かに抱かれているか誰かの膝に乗っている（ガプンの乳児はハイハイをせず、歩きはじめるのもほとんどの西洋の赤ん坊より遅い――その必要がないからだ。母親や姉に抱っこやおんぶされて、どこでも行きたいところに連れていってもらえる）。赤ん坊の母親や姉は、赤ん坊が危険そうなことをしたら瞬時に止めに行く。こういうガプンの育児方法のおかげできわめて有能で器用な少年少女が生まれることが、私にも徐々にわかってきた。幼い頃からナイフを扱っていれば、子供は早いうちからナイフの扱いが上手になる。確かに怪我をすることもある――私の〝護衛〟である四歳児のアマニは三歳のとき、自分の身長ほどもある長さのマチェーテでココナツを割ろうとして親指の四分の一を切断した。だが傷はすぐに癒え、人生は続いていった。

乳幼児が人生最初の数年で経験する原初の幸福は、新たな赤ん坊が生まれると劇的な終わりを迎える。カトリック教会が昔ながらのタブーを捨てるよう勧めているため、現在状況は変わりつつあるが、以前は末っ子が三歳くらいになるまで新生児は生まれなかった。夫婦は赤ん坊が生まれたあと少なくとも一年間（多くの場合二年近く）性生活を再開しなかったからだ。出産した母親は〝熱い〟――〝セクシー〟という意味ではなく〝火傷しそうなほど体温が高い〟――と考えられており、出産後数カ月以内の女を目にした男は致死性の喘息に襲われる危険があると言われていた。

女は必ず熱帯雨林の中で母親など女の親戚に助けられて出産していたし、その習慣は今日も続いている。赤ん坊が生まれると、女は赤ん坊とともに、夫が村の郊外――村人が大小便をしに行く地域のそば――に妻と新生児のために建てた、たいていは窮屈な狭い小屋に入る。昔は、女は最大半年、赤ん坊が座ったり笑ったりできるようになるまで、こういう母子小屋にこもっていた。だが一九九〇年代半ばには、こうした習慣を厳重に守らせていた老人は死に絶え、女はもっと早くに狭苦しい小屋を出て家に戻るようになった。近年では、ほとんどの女は新生児とともに二、三週間だけ隔離されたあと出てきている。

新生児の出現と同時に、上の子が甘やかされる日々は終わりを告げる。あらゆる注意は新生児に向けられ、上の子は突然、赤ん坊が欲しがったものを取り上げられて叩かれる立場に置かれる。子供の「知識」――「サヴェイ」――が発現すると考えられるのは、この時点である。彼らはなだめられるのではなく、他人の言葉に耳を傾けることを期待される。気をそらされ、懐柔されるのではなく、今や命令される――そして力によって脅される。母親から「[私が叩いたら]おまえのケツの穴から糞が飛び出すよ！」（「ペクペク・バイ・スット・ロング・ウル・ビロング・ユ！」*Pekpek bai sut long wul bilong yu!*）といった脅し文句を叫ばれるようになる。それはまた、森のほうで指差された架空の豚の話が、豚のように泣く子を縛って連れ去る獰猛なサナエの魔法使いの話に変わる年齢でもある。

弟が生まれた数カ月後の真っ暗闇の夜、三歳児のカペは母親ンダモルの横で座っていた。ンダモルは、一緒にいた女と私に、カペはその日の午後に手の上を走っていったヤモリに仰天したことを話した。カペは怯えて泣いた、とンダモルは笑いながら言った。

その話を終えたンダモルはカペのほうを向き、そっと話しかけた。「ヤモリは草葺き屋根にいておまえを見ているよ。カペが私の膝に乗って寝ようとしたら、ヤモリはおりてきてカペを噛む。おまえの手を噛んで怖がらせたヤモリは、草葺き屋根からおまえを見ている。カペは眠りたかったら、蚊帳に潜って寝なくちゃならない。私の膝の上で寝ようとしたら、ヤモリはおりてきておまえを噛む。おまえは死ぬのよ」

その夜遅く、カペは母親の膝に乗って眠りたいとぐずりはじめた。ンダモルは恐ろしい声で叫んだ。「ヤモリ！　ヤモリがそこにいる！　おりてきてカペを噛んでおくれ！」

カペはこうして、成長のための教訓を学んだ。少女はその夜じゅう恐怖で静かに震えつつ、樹皮の床に横たわっていたのである。

カペのような子供たちは、たいていの場合、命じられたことをしているときに「サヴェイ」を発揮する。あまりたくさん話すことは期待されない。実際、ガプンのたいていの子供は四歳くらいになるまでほとんど口をきかない。新生児によって特権的な地位から押しのけられるまでは、ぐずりさえすれば、何を欲しがっているのか母親や姉が察して渡してくれるからだ。だが四歳になると、それまでは泣いたりぐずったりすれば欲しいものが手に入ったのに、今はまったく無視されることに気がつく。あまりにも長くぐずっていると、母親に怒鳴られ、もしかするとぴしゃりと叩かれもする。ガプンでは、女の子は男の子より速く成長せねばならない。母親を手伝って、新生児の世話をしたり薪集めや水汲みといった用事をしたりするよう強いられるからである。私自身の文化でもよく見られるパターンだが、男の子もときどきは手伝わされるものの、たいていは同年代の少年同士で遊んでいられる。

私は一九八〇年代半ばに初めてガプンに長期滞在したとき、親から子供への話しかけ方が、子供がこの段階に達して命令に応えはじめると微妙に変わることに気がついた。当時はまだ、親は子供に話しかけるときタヤップ語を多く使っていた。だから母親は三歳児に、「燃えている薪を取ってきなさい！」（タバコに火をつけるため）といった命令を、タヤップ語で「オタルクット・ククウェ！」（*Otarkut kukuwe!*）と言っていた。ところが、子供がすぐに反応しないと、母親は同じ命令をトク・ピシンで言い直した──「キシム・ハプ・パイウット・イ・カム！」（*Kisim hap paiwut i kam!*）──たいていは、もっと強い口調で。

子供たちはすぐに、タヤップ語で言われた内容はその後トク・ピシンで言い直される、ということを覚えた。そしてトク・ピシンはもっと強調される。子供がその命令に従わなかったら、母親は子供を脅す──これもトク・ピシンで、「バイ・ユ・キシム・ペン」（*Bai yu kisim pen*）（「痛い目に遭うわよ「私がおまえを叩いたら！」」）と言う──か、部屋の向こうから反抗的な子供にものを投げつける。それゆえ子供は、トク・ピシンで言われたことには注意を払わねばならないのだと知る。

タヤップ語は無視していいのだ、と。

私は親たちに、なぜタヤップ語だけでなくトク・ピシンでも子供に話しかけるのかと尋ねた。その返事は意外なものだった。トク・ピシンで話すのは、子供たちが「ビクヘッド」(*bikhed*)――「わがまま（ビッグヘディッド）」――だからだ、と彼らは説明した。子供しか知らないなんらかの理由により、子供はタヤップ語を拒絶してトク・ピシンにだけ反応することに決めた。親たちはそう主張したのである。

これが、最初になされた驚くべき説明である。だが論理的に考えれば、こんなことは筋が通らない。ほとんどしゃべれない子供が、どうしてふたつの異なる言語――周囲から聞こえてくるタヤップ語とトク・ピシン――を区別するのみならず、タヤップ語を拒絶すると決められるのか？

赤ん坊がわがままな頭と強情な意志を持って子宮から出てくるとの考え方がわかるにつれて、幼い子供がどちらの言語を話したいかを決められる、ということが私にも理解できてきた。村の親たちの考えに従うなら、あらゆるものにうんざりしてここから出ていきたいと宣言する癇癪持ちの子供が、どちらの言語を好むかについてはっきりした意見を持っているのは、それほど奇妙なことではない。そして、親が子供の望みに応じて子供の好む言語で話すのも当然のことだ。赤ん坊の世話をする者は、常に子供の機嫌を取ろうと努めているのだから。

とはいえ、よちよち歩きの二、三歳児が本当に、どちらの言語がいいかを決めているわけではないだろう。とりわけ、ガプンでのタヤップ語とトク・ピシンのように、ふたつの言語が周囲で常に話されている場合において。タヤップ語ばかりで話しかけられたなら――そしてタヤップ語を使う必要があるなら――子供はタヤップ語を習得したはずだ。それより前の時代の子供がそうしてきたように。

言葉を話せない乳幼児の、言語に対する態度が不可解にも変わったわけではない。親世代が徐々に――そして無意識に――トク・ピシンに注意を払って先祖伝来の言語であるタヤップ語は無視しろ、と教えるようになっていたのである。

二〇世紀、パプアニューギニアではとてつもない変化が起こった。この国が一世代のあいだに〝石器時代から宇宙時代に〟変化したというのは、あまりによく使われる決まり文句だ――そして不正確な表現でもある。この国のコミュニティのほとんどは、宇宙時代にふさわしいものなどほとんど持っていない。初等教育や基本的な医療すら整っていないのだから。それでも、このうんざりするほど陳腐な表現は確かに、白人がパプアニューギニア人の生活にもたらした影響の甚大さを物語っている。

ガプンでは、白人による植民地支配とその後の独立による影響は、物質的な進歩という点ではあまり見られなかった。現代の村人は鋼鉄製の道具を持ち、西洋風の服を着ている。それでもいまだに、食べ物は栽培や狩猟によって自給自足し、金はほとんど持たず、湿地の村における日常生活は曾祖父母の時代からさほど変わっていない。

白人の影響が最も顕著に見られるのは、知識などに関する村人の考え方である。白人が訪れる前、子供が成長とともに示すようになると考えられる社会的にきわめて重要な知識などは、タヤップ語で表現されていた。だが白人の来訪と彼らがもたらした変化によって、何が知識と見なされるか、ということが根本的に変わった。大人としてどのようにふるまうべきかを知るために少年少女が受けねばならなかった、苦痛を伴う古いイニシエーションの儀式は廃止された。人が知識を示すために用いられた物語や神話や魔法の呪文も忘れ去られた。また、企画した者には豊富な組織能力と巨大な人脈があることを実証する、豪勢な弔いの宴といった派手な催しもなくなった。第二次世界大戦後にこの地域でオーストラリアが行った〝和平工作〟によって、太古からこの地域で行われてきた絶え間ない戦いにおいてきわめて重要だった、戦い方やサバイバルについての知識も、不要になり……やがて失われた。

そうした伝統的な生き方や世界観に取って代わったのは、白人入植者がパプアニューギニアに紹介した新しい生き方である。キリスト教、売るためのコーヒーやカカオなどの栽培、村人が目にしたり白人は持っていると想像したりした品物を手に入れたいという願望――そしてもっと抽象的な、現在の村人とは違うものに変身したいという欲望。そういう新しい生き方はすべて、機関車につながった車両のように、新たな言語――トク・ピシン――につながって入ってきた。

一九八〇年代になると、トク・ピシンは教会の言語、現代的な言語――村人皆が熱心に追い求める変化を象徴する言語として、ガプンにしっかり定着した。その頃には村の女もほとんどがトク・ピシンを習得して流暢に話していたものの、この言語はいまだに、最初プランテーションからガプンにそれを持ち込んで村に定着させた男の歴史にどっぷり浸っていた。昔から男は女より多くの知識を有しているとの固定観念があるうえに、男が村にトク・ピシンを持ち込んでほかの者に教えたという事実が、男のほうが優れた知識を持っている証拠だとされた。その考え方は新たな領域にも及んだ。確かに男のほうが女よりトク・ピシンをよく使った。特に、村が変われるよう人々は野蛮なふるまいをやめねばならない、とメンズハウスで演説をするときには、必ずトク・ピシンで話した。

それでも、タヤップ語「ヌムブワン」(*numbwan*)(「知識」)についての村人の理解がトク・ピシンによる「サヴェイ」(*save*)という新たな枠組みで再構築されるようになっても、「コキュル」(*kokir*)つまり「頭」――子供の生まれつきのわがままな頑固さ――という認識はタヤップ語と結びついたままだった。赤ん坊が発する最初の三語「オキュ」(*oki*)(「ここから出ていく」)、「ミュンダ」(*mɨnda*)(「これにはうんざり」)、「アヤタ」(*ayata*)(「やめて」)はタヤップ語であり、すべて純粋な頑固さを表現している。女はタヤップ語で声高に悪態をつき、よく男たち(そしてほかの女たち)から、古い生き方をしている――そして村人の肌の色が白く変わるのを止めている――と非難される。

トク・ピシンは理想的な生活における望ましい目標を象徴し、一方タヤップ語は不合理で否定的な性質――自分たちが変身するためには捨てねばならないと村人皆が考えている性質――を表すとされるようになっていった。

こうした「知識」と「頭」の関係についての考え方が、母親たちによる赤ん坊への話しかけ方に影響を与えた。

ガプンの親は誰も、子供への話しかけ方に全体的な方向性や計画があるとは考えていない。しかし、育児における目標が常に、子供の「頭」を抑制してその代わりに「知識」を示させることであるのは、私の目には明らかだった。子供に、成長に伴って幼稚なわがままや不満を克服させ、他人と関わりを持てるようにさせる、というのが今も昔も変わらぬ育児の目標なのである。

第二次世界大戦後ガプンに根づいた新たな世界において、子供はどうしたらそれを実現できるのか？ 彼らはどうしたら知識を示せるのか？

答えは簡単。トク・ピシンを話すことによってだ。

だから親はいつの間にか無意識に、子供にトク・ピシンを話させるようになっていった。彼らはまず、子供がタヤップ語を話すことを期待しなくなった。あらゆる子供がタヤップ語で発すると想定される最初の三語――「オキュ」「ミュンダ」「アヤタ」――を認識したあとは、子供が発するどんな言葉もタヤップ語として解釈しなかった。その代わりに（親が子供の話すことに注意を払う範囲において）すべてをトク・ピシンとして認識した。だから一歳児が「タタイ」（*tatai*）と聞こえる喃語を発したら、トク・ピシンの「タタ・イ・ゴ」（*Tata i go*）（「姉が行く」）――たとえどこかへ行こうとしている姉がいなくても——だと解釈した。同じくらい可能性のあるタヤップ語の表現「タ・タイトゥクン」(*Ta taitukun*)(「ナイフを取って」)——たとえナイフがなくても——だとは考えなかった。

また、親は子供に話しかけるときトク・ピシンを使った。子供が好んでいると考える言語に合わせるため、そして、タヤップ語で言われたとき子供が無視した命令を強調するために。

一九八〇年代半ばには転機が訪れていた。村固有の言語を学ばない最初の世代の子供が生まれていたのだ。私が一九八五年にガプンへ行ったとき、一〇歳以下の子供は誰ひとり積極的にタヤップ語を話さず、幼い子供の中にはあまりよく理解していないらしい者もいた。

タヤップ語を覚えた子供も数人は存在した。だが、今は大人となったそういう者たちは、誰にもタヤップ語で話しかけない。単語を間違ったり動詞の活用で口ごもったりしたとき、あら探し屋の老人にばかにされるのを恐れているからだ。私が一九八〇年代半ばに会った子供の大多数は、タヤップ語を聞き取れるだけだった。今や親となった彼らが自分の子供に話しかけるときは、トク・ピシンしか使わない。

嘘ばかりつかれて育つため、ガプンの子供は非常に早くから、周囲の者は皆嘘をつくということを学ぶ。母親は嘘をつき、大好きな姉は嘘をつき、父親は嘘をつき、おばは嘘をつく——誰も彼もが嘘をつく。母親が言葉のしゃべれない幼児の気をそらすために熱帯雨林のほうを向かせて存在しない豚を指差すときから、子供は、人が外界について言うことと実際の外界の状態とには相容れない溝が存在する、という事実を認識しはじめる。

やがて子供は、いつも指差されていた豚が実際には存在しないことに気づく。死んだと母親が言っていた赤ん坊が、元気に村の中を連れまわされているのを見る。サナエの魔法使いによって豚のように縛り上げられて誘拐されるという脅しが、はったりであると悟る。子供は二歳になる頃には、誰も彼もが嘘ばかりついていることを知る。外界の状態を自分で判断できるようになるためには、人がすること——人が言うことではなく——を慎重に観察し、よく耳を澄ませ、細心の注意を払うべきであるのを学ぶ。

毎日、私の小さな護衛アマニが夜に眠りにつく前、彼の母親、私の隣人ンダモルは、いつもバケツ一杯の水をかけて体を洗ってやろうとした。ンダモルが息子の体を洗うことに固執したのは、日中彼の小さな体についた泥が寝ゴザにつかないようにするためだったが、入浴によって人は成長すると村人が考えているからでもある。タヤップ語の名前で私に言及しながら、ンダモルは毎日のようにアマニに言った。「サラキみたいに背が高くなりたいなら、体を洗わなくちゃいけないよ。洗ったら速く成長して大きくなれるから」

だが、たいていの四歳児と同じくアマニも言うことを聞かず、バケツを持ってきた母親に呼ばれたときは、しばしば逃げて隠れた。多くの場合、私の家の下の暗闇に。

ある夜、ンダモルはアマニを出てこさせるため、知るかぎりの嘘を並べた。サナエの魔法使いが魔法をかけた針でアマニを射ようとしている。死んだ祖父の幽霊が熱帯雨林から現れてアマニをつかまえに来た。病気のおじさんが死んで、村じゅうがお悔やみのため彼の家に行った。

アマニは母親の脅しや嘆願のひとつひとつに、「ギアマン!」(*Giaman!*)(「嘘だ!」)と叫んで答えた。

アマニを自分の話で私の家の下から出てこさせるのをあきらめたンダモルは、近くのベランダに座っていた甥に、母親がお悔やみのため息子を置いておじの家に向かったとアマニに言え、とささやきかけた。甥がその嘘を伝えると、それが功を奏した。ンダモルが暗い中に自分を放置したのかと不安になったアマニは、私の家の下から顔を出して母親を捜したのだ。彼が出てくるのを、ンダモルは待ちかまえていた。走っていって息子をつかまえようとした。ところがアマニは母親をかわして、また私の家の下に引っ込んだ。

そこで私も、アマニに「甘言を弄する」(「グリシム」*grisim*)作戦に加わった。可能なかぎりの甘い声で、死んだとされるおじのお悔やみのため私もンダモルについていくことにした、とささやいたのだ。少年が夜に私の明るい懐中電灯を持つのが好きなのを知っていた私は、家の下から出てきてくれたら懐中電灯を持って暗闇の中をおじの家まで案内させてあげる、とアマニに言った。

私の家の下のどこかから明瞭なトク・ピシンで発せられたアマニの返事は、下品な悪態だった。「オピム・ウル・ビロング・ユ!」(*Opim wul bilong yu!*)(「おまえのケツの穴を開けやがれ!」)

私の横に立ってこれを聞いたアマニの母親は、一瞬呆然とした。「アマニがサラキに、ケツの穴を開けろと言った」ンダモルは隣の自分の家にいる者たちに、あきれ返って伝えた。

そして彼女をはじめとした全員はどっと爆笑した。

この騒ぎを聞いたアマニは、満面の笑みを浮かべて私の家の下から出てきた。ンダモルが駆け寄って息子をきつく抱きしめる。彼を抱き上げ、楽しそうに笑いながら、この子がサラキにケツの穴を開けろと言った、と繰り返した。彼女は息子が誇らしかった。アマニは私が嘘をついているという事実を正しく認識しただけではない。その嘘を私がどこに押し込めておくべきかも知っていたのだ。

アマニは「サヴェイ」を示したのである。

8　虹の彼方に

　ある豪雨の夜の翌朝、空に大きく鮮やかな虹が現れた。村の池のひとつへ洗濯に行く途中、顔を上げて虹を見た私は、タヤップ語で虹をなんと言うのかを知らないことに気がついた。だから最初に会った人物――タヤップ語を流暢に話す、村の礼拝導師ラファエル――に、「虹」に相当する単語は何かと尋ねた。

「レンボー」（*Renbo*）彼は間髪を容れずに答えた。

「いや、違う」私は言った。それはトク・ピシンに違いない――タヤップ語では別の言い方をするはずだ。

「ああ」彼は言った。だったら自分にはわからない、と付け加えた――そして、父親、六五歳のモネイに訊きに行ってはどうか、と提案した。

　モネイは変わり者の村人だった。彼の父親はガプン人だったが、母親は遠くの島の出身だった。父親は第二次世界大戦前にプランテーションで働いているとき妻と出会い、契約労働者となって村を出て現地の女と結婚した男たちの中では珍しいことに、妻と子供ふたりを連れてガプンに戻った。

夫婦は村に戻ってすぐに死んだ（魔法が原因だ、と村人は口を揃える）が、モネイの母親は子供たちの人格形成に大きな影響を与えた優しい女だったに違いないと私は思っている。モネイがほかの人間と違っているのは、肉体的特徴でなく（外見はほかの村の男たちとほぼ同じである）、彼も妹も気性が穏やかで物腰が落ち着いているという点なのだ。彼ら兄妹がほかの人間を殴ると脅すのを聞いたことはないし、子供相手でも、めったに声を荒らげない。争いが起きた場合、モネイは相手に理を説こうとした。理詰めで話がつかなければ、引きさがった。長年のこうしたふるまいから、人々はモネイを理性的な人間、分別ある助言や慎重な意見を求めるとき頼れる相手だと見るようになった。彼はまた、自らの意見をはっきり言い、思慮深かった。ラヤとクルニが死んだあと、私はタヤップ語について質問があるときよくモネイに会いに行った。

二〇〇九年初頭に私が虹を見た朝、モネイはいつもの朝と同じく自宅のベランダに座ってビンロウジを噛んでいた。私は朝の挨拶をし、質問があると言った。「〝虹〟を意味するタヤップ語はなんだい？」

モネイは私が予想したようにその言葉を口にするのではなく、自分の顎に指を置いた。そして考え込んだ。しばらくして、すぐには思い出せない、ちょっと考えなければならないと言った。

原書房

〒160-0022 東京都新宿区新宿 1-25-13
TEL 03-3354-0685 FAX 03-3354-0736
振替 00150-6-151594

新刊・近刊・重版案内

2020 年 1 月 表示価格は税別です。

www.harashobo.co.jp

当社最新情報はホームページからもご覧いただけます。
新刊案内をはじめ書評紹介、近刊情報など盛りだくさん。
ご購入もできます。ぜひ、お立ち寄り下さい。

言語が消滅するとき、何が消えるのか?

最期の言葉の村へ

消滅危機言語タヤップを話す人々との30年

ウォール・ストリート・ジャーナル、ワシントン・ポスト、タイム等各紙誌絶賛!

ドン・クリック/上京恵訳

いかにして古代からの言葉が消えていくのか。パプアニューギニアの村ガプンの人々と寝食を共にし、ネイティブ原語を30年間にわたって調査してきた言語人類学者によるルポルタージュ。西欧文明が村から奪っていったものは。

四六判・2700 円(税別)ISBN978-4-562-05720-7

ナチスと731部隊が「裏のCIA」を生んだ!?

CIA裏面史

薬物と洗脳、拷問と暗殺

スティーブン・キンザー／花田知恵訳

CIA の薬物実験・拷問による尋問など無法とも言える極秘洗脳工作の全貌を、元ニューヨーク・タイムズの敏腕記者があぶり出す！　旧日本軍 731 部隊との「つながり」も見逃せない語られざる秘史。

四六判・2700 円（税別）ISBN978-4-562-05721-4

知られざる作家としての一面を明かす〈独裁者文学〉の書評本　読売（12/15付）書評！

独裁者はこんな本を書いていた 上・下

ダニエル・カルダー／黒木章人訳

レーニン、スターリン、ムッソリーニ、ヒトラー、毛沢東……20 世紀の悪名高き独裁者たちは何を読み、何を執筆したのか。入手可能な限りその膨大な著作のすべてに目を通した著者が、彼らの目論見や文才まで、知られざる一面を明らかにする。

四六判・各 2000 円（税別）（上）ISBN978-4-562-05703-0
（下）ISBN978-4-562-05704-7

オバマ元大統領が称賛、朝日新聞（9/19）に記事掲載の政治学者の批判と検証。

リベラリズムはなぜ失敗したのか

パトリック・J・デニーン／角敦子訳

多くの民主主義国家で不平等が拡大し、強権政治が台頭し、リベラリズムが機能不全となっている。注目の政治学者が政治、経済、教育、テクノロジーといった様々な分野で見られる問題を検証し、失敗の原因と是正をさぐる。

四六判・2400 円（税別）ISBN978-4-562-05710-8

「軍・産・科学」同盟に宇宙物理学の権威が警鐘を鳴らす！日経（12/14付）書評！

宇宙の地政学 上・下

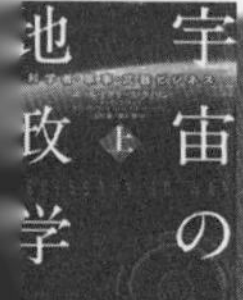

科学者・軍事・武器ビジネス

ニール・ドグラース・タイソン／北川蒼、國方賢訳

宇宙をめぐる、切っても切れない軍と科学者の「奇妙な同盟」を、科学技術の発展史、そして現代の巨大軍需産業と国際政治との関連にいたるまで、世界的宇宙物理学者にしてベストセラー作家が皮肉や自戒を込めて描きあげたベストセラー！

四六判・各 2400 円（税別）（上）ISBN978-4-562-05700-9
（下）ISBN978-4-562-05701-6

良質のロマンスを、あなたに **ライムブックス**

2019年RITA賞ファイナリストの注目作！

囚われ人に愛を誓えば

ケイト・ベイトマン／橋本節訳

遊び人で借金まみれのいとこからしつこく結婚を迫られ、困ったジョージイは、すぐに処刑される予定の死刑囚と結婚の契約を交わし、未亡人となって結婚を回避することを思いつく。監獄の看守を買収して契約した囚人のベンは思いもよらぬ美男子だった。ある舞踏会でジョージイは彼にばったり会って驚く。妹ジュリエットによると、彼は社交界の遊び人で有名な三人組のひとりだというではないか。 **文庫判・1100円**（**税別**）

ISBN978-4-562-06530-1

ほのぼの美味しいミステリはいかが？  **コージーブックス**

人生初の心躍る空の旅は、まさかの結末を迎えることに！

お茶と探偵⑳

アッサム・ティーと熱気球の悪夢

ローラ・チャイルズ／東野さやか訳

人生で初めて熱気球に乗り、心躍らせていたセオドシア。ところが一機のドローンがある気球に狙いをさだめて近づき、爆破して墜落させた。被害者の一人は貴重なアンティーク国旗の所有者。歴史を生き抜いてきた旗は、聖遺物に匹敵するほどの価値を持つ。熱狂的なコレクターや骨董商、学者……気球墜落事件は、貴重な旗をめぐる争奪戦の末の犯行か、それとも……？ **文庫判・980円**（**税別**）

ISBN978-4-562-06102-0

「最後のお楽しみ」の知られざる歴史

図説 デザートの歴史

ジェリ・クィンジオ／富原まさ江訳

食事の最後の甘い至福、デザート。しかしその歴史は意外に短い。香辛料との深い関係、デザート誕生の背景、産業革命とデザートの進化、大衆文化の影響……デザートの奥深い歴史を楽しいエピソードと共に探訪する。カラー図版多数。 **A5判・2800円**（**税別**）

ISBN978-4-562-05722-

この甘い菓子になぜ人間は郷愁を感じるのか？

ビスケットとクッキーの歴史物語

アナスタシア・エドワーズ／片桐恵理子訳

紀元前四千年には存在していたというビスケット（クッキー）の歴史を紐解きながら、古代ローマからヨーロッパ、中東、そして現代のアメリカ、アジアまで、世界各地の歴史の旅へご招待。マカロンについてもふれる。レシピ付。

四六判・2000円（**税別**） ISBN978-4-562-05659-

「暗殺」が歴史に与えた影響とは

暗殺が変えた世界史 上・下

上 カエサルからフランツ＝フェルディナントまで　下 ニコライ二世からチャウシェスク夫妻まで
ジャン＝クリストフ・ビュイッソン／
神田順子・田辺希久子・清水珠代訳

カエサル、リンカン、エリーザベト（シシィ）、ニコライ2世、サダト、インディラ・ガンジーほか15の殺人を選び、悲劇的な出来事に先立つ数か月、数週間、数日、数時間、そして数秒を可能なかぎり正確に物語る。

四六判・各2000円（税別）（上）ISBN978-4-562-05714-6
（下）ISBN978-4-562-05715-3

「敗者」が歴史に与えた影響とは　朝日（11/23付）書評！

敗者が変えた世界史 上・下

上 ハンニバルからクレオパトラ、ジャンヌ・ダルク　下 リー将軍、トロツキーからチェ・ゲバラ
ジャン＝クリストフ・ビュイッソン、エマニュエル・エシュト／
上 神田順子、田辺希久子訳　下 清水珠代、村上尚子、濱田英作訳

古代から20世紀までの歴史のなかから、大志を抱きながらも敗れ去った13人を選び、史実を探りつつ、味わい深い筆致でこれら13人の運命を描いた。巧みな語りと、波瀾万丈のドラマが一体となった13章は、権力、歴史、後世の評価についての考察へと読者を誘う。

四六判・各2000円（税別）（上）ISBN978-4-562-05683-5
（下）ISBN978-4-562-05684-2

カラフルな地図・表・グラフを豊富に用いて世界の「今」を解説

第Ⅲ期　全4巻　刊行中！

地図で見る ドイツハンドブック

ミシェル・デシェ／蔵持不三也訳

ドイツは多様な顔をもつ国である。誰の目にも明らかな経済的成功をおさめてはいるが、深刻な分断と向き合ってもいる。本書は、100以上の地図および多くの資料やコンピュータグラフィックスをもちいて、このヨーロッパの大国の複雑さと挑戦を分析・評価するための、あらゆる鍵を提示する。

A5判・2800円（税別）ISBN978-4-562-05696-5

既刊

地図で見る ブラジルハンドブック
A5判・2800円（税別）ISBN978-4-562-05695-8

続刊

地図で見る 中東ハンドブック　2020年2月刊
A5判・2800円（税別）ISBN978-4-562-05698-9

地図で見る イタリアハンドブック　2020年3月刊
A5判・2800円（税別）ISBN978-4-562-05699-6

妙だな、と私は思った。とはいえ、熱帯雨林で虹はしょっちゅう見られる現象ではない。その年に私が滞在している九カ月のあいだに、虹を見たのはその一度だけだった。モネイは年のせいで度忘れをしたか、あるいは村でめったに使わない言葉についての予想外の質問に不意を突かれたのだろう。私はそう考えた。

結局、モネイが虹について考えるのには数日を要した。ある日の夕方、毎日の洗濯のため私が池に向かう途中、モネイが自分の家に来るよう呼びかけ、タヤップ語に「虹」を一語で表す言葉はないと告げた。「虹」は動詞を用いた言い方「アキュン・タムティエク」(*akin tamtiek*)で表現されるという。「雲に色がつけられた」という意味だ。

納得した私は、そのとおりに記録した。

ところが、反応を確かめるためほかの人にその表現を伝えたところ、例外なくさげすみの目で見られた。「エム・ギアマン」(*Em giaman*)私が尋ねた相手はことごとく冷笑し、ほかの話者のタヤップ語に関する知識を否定するとき使うお気に入りの表現――「それは嘘だ」――を口にした。誰ひとり虹を表す正しい用語を思いつかなかったにもかかわらず、彼らは皆、モネイが伝えた表現が間違いなのはわかっていると言ったのである。

私はそれ以前にも何度か、これと同様に皆の意見が一致しないという現象に遭遇していた。たとえば、「イモムシ」を表すタヤップ語についても、人々はぶっきらぼうに他人の意見を否定した。また、風に関する問題もあった。タヤップ語には風の種類を表す単語が四つある。「アワール」

(*awar*)、「ガマイ」(*ŋgamai*)、「ムブニム」(*mbunim*)、「ムバンカプ」(*mbankap*)だ。そのこと自体については、村の老人は皆同意した。また、主に風が来た方角によって区別される、ということでも意見は一致した。ところが、どれがどの方角かということについては、まったく意見が合わなかった。ある男の老人は、「ガマイ」はガプンの南にある山から吹きおろす風だ、と頑固に言い張った。ある女の老人は、それは村の北に位置する海からの風だ、と同じくらい頑固に言い張った。同様に、「アワール」は山から(つまり南から)だと言う者もいれば、マングローブの沼地から(つまり北から)だと言う者もいた。この話題が持ち上がるたびに老人たちは精力的に論じ合ったが、ついに結論は出なかった。

非常に幸運なことに、この四つの風は、ドイツ人宣教師ゲオルク・ヘルトカーが発表したタヤップ語の短いリストに収録され、定義されていた。一九三七年、ヘルトカーは仲間の宣教師とともにガプンまで行き、村を実際に訪れた数少ない白人のひとりとなった。彼と仲間がガプンで過ごしたのはたったの三時間だった。ヘルトカーは写真を二枚撮り、単語を集めてリストを作った。一年後、彼はそのリストを雑誌に発表した。『ほかの研究者がガプンを〝偶然見いだす〟までには長い時間がかかるだろう。この小さな村という共同体で価値ある学術的成果が得られる可能性が小さいからであり、また、この言語学的孤島への道が不便で困難だからでもある』[1]という悲

1 ゲオルク・ヘルトカー『ニューギニアのガプンの言語の断片的な単語リスト(アイネ・フラグメンタリシュ・ヴォルタリスト・デア・ガプン=シュプラッハ・ノイグイニアス)(*Eine fragmentarische Worterliste der Gapun-Sprashe Neuguineas*)』アグネス・ブラント訳。『アンスロポス』33号(一九三八年一～四月)p.279～282。引用はp.280より。

観的なコメントをつけて。

ドン・レイコックが一九七一年頃にウォンガンの村で会ったガプンの村人ふたりから集めた未刊行の単語リストと、私自身の研究結果以外では、現存するタヤップ語の文書による記録はヘルトカーの単語リストだけである。タヤップ語をそれまで聞いたことのなかった（そしてその後二度と聞かなかった）人間によって集められたにしては、ヘルトカーのリストは感動的なほどに正確である。四つの風に関する論争を解決するため、私は彼の定義を調べることにした。なにしろ彼は、まだタヤップ語が主に話されていた村で暮らす情報提供者と話をしたのだ。それに、私がガプンで質問した中でもきわめて高齢の話者のひとりが、四つの風についてヘルトカーと同じ定義をしていた。だから風の問題は解決した。少なくとも私はそれで満足した。

しかし残念ながら、ヘルトカーのリストに「虹」は載っていなかった。

何日かが経過し、誰も「虹」に相当するタヤップ語を思いつかなかった。村の老人たちは、親や親戚は決して虹の下を歩いてはいけないと警告したと説明した。歩いたら頭が曇って混乱するという。そういう警告は覚えているにもかかわらず、親や親戚が虹を表すのに用いた単語は誰も思い出せなかった。その言葉は「イ・ハイト」（*i hait*）――「隠れている」――と村人は言った。

やがて、モネイの老いた妻（そして我が隣人ンダモルの母親）ソパックが夢を見た。死んだ先祖が耳元で虹を意味する本当の言葉をささやいたという。先祖が教えてくれた単語とは「ミュヌオムブ」（*minuomb*）――「大きな丸い湖」という意味の言葉である。タヤップ語で「虹」と言うときは「アキュニュ・ミュヌオムブ・ウトック」（*akinni minuomb utok*）（「大きな丸い湖が雲の中に現れた」）と言うのだ、とソパックは言った。

私はソパックの夢のお告げについて村のほかの老人に話した。彼らは感銘を受けなかった。「エム・ギアマン」彼らはそっけなく断言した。

ソパックが夢を話してくれた数日後、村の老人のひとりが単語を思い出したと言った——それは「ワグルモス」（*wagurmos*）だという。

ほかの話者は予想どおりの反応を示した。「エム・ギアマン」彼らは口を揃えた。彼らの説明によれば、「ワグルモス」は夜、空に現れる薄く白い靄を意味するという——タヤップ語の「天の川」である。虹とはまったく違う。また多くの者はその機をとらえて、「ワグルモス」という訳語を提示した老人の言語的知識をけなした。その男は老人だが「ラプン・ナティング」（*lapun nating*）だ、と彼らは言った。何も学ばないまま年を取った、という意味だ。彼にあるのは「ベビ・センス」（*bebi sens*）——赤ん坊並みの知恵だという。

数週間が過ぎ、私の苛立ちは増す一方だった。そんなある日、三〇代の男が私の家にやってきて、祖父の老クルニが虹を表す言葉を口にしたのを思い出したと話した。

その若者は、子供のときクルニとともにカヌーでマングローブの沼を渡っていた。沼の真ん中まで来たとき、隣村ウォンガンの女たちを大勢乗せたカヌーが近づいてきた。彼女たちは虹について話していた。ウォンガンで話されるコパール語で、虹は「マモール」（*mamor*）という。若者は、女たちがクルニに呼びかけ、タヤップ語で虹はなんというのかと質問したのを覚えていた。クルニは、それは「ママール」（*mamar*）だと答えた。

ところが、喜ばしい進展だという私の思いに反して、「ママール」も否定されてしまった。私は老人たちの記憶に影響を与えないよう、理由を言わずに「ママール」の意味を訪ねた。〝バナナ〟だ」彼らは皆、当然のようにそう答えた。

そして確かに、その単語は一種のバナナを意味している。といっても、どんな言語にも同音異義語は数多く存在する。たとえば英語の〝*mole*〟という語には、モグラ、ほくろ、化学における物質量の単位モル、など多くの意味がある。もしかすると、「ママール」にもほかの意味があるのではないか？　虹も意味するということはないか？

ない。クルニは「ギアマン」だ。あるいは、クルニの発言を伝えた若者が「ギアマン」だ。いずれにせよ、誰かが嘘をついている。老人たちは意見の一致を見た。

結局、一カ月にわたる論争の末――彼ら全員が納得する単語や表現を思いつくことができず、私のしつこい質問に辟易して――村の老人たちはしぶしぶ、「ママール」が虹を意味する単語に違いないと認めた。なにしろクルニが(ここで数人は目立たぬようにやれやれという顔になった)そう主張したのだから。

私の結論は、おそらく「ママール」がタヤップ語で虹を表す単語だろう、ということだ。ガプンとウォンガンは徒歩とカヌーでたった二時間の距離にあるものの、タヤップ語とウォンガンで話されるコパール語とはまったく異なっている。それでも、ふたつの言語の話者は長期間にわたって交流しているため、よく似た名詞も少数ながら存在しているのである。[2]私は村人たちに、私の辞書には虹を意味する単語として「ママール」を登録すると告げた。その宣言は、ぶつぶつという愚痴をもって迎えられた。

虹のように人目を引く美しいものを表す単語まで村の記憶から抜け落ちることに、私は驚いていた。タヤップ語には美しい現象を表す美しい単語があることを心ひそかに望んでいたし、話者がことごとくひとつの単語――とりわけあのような単語――を忘れてしまうというのは信じがたかった。虹の下を歩くと頭が曇ってものを忘れると親が子供に警告したことを考えると、「虹」を意味する単語を誰も思い出せないのは不思議だった。まるで、ガプンの村人が皆一緒に虹の下を歩いて、その結果――虹を表す単語について――集団的健忘症にかかったかのようだった。

虹に関する村の老人同士の口論を通じてわかったのは、正しいタヤップ語に関して村人の意見が合わないという事実が、村の生活においてこの言語の消滅に寄与している特徴である、ということだ。タヤップ語を話す老人たちが激しく（そして私の見るところ、根拠もなく）お互いに相手の言語能力を見下し、ばかにすることに、私はいつも驚かされていた。一九八〇年代にガプン

2　タヤップ語とコパール語では、「マモール」と「ママール」のようによく似ているが少し発音の異なる単語が少なくない。例を挙げる（次ページ参照）。

に滞在しはじめた早い段階で、私は老人の集まった中でタヤップ語を論じようとするのをあきらめた。この言語のどんな面を話し合っても、最後には口喧嘩になるからだ。話者たちは最終的には、不機嫌に、私が尋ねたことについて意見の一致を見る。しかしその後、いつもこっそり私と会っては、ほかの話者たちの知識や意見をきれいさっぱり否定するのだった。

タヤップ語がガプンでしか話されない小規模な言語であることは、村人皆が知っている。だが世界じゅうのほかの多くのコミュニティに住む人々と違って、ガプン人は言語を村の共有財産だとは考えていない。村のあらゆるものと同じく、言語の知識も個人の持ち物だと見なされている。彼らのような熱帯雨林の住人は個人所有権を持たず、寛大にも社会主義的に自然資源を共有するものだという西洋人のよくある思い込みに、ガプンの村人はすっかり戸惑って頭を振る。

それどころか、ガプンでは村の共有財産など存在しない。全員で平等に所有したり共有したりするものはない。あらゆるもの――あらゆる土地、あらゆるサゴヤシの木、あらゆるココナツの

	タヤップ語	コパール語
ワニ	オレム (*orem*)	オレオ (*oreo*)
バタンインコ	カイムワ (*kaimwa*)	ケイムワ (*keimwa*)
亀	パウプ (*pawp*)	プップ (*pup*)
ヒインコ	ンジジェリュク (*njijerik*)	ンジジェリュング (*njijeriŋ*)
釣り針	ピピンガブ (*pipiŋgabu*)	ビビガブ (*bibigabu*)

木、あらゆるマンゴーの木、あらゆる鍋、皿、斧、マチェーテ、捨てた槍の柄、壊れた石油ランプ、考えうるすべてもの――は誰かの所有物である。それには、人の名前、名前を与える権利、神話や歌や治癒の呪文の知識なども含まれる。村人は誰が何を持っているかを知っている。誰が何を持っているか知ったうえで、それを遠慮なく持っていったり、あまり咎められることなく盗んだりする。自分の所有権は精力的に、必死で守る。女が自分の捨てた紐の切れ端といった無価値なものを妹が熱帯雨林から持ち帰ったのを見て「それはあんたのじゃないわ、私のよ!」と叫んで激しく言い争うのを、私は何度も目撃した。

こういう持ち物や所有権についての考え方は、言語にも及んでいる。つまり、〝共通の〟言語という西洋的な自明の理は、ガプンでは通用しないのだ。彼らの考え方によれば、村人は言語を〝共有〟していない。ひとりひとりが、自分のバージョンの言語を話している。話者が老いれば老いるほど、彼らは自分のバージョンが正しく、他人のバージョンは〝嘘〟だと見なすようになる。

だから話者たちは、タヤップ語が失われることをさほど衝撃的だと考えない傾向がある。老いた流暢な話者はまだ〝自分の〟タヤップ語を持っている。若い話者が自らのバージョンを保有していないとしても、それは「ワリ・ビロング・オル」(*wari belong ol*)――彼らの問題なのだ。

9 詩的な悪態

一九八五年に下調べで村に一カ月滞在するため初めてガプンに到着したとき、案内してくれたふたりが私を託した遠い親戚は、セピック川沿いの村マンガン出身のアランという男だった。アランはサケというガプンの女と結婚し、サケは自分の村で暮らすようアランを「引っ張ってきた」と村人は言う。ほかの村人と同じく、サケも村に広大な土地を持っていたのだ。

サケは小柄で引きしまった体の、漫画の主人公ポパイを連想させる女だった。団子鼻と寄った目をしていて、眉間には青いヒナギクのタトゥーを入れていた。ポパイのように目を細めていたが、パイプの代わりに、ぞんざいに新聞で巻いたタバコをビンロウジで色のついた唇にいつもくわえていた。ポパイのようなガラガラ声だったけれど、キンキンとした響きもあった。叫ぶと、怒ったガチョウみたいに聞こえた。

どこからともなく現れた若い白人の世話を突然押しつけられても、サケは驚いた顔ひとつ見せず、平然と私を受け入れてくれた。彼女がうろたえなかった理由のひとつは、おそらく世話をすべき自分自身の子供がいなかったことだろう。サケは子供を産めなかった。村人は常に、そういう体質は村の女が妊娠を防ぐために食べる種類の樹皮を食べすぎたことが原因で自ら招いたものだと考える。

しかし、サケが動じなかった理由はもうひとつあった。ガプン人は私を死者の幽霊だと思っていたわけだが、その死者とは彼女の息子だったのだ。いや、正確には、サケの姉で一九八〇年代初頭に息子の出産で死んだアイオマの息子だ。サケは姉の遺児を養子にして育てた。赤ん坊は数カ月生きたが、そのあと悲しいことに死んでしまった。村人は私をその子供だと決めつけた。私がガプンまで堂々と歩いてきて母親であるサケに会わせろと要求したことから、それは明らかだ、と彼らは言い合った（私は後日そのことを知った）。実際には、私はそんなことをしていない――ガプンまで堂々と歩いてはこなかった（もっと正確に言うなら、泥にまみれ、全身汗だくになり、空腹で朦朧としながら、哀れな様子で重い足を引きずっていった）。それに、話をしたのは案内人のふたりであり、自分たちの親戚、サケでなくサケの夫を呼び、私の世話をするよう頼んだのだ。

だが、そんなことはどうでもよかった。私の到着の話は何度も語られるうちにどんどん改変されていった。現実に起こったことは、即座に、きっぱりと皆に忘れ去られた。

初めて私が村に行ったとき、サケは三〇代半ばだった。私は彼女に世話を託された運命に感謝するようになった。サケと特別親しくならなかったとしたら、きっと彼女を怖がっただろうからだ。サケは比較的若いにもかかわらず、村で最もボス的な女だった。その地位を得たのは、竜巻

郵便はがき

料金受取人払郵便

新宿局承認

1993

差出有効期限
2021年9月
30日まで

切手をはら
ずにお出し
下さい

160-8791

343

(受取人)
東京都新宿区
新宿一ー二五ー一三

原書房

読者係 行

1608791343 7

図書注文書（当社刊行物のご注文にご利用下さい）

書名	本体価格	申込数
		部
		部
		部

お名前　　　　注文日　　年　　月　　日

ご連絡先電話番号　□自　宅　（　　　）
（必ずご記入ください）　□勤務先　（　　　）

ご指定書店（地区　　　）（お買つけの書店名をご記入下さい）　帳合

書店名　　　書店（　　　店）

5720
最期の言葉の村へ
ドン・クリック 著

愛読者カード

＊より良い出版の参考のために、以下のアンケートにご協力をお願いします。＊但し、今後あなたの個人情報(住所・氏名・電話・メールなど)を使って、原書房のご案内などを送って欲しくないという方は、右の□に×印を付けてください。 □

フリガナ
お名前 男・女（ 歳）

ご住所 〒 -

市 町
郡 村
TEL （ ）
e-mail @

ご職業 1会社員 2自営業 3公務員 4教育関係
5学生 6主婦 7その他（ ）

お買い求めのポイント
1テーマに興味があった 2内容がおもしろそうだった
3タイトル 4表紙デザイン 5著者 6帯の文句
7広告を見て（新聞名・雑誌名 ）
8書評を読んで（新聞名・雑誌名 ）
9その他（ ）

お好きな本のジャンル
1ミステリー・エンターテインメント
2その他の小説・エッセイ 3ノンフィクション
4人文・歴史 その他（5天声人語 6軍事 7 ）

ご購読新聞雑誌

本書への感想、また読んでみたい作家、テーマなどございましたらお聞かせください。

のごとく激しく悪態をつける能力によってだった。誰かの言動が自分の権利を侵害したと考えるたびに――そう考えることは頻繁にあった――犯人だと思った人物に対するサケの大きくて鋭く痛烈できわめて卑猥な叫び声が村じゅうに響きわたった。

サケの悪態は伝説的だった。夫アランと喧嘩するときは、タヤップ語で彼を「犬のヘドみたいな顔」や「ナニがウジムシだらけ」の「クソじじいのタマ」などと呼ぶ。ひどくふしだらだと思っている妹には、「あんたは体じゅうからナニが生えてるヤマアラシみたいに歩きまわるね！」と叫ぶ。この妹と喧嘩するたびに相手を「ナマズのあそこ」と呼ぶ。しょっちゅう衝突していた姉に対して、「あそこが川岸の柔らかい泥みたいにゆるんでるよ！」とわめいたこともあった。

サケのとてつもない怒りの爆発は、近隣のいくつかの村でも有名だった。最も激しく怒りを表したのは、私が村へ行く数カ月前だった。兄と口論して激高し、建てたばかりの自分の家――夫とそれを手伝った村人が六カ月間かけて作った労作――まで行って火をつけ、燃え盛る家を斧で打ち壊したのだ。

サケは二〇〇四年頃、全身が震える遺伝性の病気で死んだ。村人は母方の血筋にかけられた呪いのせいだとしているが、私はハンチントン病だったと考えている（サケの母親はソムバン。私が一九八〇年代にガプンで研究を始めたときまだ生きていた老人のひとりで、同じように体の動きがコントロールできなくなる症状を示していた）。私はサケが衰弱して死ぬところに居合わせなかった。それは、パプアニューギニアが研究のため滞在するには危険すぎるようになって私の足がガプンから遠のいた約一五年間のうちに起こった出来事だからだ。

二〇〇六年にまた村へ行くようになったとき、別の女が私の面倒を見ると申し出てくれた。我が小さな護衛アマニの母親、ンダモルである。ンダモルが私の世話をするようになったのは、当然の成り行きだった。私の三番目の家をどこに建てるかを決めるとき（それまでの二軒はとっくの昔に熱帯雨林の中で朽ちて崩壊していた）、村人はンダモルが夫ムバヌと子供六人とで暮らしていた家のすぐ横の場所を選んだ。こうしてお隣さんになったため、ンダモルは私を家族の一員として扱うようになった。食事を用意するときは、必ず私の分まで作ってくれた。私はいつもほかの女から食べ物を届けてもらったり、女の家族と一緒に食べるよう家に誘われたりしていたのだが。

ンダモルと思春期前の娘三人は私の家を囲むエリアを整備してくれた。シャベルの刃で雑草がすべてなくなるまで土をかき、家の前と後ろを何もない黒土の地面にした。雑草が生えはじめて土かきが始まるたびに、私は家の前には土だけより草があるほうがいいと抗議したが、まったく聞き入れてもらえなかった。ンダモルと娘たちには守るべき評判があり、私の家が「カマップ・ブス」（*kamap bus*）つまり「ジャングルに変わる」のを見たほかの村人に批判されるのは耐えられなかったのである。

一九八五年に初めてガプンに長期滞在したとき私は一二歳のンダモルに会っており、当時は彼女についてなんら変わった点を認めなかった。だが思春期から大人になるまでのどこかの時点で、ンダモルは個性的な人物に成長していた。ほかの村人同様、彼女も背は低く、がっしりして筋肉質だ。背筋をぴんと伸ばして顎をつんと上げた堂々とした姿勢で、ゆったりと動く。ひねくれたユーモアのセンスがあり、思わずつられて笑いたくなるように豪快に笑う。だが機嫌は変わりやすく、何かあるとすぐに激しく怒りを爆発させる。また、村の女が狩りをするのは非常に珍しいが、ンダモルは狩りをする。しょっちゅう槍を持ち歩き、豚、フクロアナグマ、樹上性のポッサムを、夫と一緒に、ときには自分ひとりで狩りに行く。女が狩りをするのをどう思うかと私が尋ねると、個々人の奇行に寛容で受容的な村人たちは肩をすくめる。「それが彼女のやり方だ」彼らは悠然として言う。

アメリカにいるアイルランド系アメリカ人である私の母なら、ンダモルを「減らず口屋」と呼ぶだろう。彼女はあたりかまわずそこいらじゅうに卑猥な言葉を投げつけることができる。サケと同じくらい口が悪いので、冗談で自分はサケの子供だと言うこともある。自らの子供に呼びかけるとき、娘のひとりに言及してなにげなく「まんこはどこだい？」とか、息子に「キンタマ、こっちに来てこのナイフをお父さんに持っていって」などと言う。卑猥な言葉を独創的に使う。悪態をつくのを楽しんでおり、得意でもある。サケと同じく、一種の詩のように、ばちあたりな言葉を使う。夫に何かしてくれと頼まれたのを断るとき、「自分の包皮をこすりに行きな」などと言うこともある。

夫ムバヌが海沿いの村から来た男に、自分とンダモルが森に入って一日かけてサゴを処理してできたサゴ粉をあげると約束したことがあり、ンダモルはそれでムバヌと喧嘩になった。夫はその男からのお返しを期待していた。だがンダモルは過去に二度、この男にだまされたことがあった。彼ら夫婦のために何かをすると約束したのに、それを果たしてくれなかったのだ。ンダモルはこの男のために一分たりとも働く気がなかった。男が住む海沿いの村では、女は腰までマングローブの沼に入って魚を獲る。夫にしつこくガミガミ言われたンダモルは、夫とその男は「カニにクリトリスを切り取られた女のケツの穴から引っ張り出されて生まれた」のだと言い返した。

アメリカやヨーロッパなどの西洋諸国にも、口の悪い女は多い。だが、最も口汚く粗野で卑猥な言葉を使うのは、たいてい男である。ガプンでは、この傾向は逆転する。村では男が卑猥な言葉を控え、女はそれを楽しんで使うとされている。その理由は、男のほうが（これも西洋の考え方とは逆に）上品だと考えられているからだ。男は女よりも多くの知識（トク・ピシンで言う「サヴェイ」*save*）を有している、と村人は言う。男は如才なく、沈着冷静で、理性的ということになっている。彼らは他人とものを分け合い、決して怒らず、決して悪態をつかず、そして今日では、概して模範的なキリスト教徒だと思われている。男がメンズハウスで地域活動や二酸化炭素取引や誰かが病気になって死にかけている理由などについてスピーチを行うとき、公益のために話しているのだと思わせたがる。誰かと意見が食い違っていることを躍起になって否定し、全員の意見が一致しているのだ、とお互いに確かめ合う――議論されている話題について自分たちの意見が一八〇度違うことが明々白々であるときすら。

逆に、女はおしゃべりで口喧嘩ばかりしているという固定観念がある。女は村の公益を理解したりそれを支持するスピーチをしたりすることを期待されない。なぜなら女には知識がないと思われているからだ。子供と同じく、女には「頭」（「ヘッド」*hed*）しかない。ちょっと挑発されただけで自制を失い、悪態をつく、と考えられている。

もちろん、こういう固定観念は、男は一般的に沈着冷静でも如才なくも理性的でもないという事実に目をつぶっている。気難しいことで有名だったラヤのように、女みたいに悪態をつく男も存在する。男も腹を立てる。喧嘩もするし、しばしば暴力に訴える。女が喧嘩を始める、あるいは始めかけるときもあるが、特に酒を飲んだあと、マチェーテや斧や鋼鉄製の矢を射る〝針金製弩〟でお互いを攻撃して村を混乱に陥れるのは男だ。

だが、男は長年かけて、小さな不和は妻に対処させるという策略を身につけてきた。作戦はこのように進む。従兄弟が斧を借りていき、なかなか返さなかったり、刃や柄を壊して返したりしたとき、男は人前で騒ぎを起こさない——斧のことを妻に話し、そこから先は妻に任せる。彼女が従兄弟に悪態を叫びはじめたら、男はメンズハウスに引っ込んで知らん顔で仲間とともにビンロウジを嚙み、女が喧嘩好きであることにあきれて頭を振り、舌打ちをするのだ。

ガプンの男も悪態をつくが、ガプンの女に比べるとかなり少ない。そして今日では、悪態をつくときタヤップ語はあまり使わない。トク・ピシンで悪態をつく。

一般的に言えば、トク・ピシンでの悪態もタヤップ語での悪態と似たようなものだ。どちらの言語でも、人が罵り合うときよく相手に投げつける言葉として用いられるのは、下半身やその機能に関するものである。しかし違いもある。タヤップ語による悪態では動詞を含んだ非常に複雑な語句が用いられるのに対して（「おまえのおふくろは雷が光ったときクソの山と一緒におまえを産んだぞ！」といったことを言うには、想像力と言語的センスが必要となる）、トク・ピシンによる悪態は想像力に欠ける名詞しかない。そういう言葉もタヤップ語の悪態と同じ強い感情がこもっているけれど、言語学的見地から考えるとつまらない表現である。詩的なものは何もない。よく用いられる罵りの言葉は「ペクペク」（*pekpek*）（「クソまみれのケツ」）と「ウル」（*wul*）（「ケツの穴」）だ。

最も好まれる悪態は「カイカイ・カン」（*kaikai kan*）（「おまんこを食え」）である。ガプンにおいてこの表現は、英語圏での「ファック」と同じ地位を得ている。「ファック」は他人に向けられる悪態であるとともに（「ファック・ユー」など）、床に卵を落としたり、駆け込み乗車しようとした列車の扉が目の前で閉まったりしたとき「ファック」とつぶやくように、個人的な苛立ちや失望を表すのにも用いられる。

ガプンにおける「おまんこを食え」も両方の使い方をされる。村でこの表現をいちばんよく使うのは子供で、欲しいものをもらえないことへの苛立ちや怒りを表すのに用いる。実のところ、赤ん坊が最初に発する言葉は「オキュ」（*oki*）（「ここから出ていく」）だと村人は主張するが、最近の赤ん坊が本当に初めて言うのは「カイカイ・カン」（*kaikai kan*）だと私は確信している（二番目の言葉は「ギアマン」(*giaman*)「嘘だ」である)。

言語は縮小することによって消滅する。タマネギの皮をむくように複雑さの層がはがされていき、どんどん小さくなって、ついには何も残らなくなる。最初に消えるのは宇宙的な神話や不明瞭な親戚関係を表す難解な単語だ。言語のこうした面の喪失を最も強く嘆くのは、言語学者や、言語の消滅に関して論文を書く言語活動家である。それらは、言語の最も威厳ある面、最も崇高な面、最も貴重な面を象徴している。

悪態の言葉など誰も関心を持たない。それらは言語における砂利のようなものだ。

しかし私は、タヤップ語の悪態が消えつつあることを嘆いている。この小規模な言語で自由に用いられていた魅力ある詩的な下品さが消滅するのは残念だ。一部の卑猥な言葉はミイラ化した決まり文句として残るだろう——村の一〇歳児でも、気に食わないことをした相手に「クウェム・ペティエク」(*kwem petiek*)(「マスかき野郎」)と怒鳴ることができる。だが彼らは、このフレーズを創造性豊かに使いこなせない。相手の悪口を言うために、この形のまま怒鳴ることしかできないのである。

タヤップ語の悪態を独創的に使えるのは、今では四〇代半ば以上の少数の女だけだ。タヤップ語を巧みに話す男でも悪態を使おうとはしない。おそらく、女のように聞こえるのがいやなのだろう。あるいはサケのような女の口からは簡単に飛び出した気のきいた痛快な表現を思いつくほどの想像力がないだけかもしれない。

そういう意味では、確かにンダモルはサケの子供だ。彼女とあと数人の村の女は、詩的な悪態というサケの遺産を受け継いでいる。しかし悲しいかな、彼女たちは夫に「あんたのサゴを友達のサオの穴に突っ込んで糸で縫い合わせて、そいつが自分の村までタマの中に入れて運んでいけるようにしておやり！」と言える能力を持った、タヤップ語を話す最後の世代なのだ。

彼女たちがいなくなれば、あとに残るのは「クソまみれのケツ」と「ケツの穴」だけであろう。

10　肝臓の問題

白人と出会うまで、パプアニューギニア人は文字を持たなかった。歴史やしきたり（そして言語）はすべて口伝えだった。それらは絵や儀式で表現され、老人に記憶され、物語やイニシエーションの実践によって伝えられた。読み書きは植民地主義とともにもたらされた。とりわけ宣教師は、一から苦労して学ぶだけの価値があるほど多くの人々が話す現地の言語について、正書法――アルファベットや文字の書き方――を考案しようとした。キリスト教への改宗を進めるために聖書を翻訳できるよう、現地の言語を習得した。のちに、植民地政府が国じゅうのあちこちに学校を設立すると、生徒は、パプアニューギニアの宗主国オーストラリアの公用語である英語の読み書きを教えられた。

宣教師や政府の関心が及ばない奥地に住むガプンの村人の大部分は、読み書きの能力を身につけなかった。ラヤのように少数の老人は、一九五〇年代にプランテーション労働者として働いたときに読み書きを覚えた。一九七〇年代末から一九九〇年代半ばにかけての約一五年間は、ガプンから二時間の距離――湿地を一時間歩き、丸木舟でマングローブの沼をさらに一時間行ったところ——にあるウォンガンの村に国立の小規模な学校が存在した。私が初めてガプンに滞在した一九八〇年代半ばはその学校の最盛期で、三人の教師が一年生から六年生までを教えていた。その学校で数週間過ごして何が行われているのかを観察した私は、すっかり失望した。教師——セピック川沿いの村出身の男たち——は教えるための言語である英語をほとんどまともに話せず、彼らの行う教育とは機械的に復唱させることだけだったのだ。彼らは柱と草葺き屋根で建てた教室の前にある黒板のかけらに文章（多くの場合は非文法的で意味が通らないもの）を書き、それを声に出して読み上げ、樹皮のベンチにまとまりなく座った生徒に自分が言ったことをそっくりそのまま復唱させた。

ガプンの子供はあまり学校へ行かなかった。学校へ行く意義がわからなかったからだ。私も彼らと同意見だった——窮屈な暗い教室で退屈して座り、〝反抗的〟だからと意地悪な教師に怒鳴られたり気まぐれに硬い棒で叩かれたりするよりは、熱帯雨林で遊びまわっているほうが、はるかに有用な知識を得られるのは明らかだった。しかも、さまざまな村の人々との学校とは無関係な争いを理由に、教師はしばしばストライキを起こした。一九九〇年代はほとんど授業をせず、やがてふたりの教師は学校を去った。ひとりは現地の女と結婚したためウォンガンに残ったが、二〇〇九年以降は一日たりとも教えていない。

私の知るかぎり、ウォンガン・コミュニティ・スクールに在籍した子供が学んだのはたったのふたつ。一番目は村の生活への不満だ。教室で配られたオーストラリア製のぼろぼろの教科書には、ハイウェイや都会などの絵や写真が載せられていた――想像もできないけれど〝どこか別の場所〟には明らかに存在している豊かな生活を、生徒に垣間見せていたのだ。

二番目として、もっと勤勉な子供が学校で学んだのは、基本的な識字能力である。彼らは読み書きを習った。学校で読むよう命じられた文章の意味はあまり学ばなかった。それらは英語で書かれており、教師は自分が発する言葉の意味をよくわからないまま生徒に復唱するよう命じていたからだ。

だが若者の一部は、まともな教育を受けないまま、その読み書き能力を用いてトク・ピシンを読んだり書いたりできるようになった。村に読み物はほとんどない。あるのは、過去のいつか訪れた司祭が持ってきて家々に配った、カトリックの賛美歌を集めた「ニウ・ライプ」（*Niu Laip*）（「新しい生活（ニューライフ）」）と題する小冊子くらいだった。それでも、識字能力を身につけた村人は、人にものを求める手紙を書くようになった。少数ではあったが、ラヤのように重要な出来事を断片的に記録したリストを作る者もいた。特に、大規模な村の喧嘩に関わった人の名前を記した（あとで誰が誰に豚で償いをすべきかを忘れないため）。そして一九九〇年代のどこかの時点で、何人かの頭のいい若者が、識字能力を新しく独創的に利用した。ラブレターを書くようになったのだ。こうした手紙は、若い村人が求愛するための、まったく新たな手段となったのである。

しかし、ラブレターで使われた言葉は書き留められたため、取り違えが生じて事態が混乱したとき、取り消したり否定したりするのが困難にもなった。

家に帰ろうとカヌーを漕いでいたサラグムは、マングローブの沼の真ん中で、ガールフレンドのベブスに間違ったラブレターを渡したことに気がついた。漕ぐのをやめ、半ズボンの後ろポケットに手を入れて確かめる。思ったとおり、取り出した手紙はベブスに宛てて書いたものだった。ということは、ベブスにはもうひとりのガールフレンド、ペメラに書いたラブレターを渡してしまったらしい。

「カイカイ・カン」(*Kaikai kan*)

サラグムはベブスへのラブレターをポケットに戻して考えた。「どうしたらこの窮地から逃れられる?」再びパドルを持ち、スクワタスという人気グループがトク・ピシンで歌う歌『メリ・モロベ』(*Meri Morobe*)(『モロベの女』)を小声で歌いはじめる。今朝の出来事を思い返して、なぜ不注意にもラブレターを違うガールフレンドにうっかり渡してしまったのかと考えた。「『ユ・ベルハット・ロング・ミ/ナ・ユ・ビン・コリム・ミ・クラウン』」(*Yu belhat long mi / na yu bin kolim mi clown*)(「きみは僕に腹を立てた/僕をまぬけと呼んだ」)と歌い、自己憐憫にふけって苦笑する。丸木舟は、昼過ぎの気持ちのいい日光を受け、穏やかなマングローブの沼をゆっくり進んでいった。

いったいどうしたらこの窮地を脱することができるのか? ガールフレンドたちを巧みに操った経験を活かさねばならない。そういう経験なら豊富にあるのだから。

サラグムは村のプレイボーイだ。人気者の恋人であり、一九歳にして少なくとも子供をふたり産ませていた。といっても、彼自身は何も認めていない。ガプンの若い女数人が、サラグムをボーイフレンドだと考えていた。彼はそのひとりひとりに好きなように思わせていた。ふたりきりで会うたびに、相手を特別な存在だと思わせた。だが人前では、傲慢にも彼女たち全員を無視した。

女たらしにありがちなことだが、サラグムは典型的なハンサムというわけではなかった。鼻は横幅が広くて少し上を向き、小さな目は大きく愚鈍そうな顔の中で中央に寄りすぎている。その目で人を見るときの鋭い目つきは、危険な雰囲気を感じさせる。だが大きくて官能をそそる口をしており、微笑むときは臼歯まで見えるほど大きく微笑む。そんなふうに微笑むと、口角が上がって顔がしわだらけになり、目はいたずらっぽく輝くふたつの玉になる。このいたずらっぽさと危険さの組み合わせが、サラグムに強くエロティックなオーラをまとわせる。さりげなく自信たっぷりな身のこなしは、機会さえあればすぐにセックスをすることを明瞭に伝えていた。彼は自己中心的で細かいことにうるさかったため、ありとあらゆる特異的なアイデアやルールを定めて彼とのセックスを風変わりで要求が多いけれど非常にすばらしいものにする、ということも明らかだった。

サラグムはウォンガン・コミュニティ・スクールで六年生までの教育を完了した、数少ない村人のひとりだ。セピック川沿いの小さな町アンゴラムにある高校に入学した。彼が高校に在籍した年、教師はほとんどの期間ストライキをしていた。サラグムを含む生徒の大半が授業料を払わなかったからだ。だからサラグムはアンゴラムでの時間を、教育を受けるのではなく女と寝て過ごした。

一学期が始まって数カ月後、サラグムは若い女を妊娠させ、その両親から彼女との結婚を求められたため、アンゴラムを去った。ガプンにいれば娘の両親に見つからないだろうと踏んで故郷の熱帯雨林に逃げ込んだ。村に戻ると、ビンロウジを運ぶため船外モーターつきのボートでセピック川を行き来する友人たち経由で、アンゴラムにいる別のガールフレンド（これがベブス）と文通を続けた。友人たちは、サラグムが書いた手紙をアンゴラムにいるベブスに渡し、ベブスの手紙を海沿いの村ワタムにいるサラグムの親戚に届けた。その親戚が最終的にガプンにいるサラグムに手紙を渡した。

ところが、アンゴラムの炎を明るく燃やしつつも、サラグムは隣の村ウォンガンに、すぐさま新たなお気に入り――ペメラ――を見つけた。

手紙の取り違えが起こった運命の日、サラグムは新しく建てられた教会の開所式に出席するためワタムへ行った。その開所式で、遠く離れたマリエンベルクの伝道所の司祭が献堂すると約束していたからだ。ベブスは手紙でサラグムに、彼に会うためアンゴラムからワタムまで行くと伝えていた。サラグムはペメラもそこへ行く予定なのを知っていた。教会の献堂に出席するという口実だったが、実はボーイフレンドともっと不敬な行為にふけるためだった。人前でどちらかのガールフレンドと話をしたら、もう片方に見られる危険がある。それはまずい。そう考えたサラグムはふたりそれぞれに、あとでこっそり、〝愛の出会い〟――歌手のバリー・ホワイトが歌いそうな、魅力的でいかがわしいフレーズである――のために会おうと提案する手紙を書いた。

献堂の日の朝、三時間カヌーを漕いでマングローブの沼を渡ってワタムに着くなり、サラグムはベブスを見つけた。任務は完了した。さりげなく歩いていき、追い抜かしざまに、彼女宛だと思った手紙をこっそり渡した。ベブスを見るとそわそわしてしまうし、もうひとりのガールフレンドのペメラが現れたときベブスにまとわりつかれていると困るので、その場に長居したくなかった。

だからカヌーに乗って家に向かった。

ガプンに帰り着くまで、サラグムは自らの置かれた状況についてじっくり検討した。いくつかベブスに言えそうな嘘を考えた。最初に思いついたのは、彼が渡したラブレターは別の人間からペメラというガールフレンドに宛てた手紙であり、メッセンジャーにすぎなかったサラグムがうっかりベブスに渡してしまった、とベブスに言うことだ。だが、手紙の中で自分の愛称「ソント」(*Sont*)(「夜間の精(*Spirit of Night Time*)」の略)を何度か書いたことを思い出した。

だから残念ながら、その方法はアウトだ。

次に、もっといい計画を考えついた。その手紙は本当にサラグムからベブスに宛てたもので、「ペメラ」は女の名前に思われるかもしれないが、実は彼の母親の地元の言語で「真の愛」を意味する単語だ、とベブスに話すのだ。だからベブスは、「ペメラ」という語を見るたびに、ベブスをソントの「真の愛」と呼びかけている言葉として読み替えればいい。サラグムの母親は遠く離れた島出身だった。モネイの妹、一九四〇年代にプランテーション労働者として働いて地元の女と結婚してガプンに連れ帰った男の娘である。母親の地元の言語での「ペメラ」の意味だと彼が主張するものが真実かどうか確認することが不可能なのは、サラグムにもわかっていた。

言い換えれば、それは成功間違いなしのすばらしい計画だった。

とはいえ、その嘘は薄弱ではないかという不安もある。彼がベブスに渡した手紙には、ベブスの名前がまったく書かれていないからだ。しかも、ベブスがペメラとは何者かと誰かに尋ねたなら、それはウォンガンに住む若い女で、サラグムと寝ているのは誰もが知っているという事実が、たちどころに発覚するだろう。

結局サラグムは、何もしないほうがいいのかもしれないと考えた。というより、窮地に陥ったとき村人がよくすることをすべきかもしれない。それは別の村に〝逃げ〟て、地元でのほとぼりが冷めるまでしばらく身をひそめることである。

ルークもラブレターをせっせと書く青年だった。サラグムと同い年の一九歳であるルークは、あまり村の外へ出たことがない。だが彼は、積極的に読み書きをする兄たちに囲まれて育っていた。いちばん上の兄はモーゼス、二〇〇七年に村の破壊を演出した男である。モーゼスは身につけた識字能力を活用して村の地図を描き、虫のいい望みをかなえる魔法の呪文を売るイギリスの通販カタログ会社に手紙を書いた。

ルークの二番目の兄ラファエルは、村の礼拝導師だ。彼はいつも新約聖書のさまざまな箇所を読んだ。彼のいちばんのお気に入り（というより村人全員のお気に入り――彼らが皆、特に私に向かって、引用できた唯一の一節）はマタイ伝第七章第七節「ユ・アスキム・バイ・ユ・キシム」（*Yu askim bai yu kisim*）（「求めよ、さらば与えられん」）である。ラファエルはマリエンベルクの伝所で暮らす司祭との連絡役で、ときどき、いつ司祭がこちらの地域に来るのかを尋ねたり、何かの用事でラファエルがモーターつきカヌーでマリエンベルクへ行きたいときのために灯油を援助してくれと頼んだりする手紙を書いていた。

ルークの三番目の兄コサイは村の〝警察〟のリーダーだった。これは四人で構成される完全に名ばかりの集団で、なんの権限も持たず、するのは自分たちには制服がないと嘆くことだけだった。「制服さえあればなあ」暴力的な喧嘩や酒による騒ぎが起きたとき、いわゆる警察がどこにもいないことに誰かが気づくたびに、彼らはそう言って残念がるのだった。だが実際には、騒ぎに警察官の親戚が関わっていたり（ガプンのような狭い場所ではほとんどの場合がそうだった）――あるいは警察官自身が関わっていたり（これもよくあることだ）――したなら、警察官は例外なく〝逃げ〟て、喧嘩が終わるまで姿を消したものだ。

それでも、コサイはときどき、私からもらった大判のノートに、ビンロウジの盗難や大がかりな喧嘩といった違法行為の報告を書き留めた。

そしてルークはといえば、彼が書くのはもっぱらラブレターだった。サラグムと同じく、ルークはガプンと周辺の村の若い女に人気があった。とはいえ、サラグムが二〇歳にもならないのに既に放埓な遊び人だったのに対して、ルークはあどけなく無垢な印象を与えていた。同年代のほとんどの村の男よりも痩せていて、実年齢より数歳若く見えた。丸くて温厚そうな童顔、大きく開いた目、上唇には羽毛のように柔らかな口髭。サラグムのように人を強いまなざしで見つめることはしない。人を見るときは、顎を引いて上目遣いになる傾向があった。クッキーの瓶に手を入れているところを見つかった少年のよう、とよくたとえ話で言われる、悲しげでありながらも小生意気そうな表情をしていた。

サラグムがガプンのマーロン・ブランドやミック・ジャガーだとしたら、ルークは村のジェームズ・ディーンだった。

そしてルークは、サラグムと同じくらい若い女の誘惑に長けていた。サラグムと同じく彼にも複数のガールフレンドがおり、苦労してそれぞれの動向を把握し——苦労してそれぞれが出くわさないようにした。そしてこれもサラグム同様、ラブレターを書いて密会を取り決めた。ルークの手紙はサラグムのとは違っていた。サラグムはラブレターをトク・ピシンで、マーヴィン・ゲイの歌にありそうな言葉で始めていた。『グトペラ・スウィートペラ・ラヴ・デ・ストレト・ロング・ユ』（*Gutpela sweetpela love de stret long yu*）（『きみにふさわしい、素敵な甘い愛の日』）。そして英語による美辞麗句を大文字で書いて締めくくった。そういう美辞麗句の意味は知らなかったが、響きを気に入っていたのだ。ある手紙はこう締めくくられていた。『きみは**僕**の**夕食**の**心**をもうつかんでいる』。別の手紙にはこんな感傷的な言葉が綴られた。『きみの声が頭から**離れない**』ルークはそれより想像力に乏しく、あまり垢抜けていなかった。学校で使っていた古いノートに、ラブレターとしてふさわしいと考える言葉を英語で書いた。たとえばこのようなものだ。

『ぼくの大せつな人
きみはどんなぐあいかな。一〇〇パーセント元気だといいけど。今はきみが友だちといっしょに人生を楽しんでることを願ってるよ。今回ぼくから言うことはあまりない。きみとほんとに仲よくなりたいんだと知ってほしいだけ。きみの心を確かめたい。きみもぼくと仲よくなりたいのかな。いいよ。ぼくと仲よくなりたくないなら、それでもいいよ。ぼくの手紙の返じは名前の人にあげて』

最後の文（『ぼくの手紙の返じは名前の人にあげて』）は、『返事はこのラブレターをきみに渡した人に届けてくれ』という意味だ。ルークはこの段落がとても自慢だったので、一字一句たがわず五人の若い女への手紙にこれを使った。同じ女に宛てた手紙でこれを何度も使いもした。マグレットという娘へのある手紙では、マグレットはルークの前の手紙に返事をくれなかった、とトク・ピシンで書いた。『たぶん、きみは英語が読めないんだね』そしてガプンへ来てくれとトク・ピシンで書いたあと、いつもと同じ英語の段落で手紙を締めくくった。それをマグレットは読めないだろう――なにしろ彼女は英語を理解できないのだから――と推測していながら。

ぎこちなくはあっても、ルークの手紙はほかの若い男が書く手紙に比べればはるかにシェイクスピア的だった。二三歳の村人プコスは、若い女へのラブレターを、学校で習った覚えのある挨拶『拝啓』で始めた。そのあとトク・ピシンで単刀直入に（そして独創的な大文字の用い方で）求愛した。『ハローそしておはよう、またはこんにちは。きみがほしい（『ミ・ガット・ティンティン・ロング・ユ』（*mi gat Tinting long yu*）、そしてきみもぼくを求めてる（『ラス』（*las*））かどうか訊きたい、いいならこの手紙を持ってきた男にはっきり言って』

プコスの従兄弟で二〇歳のコンジャブは、トク・ピシンで似たような求愛の手紙を書き、長々と要求を繰り返した。『アンドゥワラぼくはきみのことを考えてきみもＯＫなら頼むからぼくの手紙に返事してほしい頼むからこれを読んでぼくでいいと思うならはっきりそう言ってくれたらきみがぼくを好きだってわかるから頼むよ』

なぜ私は多くの若者によるこういう個人的な手紙の内容を知り、それを発表する正当な権利を持っているのか？

人類学における創意と私が考えるものによってである。

ラブレターは比較的新しい現象だ。一九八〇年代半ばに私がガプンに滞在したとき、ラブレターは存在していなかった。当時、字を書ける少数の村人がその能力を用いる唯一の目的は、人（特に私）に、面と向かって頼むのがきまり悪いものを求める短い手紙を送ることだった。私は村に滞在中、ものをねだるための毎日の訪問を受けるのに加えて、〝ちょっとした心配ごと〟があると告げる短い手書きのメモをひっきりなしに受け取った。ねだられたのは〝少しの米〟（たいていは五〇ポンド（約二二キロ）入りの米の袋が欲しいという意味）や、〝少しの金〟（普通は弔いの宴に豚を買うための数百キナ）などだ。

二度目の長期滞在のため二〇〇九年に再び村を訪れたときにも、少しの米、少しの金、砂糖、コーヒー、塩などを要求するメモは着実に届きつづけたが、一部の若い村人は異性関係を確立して維持するため、そして〝愛の出会い〟を取り決めるため、互いに手紙を書くようにもなっていた。大半の若者はラブレターを書かなかったが、それは、大半の若者は書けるほど識字能力が高くなかったからという単純な理由による。彼らは若い女との逢引を昔ながらの方法で取り決めていた。仲介者を経由するか、声の聞こえる範囲に他人がいないときこっそり相手と話をしたのだ。しかしラブレターを書く若い男たちはそれについて互いに話をし、定型表現を共有した（『ぼくの大せつな人、きみはどんなぐあいかな。一〇〇パーセント元気だといいけど……』で始まるルークの段落は特に人気があり、さまざまな若者の書いた多くのラブレターに登場した）。そしてお互いをメッセンジャーとして手紙を届けさせたり、できればそれを受け取った若い女からの手書きあるいは口頭での返事を持って帰らせたりした。

私は若い男が自分たちの書く手紙について話すのを耳にしたし、顔を寄せて自分で作ったり写してきたりした手紙用の定型表現を書いた虫食いのノートを見てクスクス笑うのを目にした。それがどんな手紙なのか、何語で書かれているのか、知りたくてたまらなかった。だがそれを見せてくれと頼むのに適切な口実は考えられなかった。

やがて、巧みな計画を思いついた。

二〇〇九年の村での長期滞在期間の中ほどに、ある会議に出席するため一週間オーストラリアへ行った。そこにいるあいだに小型の携帯用プリンター一台と紙をひと箱買った。ガプンに戻ると、太陽電池駆動のパソコンにプリンターを接続し、手書きの手紙を美しい活字の恋文に変えられる道具があると触れまわった。この印刷サービスを利用する条件は、私がオリジナルの手紙を保管すること、研究にその内容を利用できること、望めばそれを出版できることだ。

説明を聞いた若者たちは、私がいったいどうしてラブレターなどに関心があるのかわからず当惑した。彼らは、私が老人相手に誰も話せない土着言語を研究していることをよく知っていた。自分たちが若い女に書く手紙は立派なものじゃない、つまらない紙屑だ、と彼らは面食らって言った。ところが、カビの生えた紙きれに色褪せたボールペンで苦労して汚い字で書いた手紙が、真っ白な紙にきちんと印刷された書簡に変身したのを見るやいなや、彼らはラブレターを持って私の家に殺到しはじめた。そして心から楽しげにその手紙について話し、種々の略語(たとえば「夜間の精（*Spirit of Night Time*）を略した「ソント」（*Sont*））の意味を丁寧に説明し、手紙の相手である若い女との関係を詳しく教えてくれた。私は手紙を印刷するのに利用できる種々のフォントを見せて、気に入ったものを選ばせた。驚いたことに、ほとんどの者が、私が最も派手で最も渦巻いていると考えるフォント、フレンチスクリプト（*French script*）を選んだ。

　受け取ったラブレターへの返事として、あるいは憧れる若い男に自分から思いを告げるために、若い女もラブレターを書く。若い男と同じく、若い女の手紙の書き方も直接的なものから事務的なものまで人によって異なる。彼女たちはよく、手紙の相手である若い男は自分の肝臓であると言う。これはパプアニューギニア流の表現で、心と同じことを意味する。パプアニューギニアでは、感情は心でなく肝臓から流れ出るのだ。おそらく、フレンチスクリプトフォントの派手さが、若者がラブレターを書くとき感じる肝臓のときめきを最もよく表現しているのだろう。ルークが英語を読めないと考えたワタムの若い女、マグレットは、トク・ピシンで彼に手紙を書いた。『あなたの顔をとても見たい（『ミ・ワリ・トゥル』*mi wari tru*）。だから三学期にガプンに行くわ。ムバウ［ルークのタヤップ語での名前ムバウィを短くした愛称］、私はぶらぶらしてるだけ、何も食べてない。いつもとてもあなたに会いたいから、三学期に会いに行くわ、私の肝臓ブラザー・ムバウ』（ラブレターにおける〝ブラザー〟や〝シスター〟は親愛の情を示す表現であり、家族関係を表しているのではない）

　若い女は若い男以上に、自分に対する相手の感情の深さを測るために手紙を利用する。ある若い女は、自分に興味を持っていると聞いた若い男に手紙を送った。その中で彼女は、彼の関心について誰かから聞いた、自分は『それでいい』（『オリット』*orit*）と考えている、と書いた。しかし彼女には知りたいことがあった。『あなたに訊きたいのはあなたにはここにもガールフレンドがいるのかどうかということ。ここにガールフレンドがいるならそれでいいから返事を書いてはっきりここに女がいるんだと教えて』

男はガールフレンドなどいないと答え、ふたりは逢引することで同意した。数カ月後、彼らは結婚した。ガプンでは、一緒に熱帯雨林に入ってサゴ粉を作り、夜には同じ蚊帳で一緒に寝るようになれば、結婚したことになる。

サラグムのガールフレンドたちが彼に書いた手紙にも、こういう不安があふれている。取り違え事件の前に彼がベブスから受け取った手紙には、アンゴラムの人々は彼がベブスの同級生のひとりを妊娠させたと言っている、ということがトク・ピシンで書かれていた。『ソント私があんたとセックス（『プレニム・ユ』*premim yu*）しはじめたときどうして前に女がいて子供もできたと言ってくれなかったの。ソント正直に言って私それ聞いたとき肝臓が張り裂けた』（サラグムはその返事で、問題の女とは確かに付き合っていたと認めたものの、彼女を妊娠させた可能性については否定した。その娘には〝秘密のボーイフレンド〟がいた、と謎めかして書き、子供の父親はその正体不明の男であって自分ではないと主張した）

ペメラがサラグムに宛てた手紙も、自分たちの関係について疑問を呈している。一通には英語でこのように長い文章が綴られている。『ソントお日様が西からしずむとき私あんたの動きを思い出してだれにも話せなくてときどき泣いちゃう。ときどきじゅぎょう中もあんたのこと考えて先生の話きこえない。あんたが私を愛してるか愛してないかわからない。私のあんたへの愛は雨が雲からおちてくるときそれが私の愛。あんたはお酒のんでばかり』そしてトク・ピシンでこう続く。『お願いだからブラザー・ソント私を好きかだめなのか手紙を書いて送ってきて』

男からのラブレターにも女からのラブレターにも暗号のメッセージが含まれる。村人は紙の片面にしか字を書かない。ガプンには封筒がないからだ。手紙を書いたらそれを小さく四角に折りたたみ、外側に相手の名前を書く。だがサラグムやルークのようにラブレターを書き慣れた者はしばしば、白紙の裏面に、サラグムが〝表現〟と呼ぶものを書き加える。それは、『行動は声より雄弁』だとか『きみを決してひとりにはしない』といった気のきいた言葉、あるいは『黄金の太陽が東から昇って西に向かうとき、きみがぼくのことを考えるとき涙は雨のように流れ落ちる』のような〝愛の言葉〟である（ペメラはサラグムへの手紙の中でこのフレーズのバリエーションを使った。この表現は広く出まわっているらしく、若者たちはおおいに気に入っていたようだ）。

手紙の白紙の裏面は、ある種の単語や町や国の名前を書く場所でもある。それは心得た読み手なら解読できる頭字語である。二一歳の若者メランガムのノートには、よく使われる頭字語の意味が書かれている。たとえばメランガムのメモによれば、ＹＡＭ（ヤムイモ）は「きみは心（*You Are Mind*)」のことだ。ＩＴＡＬＹ（イタリア）は「僕は本当にいつもきみを愛している（*I Truly*

Always Love You）」。パプアニューギニアのハイランド地方の町WABAG（ワバッグ）は「僕たちは男の子と女の子（*We Are Boys And Girls*）」のこと、東海岸の小さな開拓地BOGIA（ボギア）は、意味不明だが「偶然の男の子オー女の子（*Boy o Girl In Accident*）」。さらに不可解なものもある。ガプンがある州の州都WEWAK（ウェワク）は「食べているとき僕たちはいつもキスする（*When Eating We Always Kiss*）」の頭字語だ。CAMBRIDGE（ケンブリッジ）はなぜか「いつでも来て、だけど僕が別の人を忘れていないのは覚えておいて（*Come Any Moment But Remember I Don't Forget Another*）」を意味する。沖合の島MANUS（マヌス）は「男はいつも椅子の下で裸（*Man Always Neked Under the Chair*）」の略である。

ラブレターを取り違えた翌日、サラグムは起こりうる騒ぎを避けるためこっそりガプンを出て、ラム川の近くにある村――熱帯雨林を徒歩七時間の距離にある場所――まで歩いていこうとした。そこに住む高校時代の友人が泊めてくれるはずだ。ところがガプンを出ようとしたとき、誰あろうベブスが、彼に会うためガプンまでやってきた。

急いですれ違っていこうとしたサラグムに、彼女は手紙を渡した。

ベブスの手紙は学校の練習問題帳から破り取った見開きのページと、もう一枚のページだった。彼女はサラグムの手紙を読んだにもかかわらず自分宛でないことに気づかなかったか、それともまったく読んでいないかの、どちらかのようだった。彼女の手紙はサラグムの手紙に言及しておらず、愛に満ちあふれていたのだ。『あんたの思い出は私の一生の物語よ』そうトク・ピシンで書いたあと、英語で『あいしてる心から』と締めくくられている。裏には『すこくあんたを♡』とあった。サラグムは友人の村へ行ってからこの手紙を読んで安心したので、そこでの滞在を短く切り上げて四日後にガプンに戻った。

だが彼がガプンに入りかけたとき、運命は再びサラグムをベブスと会わせた。彼女はマングローブの沼に流れ込む小川へ行こうと道を歩いていた。帰ろうとしているのだ。サラグムとすれ違うとき、彼女は新たな手紙を彼の手に押しつけ、怒りを込めてささやいた。「あんたとガールフレンドの秘密はもう全部知っているわよ」彼女がサラグムに渡した手紙は短く、赤インクで書かれていた。ラブレターにおいて赤は怒りの象徴だ、と村人は私に教えてくれた。ベブスはサラグムがワタムで間違って渡した手紙を読んだらしく、機嫌は悪かった。『私じゃなく別の誰かのパスナ（*pathna*）［パートナーのこと］へ』手紙は英語で皮肉を込めてそう始まっていた。そして彼女はトク・ピシンに切り替え、そっけなく単刀直入に次のように書いていた。

『あんたにもらった手紙を読んだわそれは私じゃなく愛する女の子ペメラへの手紙であんたは私よりその子が好きだと言っているわねいいのよ、心配しないで。それは神の思し召しでしょ［サラグムはペメラへの手紙で、自分とペメラが一緒になるのは神の思し召しだと熱っぽく書いていた。また、ルークのラブレターから無断借用した表現を用いて、〝ペメラきみへの愛はお母さんが赤ちゃんを思いやるみたいな気持ちだ〟とも書いた」。ゆうべ神様が私をお呼びになって思し召しどおりにペメラが来たとおっしゃったわ。あの子への手紙を私にくれるなんてひどい人ね私あれ読んですごく怒ったわあなたが手紙をあの子に渡していたら私も怒らなかったのに。だから私のことは心配しなくていいのよ、あの子があんたの真の愛でしょう。私があんたの好みに合わないのはしかたないわだって神の思し召しだから。あんたは自分の赤ちゃんみたいにその子が好きだし、私よりも愛しているのね。それは間違いじゃないわ神の思し召しだから。あんたのハート［サラグムはペメラの手紙の中で英語の〝ハート〟を用いていた］はあの子のせいで張り裂けるのね。どうもありがとう、あんたに言えることなんて何もないわ』

ベブスは英語で手紙を締めくくっていた。『**全部終わり**』そしてこう署名した。『**自分流に愛することしかできないアムパの土ち**［アムパはベブスが住む村］の**馬かで狂たベブス**』

ベブスの手紙を読んでサラグムは意気消沈した。どうやらゲームは終わりのようだ。私は彼に、どうするつもりかと尋ねた。ベブスと直接話をしなくてはならない、と彼は言った。もう手紙を書くのにはうんざりだ。ベブスには、自分は若く、未婚で、望むならほかのガールフレンドを持つこともできるのだ、と説明しよう。彼女はそれを受け入れるはずだ。その場面を頭の中で想像したサラグムは、急に元気を取り戻した。魅惑的な気取った笑みを浮かべる。彼女はきっとこの説明を受け入れる、彼は元気よく自信たっぷりにそう言った。この状況でそんなふうに考えられるのは、相手に胸が（いや、彼の場合は肝臓が）張り裂ける思いをさせられる、正真正銘の女たらしだけだろう。

けれど正直言ってガールフレンド全員を満足させようとするのには少々疲れてきた、と彼は打ち明けた。私が国に帰ったら女のペンフレンドを見つけてほしいと頼んできた。そうしたらサラグムはその人に手紙を書いて、六カ月に一度ワタムに来て数時間停泊するクルーズ船でパプアニューギニアに来てくれと頼むつもりだと。

でも彼女を見つけるのは難しいだろう――サラグムはしばらく考えたあと、頭をかきながらしんみりと言った。だって結局のところ、白人は皆同じ顔に見えるのだから。サラグムはそう言って明るく微笑んだ。

11　若者のタヤップ語

長年人類学のフィールドワークを行ってきた私は、人類学者として成功する秘訣は歓迎につけ込んで長居することだという結論に達した。人類学のそもそもの目的は、人が自分は何をすると言うかだけでなく実際に何をするかを理解することなので（両者は異なる場合が多く、相矛盾することもよくあるのはわかっているのだ）、人類学者がインタビューしたりアンケート用紙を配ったりするだけで調査を終えて帰ることはまずない。その地に長くいつづける。優れた仕事をするには、人類学者は目立たずその地をうろつく生まれつきの才能がなければならない――あるいはそういう能力を身につけねばならない。

歓迎につけ込んで長居するのは、それに関わるあらゆる人間にとって不愉快なプロセスである。ある日近所に現れて、あなたのような人々についての本を書きたいと言ってきた人類学者と親しくなるところを想像してみるといい。あなたは礼儀、好奇心、あるいは同情から、ある午後に彼を昼食に招待する。人類学者は早くから現れ、昼食時間を午後じゅうに引き延ばして、あなたが自分やその他どんなものについても語る話に興味津々で耳を傾ける。ふと気がつけば、あなたは自分の家で夕食をとっていくよう相手を招待したことになっている。人類学者はあなたの配偶者と親しげに言葉を交わし、子供と遊び、ペットのインコに声をかけ、飼い犬と親しくなる。夕食の皿をすべて洗って片づけたあと、あなたが振り返ると、人類学者はまだキッチンかリビングルームにいて、目を輝かせて元気いっぱいでうろうろしている。あなたはついに、もう疲れたからベッドへ行くと告げる。人類学者は礼儀正しく別れを告げる。そして翌日、また訪問してくる。

その次の日も。

人類学者の見地から言うと、そんなふうにまとわりつく目的は、あなたを根負けさせることだ――人類学者は現れるたびに特別なもてなしをされる招待客のように扱われるのを望んでいないのだと、あなたにわかってもらうことである。目立たない常連客のように扱ってほしい。必ずしも家族扱いされたいわけではない。むしろ、邪魔にならない家具や鉢植えのヤシの木として扱われたいのだ。

こういう立場――この分野の専門用語ではもったいぶって参与観察と呼ばれるもの――を確立するのは、格別楽しいものではない。フィールドワークにおいて常に最も難しいのは、最初の数カ月、どこまで踏み込むことが許容されるかについての線引きを定める時期である。これまでフィールドワークを行ってきたさまざまな場所で、ほとんど知らない人と向き合い、空になったコーヒーカップや皿を前にして「彼らはそろそろ私に帰ってほしいと心から思っている」と考え、それに応じて帰るのがまともで分別があり礼儀正しいとわかっていながら意識的に抵抗していた、というケースを数多く思い出せる。少しでも長く居座っていれば、私は何も要求しない無害な存在であり、彼らが私をまったく無視して自分の生活を続けても私は平気であることを、戸惑った相手にそれだけ早く伝えられる。

実際、それが長居の目的だったのである。

一九八〇年代半ばに初めてガプンに長期滞在した一年三カ月のあいだ、私は何百時間も現地住民の家に長居し、その大半を、母親などの大人がどのように赤ん坊に話しかけるかを記録するのに費やした。厳密なスケジュールを守って生活した。週に三回、夜明け前に、困惑しながらも私が記録をつけることに同意した五家族のうちどれかを訪れ、テープレコーダーとノートを持って目立たないよう隅に居座る。ときどきは母親と子供がほかの家を訪問したり畑へ行ったりするのについていく。何度かは、夫婦がサゴヤシを切り倒してサゴ粉を作るため子供を連れて熱帯雨林に入っていくのに同行する。だがたいていは、一日じゅうその家の隅に座り、少しでも興味深いことが起こったらテープレコーダーを回し、家に出入りする大人や子供の名前、人々が話すときの互いの位置関係などを記録する。

訪れた家で壁に止まったハエのふりをしてじっと座っていたわけではない――その家族とともに食事をし、母親や子供やその他立ち寄ったり訪問したりした人々とおしゃべりをした。暑くけだるい午後に子供が、多くの場合母親と一緒に昼寝をしたときは、私も床で丸まってうとうとすることがあった。
家の中が何も見えなくなるほど暗くなるまで、その家にいた。そしてまた翌朝、夜明け前に戻ってきたのである。

養育者と子供たちとともにそうして数百時間を過ごしながら行った記録と観察によって、タヤップ語がどのように消えていくのかが理解できるようになった。一九八〇年代末に村の状況について書いた本の中で私は、子供たちへのタヤップ語の伝承がどのように決定的に途絶えたかを論じた。私が知り合った一〇歳以下の子供の世代は決してタヤップ語を学ばず、なんらかの奇跡が起こらないかぎりタヤップ語は近いうちに永遠に消滅するだろう、と予言した。

一九八〇年代の次の長期滞在のため二〇〇九年にガプンに戻ったときは、当然ながら、タヤップ語の消滅に関する自分の予言が現実になったかどうかを知りたかった。一九八〇年代半ばに言語習得について私が記録を取った子供たちは、もう大人になり、多くは子供もいた。私が前回村を去ったあと、あの子たちはタヤップ語を習得しただろうか？　タヤップ語は本当に消滅しつつあるのか、それとも私の予想以上に強靭だったのか？

自らの仕事が常に正しいと主張する傾向のある多くの研究者と違って、私はタヤップ語に関する予言がとんでもない間違いだったことを強く望んでいた。自分が村の状況を見誤っていて、小規模なタヤップ語が消滅するどころか盛んになっていたなら、私は大喜びしただろう。自らの過ちを発表する本の題名まで空想した。どんな題名だったかもう忘れてしまったが、〝立ち直る力〟あるいはもっと陳腐な〝不死鳥〟といった感傷的な表現が含まれていたのは覚えている。

再び村に落ち着いたら、若者がタヤップ語を話すかどうかはすぐにわかるだろうと思っていた。ところが三カ月以上経ってもまだ、若者がタヤップ語を使いこなせるかどうか正確に見きわめることができずにいた。

タヤップ語を話すかと私が尋ねると、若者は一様に、もちろん話すと答える。問題は、彼らが話すところにまったく出くわさなかったことだ。たまに、若者がタヤップ語で「どきやがれ」とか「おまえはしょんべん垂れるぞ」（俺はおまえを殴るから）といった定型表現を口にするのを聞くことはある。普通こういったフレーズは面白半分で使われ、たいていはその後笑いが起こる。また、二五歳以下の村人がタヤップ語の短い定型表現を口にするとき、その口調は、誰かの言葉を引き合いに出したり口まねしたりしていることを示しており（たとえば長老の鶴の一声のような言葉）、多くの場合その人物をばかにするものだった。

タヤップ語を話すと主張する若者に、タヤップ語でお互いにどんなことを言うのか教えてくれとしつこく尋ねると、彼らは「ムム」（*mum*）や「タムワイ」（*tamwai*）（それぞれ「サゴゼリー」と「サゴパンケーキ」）といった単語や、ビンロウジやタバコを渡してくれと頼むような初歩的な定型表現をいくつか挙げるのだった。

今でもガプンではタヤップ語を聞くことができる。五〇歳以上の男女は習慣的にタヤップ語を使うし（タヤップ語とトク・ピシンをしょっちゅう切り替えるが）、三〇代半ばから上の男女にも、子供に話しかけるときなど頻繁にタヤップ語を使う者が何人かは存在する。村の子供たちも、何かを取ってこい、犬を叩け、どけ、泣くのをやめろといった、大人からいつも怒鳴られる命令は理解する。

二〇〇〇年代末にもガプンではタヤップ語が使われていて、若者が皆タヤップ語を〝聞き取れる〟のは明らかだったので、私は長いあいだ、若者は本当に彼らが主張するとおりタヤップ語を上手に話せるのかもしれないと考えていた。彼らが話すところにたまたま居合わせなかったらしいことに、私はやきもきした。

若者がタヤップ語でお互いに話をしたり質問をし合ったりするのが耳に入ってこない理由は、彼らがもっと流暢な年配の話者に聞こえないところで話すことが多いからではないか、と私は考えはじめた。彼らはなめらかに話せないのが恥ずかしいのかもしれない。あるいは、彼らにとってタヤップ語は、同性同士で噂話をしたり熱帯雨林で遊びまわったりするような特定の社交の場──詮索好きで批判的な親や年配者から離れて若者だけで集まって話す状況──と結びついているのかもしれない。

それが真相かどうかを確かめるため、私はその滞在期間中のかなりの時間を、一四歳から二五歳までの若者とともに過ごした。矢やスリングショットで鳥を射るため、あるいは体を清めてもっと強くもっと魅力的になれるようさまざまな秘密の儀式を集団で行うために、若者が熱帯雨林へ入っていくとき、しょっちゅうついていった。

また、母子小屋――村の周辺に短時間で建てられた狭くお粗末な高床式の小屋――にいる若い女たちとも長い時間を過ごした。女が母子小屋にいる期間、男は女や新生児のもとを訪問することも、ちらりと見ることも許されない。だが女の訪問者は一日じゅうひっきりなしに、たいていは小屋にいる女の弟妹や自分自身の子供を連れて立ち寄る。食べ物、水、そして子供を産んだ母親が参加できない村での出来事についての噂話を持ってくるのだ。

男である私が出産した女やそれ以外の若い女たちとともに母子小屋にいるのは、適切なことではない。だが私の熱心さを、村人は白人の不可解な奇癖にすぎないと見なしていた。ガプンの者は皆、女の〝熱〟とそんなに近づいた私は致死性の喘息に襲われると確信していた。女は出産するとき、感受性豊かな村人が口にするのも恐ろしいほどの大量の血と子宮液を排出する。女と新生児はこの大量出血がもたらす〝熱〟によって激しく震え、自らにとっても非常に危険な存在となる。害から身を守るためには、母親は自分が口にする食べ物に触れてはならない――小型のトングかスプーンを使わねばならない。私が自分も熱や寒気で倒れるのだろうかと口にするたびに、近くにいる村人はいつも悲しそうに頭を振り、出産したばかりの女のそばにいて気管支をやられる危険を冒す私の愚かさを指摘するのだった。なるほど私は子宮の熱の攻撃から身を守る特別な白人用の薬を持っているのだろうが（だからこそ私は病魔に侵されずにすんでいると彼らは考えていた)、遅かれ早かれ私が吐血しはじめるであろうと彼らは思っていた。

私がいずれ両方の肺をやられて咳の発作に襲われると予測しながらも、私が母子小屋を訪れるのを男女ともに歓迎していたようだ。男たちが歓迎したのは、私が新生児のデジタル写真を撮ったからだ。彼らにそういう写真を見せるようになって初めて、私が来るまで大人の男は新生児を見たことがなかったという事実に気づいた。男たちは不安に感じつつも(写真を通して母親の熱が感染するのではないか?)、うっとりして見入った。不安と驚きを示す「イェ!」という叫びを発し、私のカメラの周りに集まって指差した。「あれを見ろ。イェ、肌は本当に黄色いぞ」女たちが歓迎したのは、私が噂話を伝えたからだ。また、自分自身と赤ん坊の写真を見るのも好きだった。私はブリキ製の間に合わせのランプに使える灯油も持っていったので、風でガタガタする寂しい小屋で母親と赤ん坊は真っ暗な夜を過ごさずにすんだ。

母子小屋のような場所で若い女たちと、そして熱帯雨林で秘密の儀式を行うときなどに若い男たちと、長い時間をともに過ごしたため、ガプンの若者はほとんどタヤップ語を使わないということが私にも徐々にわかってきた。二五歳以下の若者はどんな場面でも、あらゆる会話をトク・ピシンで行う。彼らが使うタヤップ語は、村人の話によく登場するがトク・ピシンには相当する語句がない言葉だけである(たとえば熱帯雨林の種々の鳥や植物を表す単語など)。また、子供を脅したり、笑いを引き出したり、一緒にあるいは声の届く範囲にいる村人以外の人間に聞こえない〝隠れた話〟をしたりするのに、短い定型表現を用いることがある。だが、それだけだ。会話、物語、噂話、口論、冗談、恋愛話などどんな場合においても、若者がタヤップ語を使うことはない。

若者がタヤップ語を使わないのは、単に使えないからかどうかを知りたかった。だからそれを調べるため、一度に二、三人の友人グループを夜に私の家に招き、タヤップ語で物語を話してくれと頼んだ。その時点では既に若者同士がタヤップ語で話さないことを知っていたので、この課題は歯を抜くようにつらいものだろうと想像した。

ところが、おおいに驚いたことに、彼らはバターをスライスするようになめらかに課題をこなしたのである。

村の若者は熱心に物語を話したがっただけではない。非常に幼い者を除けば、全員がタヤップ語で物語を話すことができたのだ。多くの話は短かかったし、たいていは一緒にいる親戚や仲間にものの呼び方や動詞の活用について助け舟を出してもらいながらだった。それでも、この物語セッションで明らかになったのは、村の一八歳以上の若者は皆、村固有の言語を話すある程度の能力を持ち、何人かは非常に優秀であることだった――決してそれを使わないにもかかわらず。

二〇代半ばから後半の若者のうち数人は、卓越した能力を持つ語り手だった。比較的躊躇なく話し、幅広い語彙を持ち、さまざまな時制や動作動詞（タヤップ語では多くの場合不規則であり正しく活用するのは難しい）を話の中で使用し、それ以外の文法の特徴も使いこなして、タヤップ語の驚くほどの習得ぶりを見せてくれた。彼らに関して本当に不可解なのは、こういうセッションで以外では、絶対にタヤップ語の能力を披露しなかったことだ。私は二六歳の女メムボに、二五歳の夫オルムベスのタヤップ語の能力をどう思うかと質問した。メムボはばかにするように笑った。「あら、彼はめちゃくちゃよ。タヤップ語なんて話さないわ」

後日私はオルムベスに、タヤップ語で何か話してくれと頼んだ。彼はほぼよどみなく、弟と一緒に熱帯雨林へ狩りに行って槍で豚を突き刺したことを話してくれた。オルムベスは村の若者の中でもきわめて流暢な話者だった。彼と一〇年間連れ添ったのみならず、幼なじみで生まれたときからよく知っている妻が、夫はタヤップ語を話さないと思い込んでいたのは驚くべきことだった――そして示唆に富んでいた。

私はオルムベスのような人をどう呼ぶべきかと言語学の文献を漁ったけれど、何も見つからなかった。オルムベスは、聞き取り能力だけ達者ないわゆる受動的バイリンガルではない。かなり高等な言語生産能力を有しているのだから。また彼は、絶滅危惧言語を研究する言語学者が半話者と呼ぶ人々とも違っている。半話者とは、消滅しかけている言語の話者で、完璧な受動的能力を持ち、その言語におけるコミュニケーション能力も申し分ない。つまり、流暢な話者の言うことはすべて理解し、短い発語によって文化的に適切な返事をする。だが、冗談を理解し、他人の話に口を挟み、そこここで気のきいた言葉を挟んで会話に積極的に参加する半話者の能力は偽りであり、多くの場合実際にはあまりたくさん話せないという事実を覆い隠している。絶滅危惧言語を調べる言語学者は、半話者を相手とした研究によってコミュニティ全体に恥をかかせた事例を報告している。言語学者は、そういった者たちが流暢な話者だと思い込み（彼らが流暢な話者と会話するのを目撃し、流暢な話者も彼らを流暢な話者だと認めたため）、彼らに言語能力テストを受けさせてきた。ところが言語能力テストを受けたとき――期待外れにも――皆が流暢だと思っていた人々は、現実には自力で文法的に正しい文をなんとか作れるか作れないか程度の能力しかないことが判明するのだ。

オルムベスのようなガプンの若者は半話者ではない。彼らは文法的に正しい文章を作れる一方で、タヤップ語で実際の会話を行わないからだ。年配のタヤップ語の話者が話す会話に積極的に参加するものの、彼ら自身は常にトク・ピシンで話をする。いくつかの語彙や「ビンロウジをくれ」といった少数の定型表現を除けば、タヤップ語はまったく使用しない。

ガプンにおいてタヤップ語で物語を話せる若者を、私は受動的バイリンガルや半話者ではなく、〝消極的能動的バイリンガル〟と呼ぶことにした。その言語を使うのに充分な文法的能力とコミュニケーション能力を持ちながら、社会的・文化的要因のために、それを使うのが必要ない、あるいは望ましくないため実際には使わない話者を表すのに、このややこしい呼び方がふさわしいと思えたのだ。

では、彼らがタヤップ語を使うのを阻害する要因とは何か？　ひとつは、村ではタヤップ語が、乳幼児のわがままな頑固さ、女の短気さ、先祖の古くさく野蛮な生き方などと結びつけて考えられるようになったことである。

だが、それだけではない。流暢なタヤップ語の話者は、この言語を話すよう若者を励ますどころか、逆に若者が話したとき必ず批判する。少しでも間違った発音や単語を耳にしたとたん、老いた話者は若者に非難を浴びせる。

私は、二八歳のムボニカがアシで籠を編んでいるときそばに座っていたことがある。籠の持ち手をタヤップ語でなんと呼ぶのかと私が尋ねると、彼女は「ナリング」（*nariŋ*）と答えた。それを耳にしたムボニカの五〇歳の父親が、話に割り込んで訂正した。「『ナリング』じゃないぞ」彼はトク・ピシンで歯切れよく言った。「それはウォンガンでの呼び方だ。タヤップ語じゃ『メロム』（*merom*）だ」

ムボニカは苛立って答えた。「父さんの言葉なんて知らないもの」トク・ピシンでぴしゃりと言い返す。「父さんたちはみんな、それを『ナリング』と呼ぶでしょ。私たちはそれに従っているだけよ。タヤップ語での呼び方を父さんが教えてくれていたら、私たちにもわかったのに」

数カ月後、ムボニカが私の家に来て、村の若者の中で最も流暢なタヤップ語で物語を話してくれた。私は仰天した。八カ月間毎日ムボニカに会い、さまざまな場面で彼女のそばにいて、彼女がタヤップ語を話す兆候が少しでもないかと聞き耳を立てていた。なのに、彼女がタヤップ語で「それにさわらないで」とか「私の網バッグはどこ?」以上に複雑なことを言うのは一度も聞いていなかったのだ。

彼女が非の打ちどころのないタヤップ語で話すのを聞いたあと、私は、なぜ明らかにタヤップ語を知っているのに普段は話さないのかと尋ねた。「恥ずかしいからよ」彼女は照れくさそうにクスクス笑って答えた。「何か間違ったことを言ってお年寄りに聞かれたら恥をかくでしょ。あの人たち、私をばかにして『ふん、おまえたちはみんなトク・ピシンばかり話してタヤップ語は知らないんだな』みたいなことを言うわ。だから話すのは恥ずかしいの」

ほかの若者たちも同じことを言った。「あいつら、ぼくたちを笑うんだ」四〇代以上の村人を指してそう言う。「『ああ、あいつは別の村で育ったんだな』とか『へえ！　村の言葉を知らない白人の子供だ』とか言うのさ。僕たちをばかにする。だからタヤップ語では返事をしにくい。間違ってしまうから」

若者の言うのが事実である証拠を、私は何度も目撃した。親は、タヤップ語を話さないと言って自分の子供を非難する。彼らは皮肉たっぷりの口調で、子供たちは皆白人に変身してしまい、そのため白人の言葉――トク・ピシン――しか話せないのだ、と言う。こんなふうにばかにされた若者は、自分がタヤップ語を話さないのは親のせいだと言い返す。学校の硬いベンチに座って教師が復唱するよう命じたフレーズを一字一句そのまま繰り返すことを通じて学んだ教育と学習の関係についての考え方から、若者は、両親がタヤップ語を教えてくれていたら自分は話せたはずだと主張する。

こうした相互非難の結果、タヤップ語は今までにも増して墓穴の縁まで追いやられているのである。

一九八〇年代半ばに子供たちと長い時間を過ごした結果わかったのは、そういうことだった。彼らは皆ある程度のタヤップ語を習得し、何人かはタヤップ語を話す優れた能力を持ちながら決してそれを使わないという消極的能動的バイリンガルになった。おそらく、ムボニカやオルブメスのような話者は、年を取るにつれて村でタヤップ語を話すようになるだろう。しかし私は、彼らがタヤップ語を使うのは、主に自分より若い人間がタヤップ語を話さないのを痛烈に非難するときだろうと予想している。そして、その頃には手遅れとなっているのだ。

若者のタヤップ語を子細に観察する中で、言語の消滅という考え方自体が誤った認識であることがわかった。言語はぱっと消えるのではない。あるとき存在したものが次の瞬間にはなくなっている、というわけではない。言語は徐々に溶解する。痩せ細っていき、やがてなくなるのである。若者のタヤップ語を観察するのは、インクが色褪せたり肉体が衰弱したりするのを見るようなものだ。言語はその豊かさを失い、元気がなくなり、小さくなる。生気にあふれた肥沃な状態からしぼんでいき、水分を失って硬くなった抜け殻のようになってしまうのだ。

若者のタヤップ語の中で最初に失われるのは、「彼女は彼を肩に担いで連れていくつもりだ」といった複雑な総合的動詞表現を構築する能力である。次に消えるのは、動詞を組み合わせて関係節や従属節を作る複雑な方法だ（つまり、「私が昨日槍で刺した豚」や「きみが来たとき私たちは食べていた」といった表現ができなくなる）。動作動詞――「行く」と「来る」を除いて――も溶けてなくなる。

話者の年齢層が低くなって言語能力が低下するにつれて、タヤップ語の幅広い時制は消滅し、文法上の性の一致はいいかげんになる。最も幼く最も流暢さに欠ける話者は、主語や目的語に応じて動詞を正しく活用する能力を持たなくなる。あらゆる種類の動詞が同じように活用されるようになり、タヤップ語の語彙はトク・ピシンの単語に置き換わる。

若者の言語において、かつてタヤップ語だった太い木は削られて細い爪楊枝になっているのだ。

ある夜、私は数人の若者と一緒にメンズハウスにいた。彼らは翌日熱帯雨林を数時間歩いていって自分たちがよく知る草原を焼き払う計画を立てていた。何週間にもわたって日照りが続いており、彼らは冒険をしたい気分だったからだ。草原を焼き払うのは常に共同作業だ。あるグループが草原に火をつけ、別のグループが広がって炎のほうに歩いていき、火災から逃げてきた豚、ヒクイドリ、フクロアナグマなどの動物の進路をさえぎって槍で突く。

草原に火を放つ前の夜、男たちは特別な料理を用意する――ココナツジュース、砕いたココナツ、細かくちぎったサゴパンケーキで作ったスープだ。彼らはメンズハウスに集まり、先祖の名前を呼んで召喚し、多くの豚を殺せるよう助けてくれと頼む。スプーンにすくったスープを家の脇に放ることで先祖の霊に食べさせる。

その夜、焼かれる予定の草原を所有する男が若者のために白いスープのアルコールを醸造し、一二人ほどが狭いメンズハウスに集まって酒を飲みながら談笑していた。突然、皆が洗礼名でデビッドと呼ぶ若者がトク・ピシンで、「ちょっとした話」があると大声で宣言した。彼はよろよろと立ち上がり、おごそかにタヤップ語で話しはじめた。「私の話はこれだ」彼が真剣さを装って言うと、デビッドの周りに座る若者たちはクスクス笑いはじめた。

「バナング・マロカ、クルニ・マロカ、ンダイル・アンドワリ、サンド・サラキ」デビッドはガプンの村の始祖の名前を挙げた。「エピ・イム・オキュナカ」(*Epi yim okinaka*)(「明日、我々は行き、そして……」)――ここで彼はスプーン一杯のココナッツスープを儀式的な仕草でメンズハウスの脇から放った――「ナウ・アプクルナカ」(*naw apukrunaka*)(「草原を焼き、そして……」)――またスプーン一杯のスープを放る――「ムボール・アクルナカ」(*mbor akrunaka*)(「豚を食べ、そして……」)さらにスプーン一杯のスープが家の脇から放られた。

そこでトク・ピシンに切り替えて「それだけだ、我がちょっとした話は」と言い、満面の笑みを浮かべて座り込んだ。デビッドのスピーチを聞いた若者たちは抱腹絶倒した。

若者たちとともにメンズハウスで座っていた私は、デビッドのスピーチがタヤップ語の未来を垣間見せていると思わずにいられなかった。そのスピーチは簡潔でそっけないタヤップ語で行われたのみならず、全体が装飾語もつかない動詞三つだけで構成されていたのだ。だがその簡素さと同じくらい意味深いのは、そのスピーチの行われ方、受け取られ方である。デビッドの「ちょっとした話」はコミカルだった。彼は面白くするため、トク・ピシンから先祖伝来の言語に切り替えた。笑いを取るのにタヤップ語を利用した。

そして全員が笑ったのである。

12　危険な生活

デビッドも、彼とともに酒を飲んでいた若い男たちも、一九八六年からの私の初めての長期滞在時には幼児か赤ん坊だった――まだ生まれていない者もいた。私は博士論文を書くため一九八七年にスウェーデンに帰国したが、そのときデビッドは好奇心いっぱいの大きな目をした、恥ずかしがり屋でもじもじしている三歳児だった。私はその四年後、一九九一年に再びガプンを訪れた。

村人は大歓迎してくれて、すぐに私が住める新しい家の建設に取りかかった。五年前に建てた家は〝冷たく〟なって、修繕しようがないほど荒れ果てた、と彼らは言った。新しい家を建てるには三カ月かかった。誰の家よりも大きくて地面からは四フィート（約一・二メートル）さらに高い家だ。私の家は一種の母艦のように村を見おろしていた。見方によって、村を守っていると も、威圧しているとも言える。私は困惑していた。柱が立ちはじめ、村人がどんな家を構想しているのかを悟ったときは、何度もやめてくれと抗議した。彼らは無視した。私の家は周囲に誇れる豪勢な建物にしたかったらしい。いわば、元ルーマニア大統領ニコラエ・チャウシェスクの議事堂宮殿あるいはトランプ・タワーのガプン版だ。村人はたまたま通りかかった人に対して、自分たちの白人が戻ってきた、彼を高級な家に住まわせることができる、と喧伝したかったのだ。

メンズハウス建設（あるいは村に住み込む白人の家の建設）のような公共プロジェクトが完了すると、村人はたいてい、夜通し「シングシング」（*singsing*）を行って落成を祝う。「シングシング」はあらゆる人が参加する祝賀イベントだ。食べ物がふんだんにある――その大部分は新しく施工された家の持ち主が提供する――からだけでなく、伝統的な歌や踊りもあるからだ。「シングシング」は村の中央で開かれる。夕暮れの直前に始まり、夜明けまで続く。

前回村に滞在したときも、私は何度か「シングシング」に参加していた。私はこのイベントを恐れていた。いつも自分が悪い人類学者に思えてしまう。退屈するからだ。男女が耳障りな鼻にかかった裏声で歌う歌は単調で同じメロディを繰り返し、歌詞はといえば、始祖が訪れた村の周りの場所の名前を列挙するだけ。そしてダンスは、輪になってサゴヤシの葉を振りながらすり足で歩き、ときどき小さく跳ねるというものだった。

故郷にはこういう祝宴に感激する同僚もいる。彼らはダンスのステップを注意深く書き留め、詳細な地図に場所の名前を記録し、難解な分析と矢印をふんだんに使ったフローチャートがぎっしり詰まった小さすぎる活字の真剣な本を書く。

そういう本は、祝宴そのものと同じく、私を眠りに誘う。

ガプンで、夜通し続く「シングシング」に付き合うことにあまり心を躍らせないのは、私ひとりではなかった。前回訪れたときの「シングシング」では、夜中のどこかの時点で多くの若者が姿を消していた。彼らは世界じゅうの若者がすることをした。親の注意がそれた機に乗じ、闇に紛れて恋人と逢引したのだ。

だが、私やそのほかの人々がどう思っていようと、年配の村人が「シングシング」を愛していたのは明らかだった。特に老クルニは飽くことを知らないようだった。彼は何時間も砂時計型の太鼓を規則的に叩きながら歌うことができたし、疲れを知らず敏捷に踊った。

新しい家の落成式に当たって、私は五〇ポンド（約二二キロ）の米、六ポンド（約二・七キロ）の砂糖、ネスカフェのインスタントコーヒー大瓶二個、コーンビーフの缶詰ひと箱を提供した。村の男たちは数匹の豚を狩って殺し、サゴはふんだんにあり、皆満腹になってお祭りムードだった。私は光源として自分の灯油ランタンを提供し、村人はそれを、私が村を再訪して以来寝泊まりしていた家の柱から蔓でぶらさげた。その家は宴の場から六ヤード（約五・五メートル）のところにあった。

私は数時間、薄暗いランタンの光に照らされた「シングシング」を見ていたが、真夜中にはもう我慢できなくなった。それまで村で充分長い期間を過ごしていたので、私が中座してしばらく居眠りしても誰もひどく無礼だと思わないのはわかっていた。だから、翌日出ていく予定の家に戻っていった。蚊帳に潜り込み、寝ゴザに横たわり、眠ろうとした。

うとうとしかけたとき、竹の壁に何かが鋭く当たった。小さな石が強く投げられたかのようだった。もう一発。さらに一発。家の外で踊っていた大人たちもその音を聞き、暗闇の中にいて姿の見えない子供たちに、夜に人のいるところでスリングショットで石を発射するのはやめろと怒鳴った。

そのあと私は数分間眠ったらしい。次に覚えているのは大きな轟音――爆発音――と白い閃光だった。私はぎょっとして起き上がった。あわてて寝ゴザの足元から半ズボンを取ってはいた。

メガネを捜して枕の後ろに腕を伸ばしたとき、正面のドアが蹴破られた。

男がふたり、家に押し入ってきた。まっすぐ私のほうに走ってくる。重いブーツで樹皮の床が振動した。侵入者は蚊帳を破って開き、私の目を懐中電灯で照らし、ひとりが銃身を短く切ったショットガンを私の顔に押し当てた。

ふたりは黒い目出し帽で顔を隠していた。銃を持ったほうが英語で怒鳴った。「あの金を出せ！　金を出せ！」

私は怯えるよりも当惑していた。何が起こっているか理解できなかった。彼らはどこから来た？　どの金のことだ？　私はニューギニアの湿地の真ん中にいるのであって、銀行からの帰り道ではない。そして、村人はどうなった？　ついさっきまで、彼らの歌声や話し声や笑い声が聞こえていたのに。今、あたりは気味悪いほどしーんとしている。村人はどこだ？　何が起こっているのか、彼らはわかっていないのか？

私は銃を持った覆面男に、ガプンで使ったことのなかった言語、英語で答えた。待ってくれ、メガネをかけて懐中電灯を捜させてくれ、そうしないと金をやるにも何も見えない、と言った。男は「早くしろ！」と叫んで私の顔を殴った。メガネが曲がり、顔を守ろうと上げた手の親指がねじれた。

私はよろよろと、貴重品をおさめた金属製の道具箱まで歩いていった。必需品を入手するためガプンを出て町へ行くとき必要なガソリンを買えるよう、およそ三〇ドル相当の金を持っていた。それを見つけて侵入者に渡し、彼らを追い払いたかった。だが彼らは懐中電灯を捜させてくれなかった。銃を持ったほうは早くしろと叫びつづけ、仲間は私の頭を殴りつづけた。

そのとき私は、家にはこのふたり以外にも人がいることに気がついた。奥の隅からくぐもった声が聞こえる。すると、棚に置いていたカセットテープとノートが引きおろされて床にまき散らされる音がした。

私が道具箱の蓋を開けると、銃を持った男の仲間がテープレコーダーをつかみ、私の布バッグのひとつに入れた。恐れを知らない研究者の私は言った。「金はやるが、それは置いていってくれないか？」今考えると、なんとばかげたことを言ったのだろう。返事は「黙れ！」という大声の命令と、メガネが吹っ飛ぶほど強烈な顔へのパンチだった。

「金はどこだ？」銃を持った男がまた訊いた。

「メガネがいる」私は言った。「メガネがないと金も見えない」男はまた殴ってきた。

私は道具箱の中を手探りした。パプア諸語に関する学術論文、何も録音されていないカセットテープ、電池、輪ゴムの箱、ビスケット、袋入りミューズリー、マギーヌードル、たまに誰も食事に招待したり食べ物を持ってきたりしないときこっそり食べるため村人に見つからないように隠したちょっとした食料。最後に小さなビニール袋を見つけて持ち上げた。

「これだ」私は袋を差し出した。だがそれは、金でなく、テープレコーダーの予備の部品を入れた袋だったので、いったん引っ込めた。

「違った、ちょっと待ってくれ」

男は乱暴に私の手から袋を奪った。

こうした混乱は五分ほど続いた気がする。やがて男ふたりはそわそわしはじめた。きっと彼らは短時間での強奪を目論んでおり、道具箱をあれでもないこれでもないと探る近視のうすのろを相手にするとは思っていなかったのだろう。外では、村人たちが動きはじめていた。彼らが歩きまわり、小さいが切迫した声でタヤップ語を話しているのが聞こえた。侵入者は事態のコントロールを失いつつあるのを感じたらしく、私の肩をつかんでドアからベランダへと押し出した。ひとりは横に立って私の腕をつかんだ。銃を持ったほうは反対側の横に立ち、私の頭に銃口を当てた。

覆面男たちが最終的に私をどうするつもりだったのかはわからない。その瞬間、騒ぎが起きたからだ。

老クルニの四〇歳の息子カウリが、家の横を走り過ぎた。なぜカウリがそんなことをしたのかは、誰にもわからない。だが彼は髭面で短気な、衝動的で激しやすい男だった。侵入者の不意を突いて襲って武器を奪おうと思ったのかもしれない。何を考えていたにせよ、彼は白い半ズボンをはいていることを忘れていたようだ。それは闇夜の中で目立ち、彼を格好の標的にしていた。カウリがベランダの真下を走り抜けようとしたとき、私の腕をつかんでいた男が懐中電灯をカウリに向けた。そして銃を持った男が銃口を私の頭からずらして狙いをつけ、発砲した。

カウリは鈍いうなり声をあげて倒れた。

発砲の直後、侵入者たちはパニックを起こしてベランダから飛びおり、散り散りになって熱帯雨林に駆け込んだ。

そのとき初めて、私は恐怖を覚えた。漆黒の闇夜の中、私はたったひとりで、混乱していた。すべてが再び静まり返っていた。いつもどこにでもいるカエルすら鳴きやんでいた。誰の姿も見えず、誰の声も聞こえない。家から下におりると、手探りでカウリのほうへ進んでいった。

村の女がひとり闇の中から現れて、私をラウラウの木の後ろまで引っ張った。静かに、とささやく。

数分後、村人たちが熱帯雨林から出てきて、カウリを捜した。彼の弟と母方のおじは、誰かが死にかけているか死んでしまったのを感知したとき村人がいつも泣くように、深い悲しみに沈んだ悲痛な声でおいおい泣きはじめた。カウリは闇の中でうつ伏せに倒れていた。村人はカウリを抱き上げ、ついさっき全員がダンスをして笑っていた場所からたった二〇ヤード（約一八メートル）のところにある、父親クルニのメンズハウスまで運んでいった。

静かな泣き声についていった私は、気がつけばメンズハウスになだれ込む村人の列の真ん中にいた。

ぐったりと横たわったカウリはおじと妻に抱かれていた。ひどく苦しんでいる。脇腹と背中に浴びせられた銃弾による傷に水をかけられると、身悶えして苦しげにゼイゼイと息をした。だが血はほとんど出ていなかった。大量出血していないのを見て、最初私は希望を抱いた。カウリはそれほどの重傷ではないのかもしれない、と。カウリが至近距離で大粒の散弾を浴びせられたことを理解していなかった。散弾はカウリの体の奥深くに食い込んでいたのだ。

五分後、カウリは死んだ。

四人目の子供を妊娠中だった妻のロサは、涙を流しながら夫の頭を撫で、叱るように言った。「私の言うことを聞かなかったからよ」声はしわがれている。「家の中にいてと言ったのに、じっとしていなかったでしょ。だからこんなことになったのよ。撃たれたじゃない」彼女は突然、膝に抱かれて胸を吸っている二歳の娘を揺すぶった。「ヤパ」ぞんざいに言う。「おまえのお父さんは死んだのよ。お父さんがここで寝ているのが見えるでしょ⁉　お父さんはまた起き上がると思う⁉」

カウリの姉サケも同じように怒りをあらわにした。彼女たちの母親、老ソムバンが家の中から叫ぶと、サケは不機嫌に言い返した。「やつらはカウリを撃ったのよ。ソムバン、銃声が聞こえた？やつらはカウリを撃った。カウリは死んだ。死んだの。ここで横になったまま腐っていくのよ」

最初のショックが薄れるには数分を要した。やがて、皆は真剣に泣きはじめた。誰ひとりとして、カウリを殺して熱帯雨林に逃げ込んだ男たちを追跡しなかった。村人たちは完全に悲しみにのみ込まれていた。人々は次から次へとメンズハウスにのぼってきて、カウリの体にすがりつき、身も世もなく泣くのだった。

私はその夜ひと晩中、呆然として村人と一緒に過ごし、彼らとともに泣いていた。自分が村へ来たことが原因で、ガプンに殺人事件が起こって罪のない男が死んだことに、打ちひしがれていた。銃を持った男たちはどこにいるのだろうと考え、彼らが戻ってくるのではとびくびくしていた。

カウリは襲撃の翌日の午後に埋葬された。しかし、その日たまたま近くの村にいた親戚の多くは、お悔やみに来なかった。彼らは怯えていたのだ。襲撃の翌朝、数人が槍や斧で武装してガプンを出た。彼らは殺人犯を捜すとともに、ほかの村の人々に事件を知らせて警告した。だが村人が広めたニュースのせいで、人々は怖がってカウリの葬儀に来ようとしなかった。ガプンに来て、なじみのない熱帯雨林からの出口を探す人殺しの一味と遭遇する危険を冒したくなかったからだ。

カウリの埋葬のあと、私は襲われた家に戻って被害を確認した。家はめちゃめちゃだった。床じゅうに紙、皿、ノート、カセットテープ、服が散乱している。目出し帽の男たちはあらゆる箱や袋を乱暴に開け、価値がありそうなものすべてを奪っていった。テープレコーダー、予備の電池、灯油バーナー、カメラ、録音道具など。この略奪の無意味さを思って、私はうんざりした。

やつらが持ち去ったものの大半は、私以外の人間にとってはなんの値打ちもないのだ。セピック川下流の村に住むどんな人間が、ゼンハイザー社のマイクを買いたがる？

盗まれなかったものは、壊されるか傷つけられていた。灯油ランプは粉々に割れ、テーブルは壊れ、蚊帳は破れ、寝具は犯人のブーツについた泥で真っ黒に汚れている。

私はぼうっとしたまま家を歩きまわり、ノートや服を拾い、カセットテープが何本盗まれたか考えようとし、散らばった論文の紙を拾い集めてできるかぎり揃えた。床を掃き、蚊帳の破れ具合を調べ、あとで池まで持っていって洗えるよう寝具をバケツに放り込んだ。

そして床に座り込み、どうすればいいのかと考えた。

本能は、一刻も早くガプンを出ろと命じた。私が村にいることが、明らかに村人を危険にさらしている。しかも、私の身も危険だ。カウリを殺した散弾は私に使うつもりだったという可能性は非常に大きい。

村を去るべきだ。

一方、ショックを受けている村人を今見捨てるのは道徳的に間違っていると感じられた。私がカウリを殺したわけではないとはいえ、この結果に影響を与えてはいた。私がガプンに来なかったとしたら、カウリはまだ生きていただろう。このような困難に陥ったとき、呆然自失状態の村人に後始末を任せて逃げていくことはできない。

村にとどまるべきだ。

しかしまた、私がなんの研究もできないことは明らかだ。なにしろテープレコーダーもないのだから。それに、こんな状況で、タヤップ語の語形変化や先祖伝来の神話について話すことには、私と同じく村人も情熱を感じられないだろう。研究をしないのなら、私がガプンにとどまる意味はあるか？　休暇旅行でここに来ているわけではない。

やはり去るべきだ。

結局、村人とともに喪に服すため——そして遠く離れたセピック川沿いの町アンゴラムから後日警察官が来たとき証言するため——あと二週間ほど村にとどまることにした。警察官はアンゴラム近郊より遠くへ行くためのガソリンがないのでその地を離れることはめったにないが、それでもいずれガプンへ来るはずだ。村人はメッセンジャーを送って、村に滞在する白人が強盗に遭い、親戚のひとりが撃ち殺されたことを警察に伝えていた。そういう犯罪は毎日起こるものではない。必ずやなんらかの反応があるだろう。

だが、消えた犯人という問題が残っている。暴漢たちはどこへ行った？　マングローブの沼に流れ込む小川まで捜索に行った村の男たちは、茂みの後ろに隠された二隻のカヌーを発見した。つまり、犯人は夜のあいだに脱出できなかったということだ。彼らはまだ、熱帯雨林のどこかで野放しになっている。

村人は斧でカヌーを打ち壊した。

一方私は、何人かの子供に手伝ってもらい、めちゃめちゃにされた家から残った持ち物を新しく建てられた高床式の高級邸宅まで移動させた。私は新しい家をまったく好きになれなかった。広すぎるし、地面から高く離れすぎている。ベランダからほかの家を見おろしていると、刑務所の見張り塔からの景色を連想した。自慢げな建物がたいていそうであるように、この家は失敗作だった。私はここで過ごす時間を最小限に抑えた。

その代わりにメンズハウスでクルニのそばにいた。クルニはしなびていた。息子が殺されたことで、一気に老いていた。彼は静かに泣いて過ごした。顔はしわくちゃで血の気がなく、今までに増して背中が曲がって見えた。ときどき急に顔を上げ、しわがれ声で熱帯雨林のほうに向かって叫ぶ。「おまえが撃ったのは自分の豚だったのか？　あいつはおまえの豚か？　村に来て俺たちを銃で撃つなんて、俺たちはおまえに何をした？　俺たちがおまえたちの仲間を殺したから、やってきて豚みたいに俺たちを撃ったのか？」

村人たちはぼんやりしたまま家から家へと歩きまわり、発砲のとき自分がどこにいたかを話した。賊は五人だったことが判明した。闇に紛れてこっそり村に入り込み、私が家に入るまでダンスの輪の外に身を隠していた。私が聞いた、石が壁に当たる音は、やつらが隠れ場所からスリングショットで小石を射る音だった。ダンスエリアを照らす灯油ランプのガラスを割るつもりだったらしい。それがうまくいかなかったので、彼らは飛び出してきて驚いた村人に動くなと警告し、手作りのショットガンを二発撃った。それが、私の聞いた爆発音と目にした白い閃光だ。

怯えた村人は命じられたとおり静かにしていた。男たちが私の家に駆けのぼるやいなや、村人は子供たちを集め、一緒に熱帯雨林に入って隠れた。ガプンの人間は誰も銃を持っていないし、村人は皆驚きのあまり、どうやって襲撃者と対峙するか、そもそも対峙すべきかどうか、まともに考えることもできなかった。三度目の銃声が聞こえたとき、奥に身をひそめていて何が起こっているか見えなかった者たちは、襲撃者が私を撃ったのだと考えた。叫び声がしてカウリの名前が呼ばれるのを聞いたとき初めて、彼らは発砲の被害者がカウリであることを知ったのだ。

熱帯雨林には、新聞やインターネットといった民間の情報源は何もない。あるのは噂だけだ。カウリの死から数日後、犯人が熱帯雨林で再び集結したという噂が流れはじめた。やつらがもっと散弾を持っているかどうかは誰にもわからないが、銃を持っていることだけは間違いない。村人は、やつらがどうするつもりか推測しはじめた。襲撃者がよそ者であることは既に明らかになっている。やつらがどうやって村までの道を知ったのか、と村人はいぶかしがった。五人はカヌーで来たのだが、カヌーでガプンに行き着くのは簡単なことではない。迷路のような巨大なマングローブの沼を渡ってこなければならず、沼沿いにびっしり生えているマングローブの、どの隙間を入っていけばいいのか正確にわかっていなければならない。その隙間から浅い小川に入って三〇分漕ぎ、熱帯雨林に入り込む小道のところでおり、その小道をたどっていって、ようやくガプンに着けるのだ。

ガプンへの行き方を知る人間が犯人を手引きしたに違いない。村人たちは、それが誰かと尋ねまわりはじめた。

彼らが真相を突き止めようと静かにささやき合って過ごしているとき、誰かが熱帯雨林で例の襲撃者を目撃して彼らが計画を立てているのを漏れ聞いた、という話が耳に入ってきた。その計画とは、私が夜に洗濯のため池へ行くときか、トイレへ行くため熱帯雨林に入ったときに、待ち伏せして私を襲う――そして人質に取る、というものだ。私をつかまえていれば、村人は彼らが出ていくためのカヌーを用意し、逃げられるようマングローブの沼まで戻る道を教えなければいけなくなる。

やつらがそんな計画を立てているところを本当に誰かが聞いたのか、私は真剣に疑いを抱いた。話を盗み聞きするほど近づいた者がいるなら、村人に警告して彼らの居場所を教え、カウリ殺しの復讐ができるようにしたはずだ。

しかし、そのような計画を誰かが思いついたという事実は、犯人も思いついた可能性があることを意味する。考えれば考えるほど、熱帯雨林から逃げるため白人を人質に取るという考えは非常に優れた計画だと思えてきた。ここで、私は既に死んでいるという村人の考えが重要になってくる。既に死んでいるなら私が殺されてもかまわないと村人が思っていたかどうか、正直なところ私にはわからない（今に至るまで、率直に言ってわかっていない）。その不確かさに私はいつも不安を覚えていたが、今回の場合は恐怖を感じた。犯人が私の捕獲に成功して、頭に銃を、あるいは喉にマチェーテを突きつけ、カヌーをよこせと村人に要求している場面を、疲労困憊して狼狽した頭で想像した。だが村人は、私が死ぬことを信じず、あるいは私が死ぬかどうか見てみたいという悪趣味な好奇心から、そっけなく「断る」と答えるだろう。

たとえ熱帯雨林から出るためのカヌーを村人が犯人に与えたとしても、逃げた彼らが私を解放する保証はない。

そこまで考えた私は、村を出ようと決心した。カウリが殺されて四日が経過していたが、まだ警察が来る気配はない。「シングシング」のための食べ物はすべて食べ尽くし、村人は怯えるあまり、畑へ行ったり食べ物を取ってきたりサゴ粉を作ったりするため熱帯雨林に入っていこうとはしない。非難の応酬が始まり、辛辣な言葉が広まり出した。Xは「シングシング」の数日前セピック川沿いの村へ行かなかったか？　そこで誰と話をした？　Yは運命の夜の夕暮れ直前に見知らぬ男たちが小川を下るのを見たとZに話したのに、なぜほかの人間にはそれを言わなかった？　Qはカウリにすがりついて泣いたか？　泣いていない？　なぜだ？　なぜ彼は殺人の翌日姿を見せなかった？

ガプンにいやな雰囲気が漂いはじめた。

私はクルニなど長老数人と話をし、村を去りたいと告げた。州都ウェワクの警察署へ行って事件を報告する、警察が来てカウリを殺した犯人をつかまえるべく最善の努力をするよう、手配するつもりだ、と。

彼らは同意し、私は日没時に、なんとか救い出せたノートとカセットテープをバックパックに詰めた。それ以外のものは放置した。暗くなるとすぐ、数人の若者に連れられて湿地を抜け、小川に待機させたカヌーに向かった。まだ逃亡中の犯人が怖かったので、明かりはまったくつけず、話もしなかった。普段は一時間で行ける道のりが二時間以上かかった。カヌーに乗ると静かに一時間漕ぎ、最初はマングローブの沼に通じる小川を通り、次に沼を渡って、隣村ウォンガンまで行った。そこからは海岸沿いに四時間歩いてワタムの村に着いた。ワタムの人々は、ウェワクまで海を六時間進めるほど強力な船外モーターを持っている。

夜明けにはワタムを出発した。ガプンを見ることは二度とないだろうと思った。

ウェワクで警察に事件を報告した。そして空港へ行き、パプアニューギニアを去った。飛行機で、当時博士課程修了研究者として雇われていたオーストラリア国立大学に向かった。カウリは研究対象のひとりであり私が村にいたため殺されたのだと説明して、保険金を請求した。大学の保険会社は保険金の支払いを認め、私はその金を、セピック川沿いのマリエンベルクの伝道所で看護師として働く修道女に送るよう手配した。このシスタ・マリアナというスイス出身の修道女は気性の激しい白髪頭の老人で、何十年もこの伝道所で暮らしている。彼女がそこにいなかったときのことは誰も覚えていない。一三〇歳を超えていたに違いない。

シスタ・マリアナは私が出会った中で、正真正銘の聖人に最も近い存在だ。セピック川下流域に住む人間に医療を施す唯一の人間である。六カ月から八カ月に一度、彼女と後輩看護師数人は数週間かけてモーターつきボートでその地域のあらゆる村を訪問し、赤ん坊に予防接種をし、薬を処方し、抗生物質を注射する。数十年この地域で暮らして定期的に域内を回っているため、シスタ・マリアナはあらゆる人を知っている。そして、誰もが彼女を知っている。

彼女に頼めば、金を適切な人間に届けられるとわかっていた。私は保険金の一部をクルニに、残りを未亡人のロサに渡すよう指示した。ロサはガプンから徒歩一日のところにある村の出身だ。シスタ・マリアナは私の要求どおりにしたと手紙に書いてきた。クルニは取り分を受け取った。だがロサは見つからなかったので、私が送った金はロサの兄弟の手に渡った。シスタ・マリアナはまた、私が村を去ってすぐに警察はセピック川下流域の村々に怒りをぶつけたと書いてきた。警察は村々を襲い、誰彼かまわず乱暴に殴った。豚を撃ち殺し、ビンロウの木を倒し、私を襲ってカウリを殺した男たちの正体と居場所を明かさなければ家を焼き払うと脅した。こういう暴力的な行為は功を奏した。シスタ・マリアナによると、警察は犯人のほとんどを逮捕し、彼らは刑務所で裁判を待っているという。

だが数カ月後、シスタ・マリアナは死に、私とガプンをつなぐ窓口はなくなった。私が証人として裁判に呼ばれることはなかった。何がどうなっているかを突き止めようとどれだけ警察に連絡を取っても、返事は得られなかった。

当時の私の同僚だった人類学者のほとんどと同じく、私もパプアニューギニアは危険すぎてもう研究するのは無理だという結論に達した。一九九一年末には、そこでの研究はあきらめ、二度と戻らないことに決めた。仕事のためなら喜んでいろいろなものを犠牲にした私も、命まで犠牲にするつもりはなかった。また、これ以上村人の命を危険にさらしたくもなかった。

その後一四年間、ガプンからはなんの便りもなく、ガプンについて何か耳にすることもなかった。二〇〇五年末、スウェーデンの自宅にいるとき、突然オーストラリアから一通の手紙が届いた。ビル・フォーリーという言語学者からだった。彼は高名なパプア諸語専門家で、引退するまでシドニー大学で教授を務めていた。私は一九八七年、ガプンでの初めての長期滞在から帰国する途中オーストラリアを経由するときフォーリーに会った。一九九一年に永遠に（と当時は思っていた）太平洋地域を去るまで、シドニーにいるときは必ずフォーリーと会って一杯やっていた。

フォーリーの手紙には、私がガプンを去った数年後に彼はワタムの村――私がガプンを去った夜に徒歩で向かった村――で話されるワタム語の研究を始めたとあった。ワタムで研究しているとき、フォーリーはガプンを訪れなかった。だが二〇〇五年初頭、パプアニューギニアでのDNA分析のためサンプルを集めるドイツの研究チームが、セピック川下流域を案内し、村人に子供たちの血を採取して綿棒で口の中をこする許可を求めるのに、フォーリーと契約を結んだ。

チームが訪れた村のひとつがガプンだった。

私はガプンに住んでいたとき、かなりの時間をかけて、世界の白人全員が互いを知っているわけではないと村人に説明せねばならなかった。彼らはそうだと思い込んでいたのだ。違う、と私は言った。国々はガプンとその周辺の村々よりもはるかに広いのだ、と。白人は非常に多く、すべての人がお互いを知ることはできない。それは不可能だ。

ビル・フォーリーは、私が一四年前に去ったあと初めてガプンに入った白人だった。村人が最初にした質問は、私を知っているかというものだった。

「もちろん知っているよ」彼は楽しそうに答えた。

フォーリーとドイツの研究チームがガプンにいたのは、ほんの二、三時間ほどだった。彼らはガプンを出たあとワタムで数日を過ごした。海沿いにあるワタムは、ガプンのあるサゴヤシが密生する不快な湿地よりもはるかに過ごしやすい場所だったのだ。二日後、ガプンの若い村人がワタムにやってきて、私に宛てた手紙をビル・フォーリーに渡した。差出人は、心優しきモネイだった。

フォーリーは私への手紙にモネイからの手紙を同封していた。

モネイは私にガプンに戻ってきてくれと頼んでいた。

私はその手紙に驚き、感動した。それに、前回去ってから村人が――そして彼らの言語が――どうなったのか知りたいという気持ちもあった。だから翌年の夏に六週間ガプンに滞在して、もっと長くいることが可能かどうか調べることにした。

その旅で、私が二度と戻らないつもりでガプンを去る原因を作ったあの運命の夜に何が起こったのか、ようやく知ることができた。

これが、そのいきさつである。

一九九一年に村に着いた直後、私が四万キナ（当時はUSドルとほぼ等価だったため四万ドル）をガプンに持ってきたという噂がセピック川下流域全体に広まりはじめた。[1] どうしてそんな噂が始まったのか、今となってはわからない。何人かの村人は、私から充分にものをもらえなかったことに憤慨したガプンの村人ふたりが噂を広めたと言った。そのふたりと彼らの親戚は、噂を始めたのは別の村の人間だと主張した。どちらが真実なのか、確かなことは永遠にわからないだろう。だが今でも、噂を信じた人は私が熱帯雨林の真ん中にある湿地で四万ドル相当の金をいったいどうするつもりだと考えたのか、と不思議でならない。また、私が犯人の狙いだと思った三〇キナを道具箱から出して渡していたら、銃を持った襲撃者はどうしただろう、とも考えてしまう。

犯罪に関わった五人はすべて、いわゆるチンピラだった――パプアニューギニアでは「ごろつき（ラスカル）」（「オル・ラスコル」*ol rascol*）と呼ばれる輩だ。そのわんぱく小僧らしいかわいい名前「英語の「ラスカル」には「いたずらっ子」の意味もある」にだまされてはいけない。ラスカルは少しもかわいらしくない。彼

1　パプアニューギニアの通貨キナの価値は、私がこの国を訪れていた数十年のあいだ非常に大きく変動してきた。本書で記したUSドル換算値は、話題になっている出来事が起こった当時のキナの価値を示している。

らは世の中に不満を持つ暴力的な若者で、普通は手作りのショットガンを持ち、小学校教育を受けている。ウォンガン・コミュニティ・スクールに在籍したガプンの子供たちが自分の生活に幻滅したのと同じ理由で、彼らも小学校教育によって自分の生活に不満を抱くようになった――オーストラリアから寄付されて教室で配布されたぼろぼろの教科書に載っている自動車、家、服、富が自分たちにはないことを、小学校で学んだのである。ラスカルの集団は、頻繁に商店に強盗に入ったり武装した輸送車両をハイジャックしたりして、都心を恐怖に陥れた。道路や橋を塞いで地元のバスの乗客の持ち物を奪い、ついでに何人かの不運な女を集団レイプすることもあった。

一九八〇年代末からは、セピック川下流域のような田舎でも若者たちが思いつきでギャング集団を形成して、村の商店や金を持っていそうな人間を襲撃し、邪魔する相手を撃った。首都ポートモレスビー以外では、ラスカルどもが罪に問われることはあまりなかった。彼らを止めたり逮捕したりする警察官がいなかったから、そして、たとえ警察官がいたとしても、その多くは非番のとき彼ら自身がラスカルとなって行動していたからだ。

四万キナが人里離れた村で無防備に置かれているという噂に引かれて、セピック川流域の別々の村出身だがそれまでの犯罪で互いにゆるく結びついていた五人の男が集まり、朝飯前に思われた盗みを働くことにした。五人のうち誰もガプンに行ったことはなかった。事件のあとの日々で村人が気づいたとおり、誰か道を知っている者が手引きしたに違いない。村人はその人物を突き止めたと確信していて、その名前を私にもささやいてくれた。

カウリが殺されて村がショックに陥る中で私がガプンを去った数日後、ひとりの村人が熱帯雨林をさまよい歩くラスカルのひとりに遭遇した。男は飢えで衰弱し、森から出ようと必死になっていた。村人はそいつを縛り上げてクルニのメンズハウスまで連れてきた。そこで、カウリの兄弟が男を槍で刺し殺すべきかについて活発な議論が行われた。勝手に裁きを下したことで警察に罰せられるのを恐れた村人たちは、男の命を助けることにした。男をカヌーに乗せてワタムに連れていき、警察を待った。

何日かしてようやく警察が来ると、彼らは男を引き渡した。だがシスタ・マリアナの言ったとおり、警察はワタムの村人も威嚇した。ガプンまで来た警察は、そこでも騒ぎを引き起こした。若者を殴り、家々を荒らし、五人をガプンまで手引きした村人の名前を明かさなければ逮捕すると脅した。逃げられる者は熱帯雨林に逃げ込み、警察は数時間後、狭量な悪意から撃ち殺した二ワトリ数羽を持って、なんの成果も得られないまま立ち去った。

五人のうちふたりは結局つかまらなかった。逮捕された三人は最終的に懲役二年を宣告された。彼らは現在もその地域で暮らしており、村人はセピック川沿いを旅していてときどき彼らに遭遇する。通常パプアニューギニアでは殺人に対して多額の賠償金が要求されるが、カウリを殺した者は誰ひとり、殺人の賠償として一セントたりともガプンの人間に支払っていない。

六週間のガプン滞在が終わるときには、この地域は充分安全だからまた長期滞在のため戻ってこられそうだという結論に達した。だから二年あまりあとの二〇〇九年、一〇カ月滞在する予定で村に戻った。しかし結局、その滞在も予定より数週間早く切り上げざるをえなかった。ラスカルどもは私が村を発つ日に襲撃するつもりだ、との噂が聞こえてきたからだ。彼らは、私が帰るために乗るカヌーまで村人が私の荷物を運んで熱帯雨林を通るときに襲うのだという。ラスカルたちは、熱帯雨林で私を「エンサピム」（*ensapim*）――「やつの手を上げさせる（ハンズ・アップ・イム）」――つまり待ち伏せして強盗を働こうとしていたらしい。

村で暮らした九カ月間で行った録音や調査の記録は絶対に失いたくなかった。ガプンでの生活は長いため、村人が伝えたりでっち上げたりして楽しむ噂のほとんどには動じなくなっていたものの、サラキは四万キナを持っているという嘘を思いついたとされる村人への警戒心は抱いていた。その噂を広めたと言われる人々も、ラスカルどもをガプンまで案内したと村人が言っている男も、あろうことか皆カウリの近い親戚だった。

カウリの死を招いた襲撃にカウリの親戚が関わっていたらしいという話を初めて聞いたとき、私は信じようとしなかった。だが二〇〇九年のガプン滞在時、その親戚たちは私に対して、カウリの死の賠償金として村全体の収入の二〇倍以上に相当する額を払えというばかげた脅迫をしつづけていた。私がシスタ・マリアナ経由で送った金はその賠償金に含まれなかった。彼らは、クルニ（一九九三年頃死去）が受け取ったかもしれない金のことは何も知らないと言い張った。シスタ・マリアナがカウリの未亡人の兄弟に渡したと言った金は、彼らにはなんの関係もなかった。そんな金のことは知らない、と彼らは言った。いずれにせよ、その金は別の村のよく知らない人間に渡されるのではなく彼らに送られるべきだった、と。

カウリの死に関して私が彼の親戚に賠償すべきだという主張にも、ある程度の理はある。パプアニューギニアのほかの多くの社会と同様、ガプンでも、人が何かをする意図があったのかどうか、その出来事に責任があるかどうかは、あまり重要視されないことが多い。なぜなら、人は常に自分の外にある力によって動かされているという考え方があるからだ。たとえば、私がおじの買ったばかりの電池を盗んだとする。見つかったとき私は、自分はやりたくなかったのに〝何か〟(「ワンペラ・サムティング」(*wanpela samting*)」が私に盗みを働かせたのだ、と言う。その何かとは、なんらかの霊だったり、別の人間の貪欲さやねたみだったりする。それが魔法の力によって、私自身の利益に反する行動をさせてしまったのだ。私は行為の源ではなく、道具あるいは仲介者である。それでも私は盗みについておじに弁償しなければならない。私が盗みを犯したからというより、電池が盗まれた結果として〝重大なこと〟が起こったからだ。たとえ私が盗みとなんの関係もなくとも、私が電池を盗んだと全員が確信したなら、私はある程度の賠償金を捻出せねばならない。なぜなら「私を通じて重大なことが起こった」(「ヘヴィ・イ・カマップ・ロング・ネム・ビロング・ミ」*hevi i kamap long nem bilong mi*)と村人が言うからだ。

カウリの死という〝重大なこと〟が私を通じて起こったのは明らかだ。したがって、私は金を払うことを期待されたのである。

とはいえ、そんな要求の裏にある理屈を理解したからといって、私がそれを受け入れねばならないわけではない。とりわけ、その要求をしてきた村人が私を恐喝した場合は。金を払え、さもないと……と彼らは怖い顔でほのめかした。しかも、彼らが自分たちの文化的習慣から都合のいい部分だけを選んでいるのも、私にはわかっていた。血も涙もない殺人の場合、多額の賠償金を支払えと要求されるのは、当然ながら殺人犯だ。犯人は、自分は誰か別の人間の悪意の仲介者であって殺人行為に責任はない、と主張するかもしれない。だがそれでも支払いの義務はある。私が莫大な金を容易に手に入れられると思われている白人でなかったなら、カウリの親戚が私に賠償金を要求することはなかっただろう。彼らはカウリを殺した男たちを追及したはずだ。

この件に関してカウリの母方の親戚のひとりと遠慮なく交わした激しい議論の中で、私はこのことを指摘した。私は既に賠償金を支払ったが、殺人犯は誰ひとりとして何も払っていない。カウリを撃ち殺したことで有罪判決を受けた犯人のところへ行って、私に要求している金をそいつらに払わせればいいではないか？　犯人の身元はわかっているのだ。彼らに金を要求しろ。私がカウリを撃ったのか？　答えが明らかな修辞疑問を発する村人のやり方をとっくの昔に習得している私は、そう尋ねた。私がカウリを殺した銃の引き金を引いたのか？

これらの村人が賠償金を要求する執拗さから、彼らが襲撃に関与したという説への私の意見は変わっていった。私を襲う計画がとんでもない失敗だったこと、カウリの死が悲劇的な間違いであったことについては、疑問の余地がない。だが、脅迫があからさまになるにつれて、私は、本当にカウリの親戚数人がラスカルどもをガプンに引き寄せた噂を始めたのだと確信するようになった。カウリの死を償えと彼らがしつこく言うのは、自分たちの計画が大失敗に終わった結果について感じている後ろめたさをごまかすためかもしれない。

それゆえに彼らは危険な存在だ、と私は思った。

だから、私が村を出る日にラスカルが待ち伏せするという計画についての噂が聞こえはじめたとき、私はそのラスカルどもを出し抜くことにした。持ってきていた衛星電話（これはすばらしい発明だ）と、銀行預金のかなりの額を使って、出発予定日の二週間前に村から空輸してもらうためのヘリコプターをこっそりチャーターしたのだ。村人は以前の村を破壊して大きな滑走路のようなものに作り直していた。よし、だったらそこに航空機を持ってきてやろうじゃないか。私はそう考えた。

ガプンから空路脱出するよう手配した日の朝、私は村人に、危険が迫っていることが明らかになったため私の国の政府がパプアニューギニアから自国民を引き上げさせているとの連絡を夜のあいだに受けた、と話した。すぐに出発しなければならない、と。だますのは気が咎めたものの、ほかの手段は思いつかなかった。逃げたい真の理由を誰かに話したなら、カウリの親戚を私が公然と非難しているという話が広まり、その結果悪い状況が本当に危険な状況に悪化しただろう。ヘリコプターによる救出という場面を演出したなら、私は明かすことを拒んでいるがやはり権力と巨大な資産を持っているという村人の確信を、ますます強めてしまうのはわかっていた。私の政府が私を村から空輸するためヘリコプターを送り込めるのなら、どうして潜水艦は送ってこられないのか？――彼らはそんな疑問を抱くだろう。

しかしその時点では、そんなことはどうでもよかった。九カ月にわたる研究の成果が強奪されたあげく、それが自分たちにはなんの価値もないものだと犯人に気づかれたら、無造作に沼に捨てられてしまう。そんな可能性を考えれば、私には膨大な財産があるという村人の思い込みをあおる危険など、安全にガプンを出られない危険に比べたら些細なものだ。せわしない出発の結果の後始末は、調査結果や録音を村から遠く離れた安全な場所に置いたあとでまた戻ってきたときにしよう。私はそう考えて自分を納得させた。

というわけでその朝、手配したヘリコプターが空から降下して、村人を当惑させ、驚かせて、私をガプンからつまみ上げたのである。

翌二〇一〇年、町でビンロウジ二〇〇ポンド（約九〇キロ）入りの巨大な袋を買って、また村に戻った。村人は私の突然の出発には困惑してがっかりしたと言ったものの、私が彼らの不快感を察してビンロウジを持ってきたことを喜んでくれた。彼らはこれを、仲直りのための贈り物「クップ」（*kup*）だと解釈した。若者たちがモーゼスにあおられて村の木々を切り倒しはじめたことで生じた緊張をやわらげるためモーゼスがサメクに贈った、あの「クップ」と同じである。村人たちは私が買ってきた大量のビンロウジを喜んで分配し、私を許してくれたようだった。ヘリコプターは彼らを面食らわせたが、同時に感銘を与えてもいた。幸い、私を脅していたカウリの親戚たちはおとなしくなっていた。それ以降、脅迫はなくなった。
だが結局のところ、危険はなくなっていなかったのだ。

13　誰がモネイを殺したか？

戻ってきてくれというモネイの手紙に応えて私がまたガプンに住み着いた数カ月後——空路脱出するまで村で過ごした九カ月のあいだに——モネイが死んだ。彼の死を招いた病気は、ほとんど気づかれることなく忍び寄っていた。ある夜、モネイはこめかみをさすり、頭痛がすると妻に漏らした。三週間後、彼は歩かなくなった。そのあと食べなくなり、それから二週間後に死んだ。私は医者ではないが、素人目には、モネイは致死性の脳マラリアで死んだと思われた。だが村人のもっと鋭い目から見れば、モネイが殺されたのは明らかだった。

だが、誰がモネイを殺したのか？

ガプンの村人は魔法のあふれる世界に住んでいる。人々は、気に入った女の子に自分を熱烈に愛させることから、野生のイノシシを見つけられないよう猟犬の目を見えなくしたり鼻をきかなくさせたりすることまで、あらゆることを行う呪文を知っている。このような魔力に支配される世界において、死は決して偶然に訪れるものではない。それは常に意図的な行為である。あらゆる男、女、子供はいずれ殺される。年老いて衰弱していようが、若くて頑健で人生の真っ盛りであろうが、新生児であろうが――関係ない。人が死んだなら、誰かがその死をもたらしたのだ。

あらゆる人の死をもたらすのは魔法使いだ。カウリのように、誰かが手を下して殺すという比較的数少ないケースにおいても、それは真実である。村人は、殺人すら魔法の結果だと信じている。死は、ナイフ、斧、マチェーテ、矢――カウリの場合は銃――といった凶器ではなく、ナイフや斧や銃などに魔法がかけられたという事実によってもたらされる。魔法がかかっていなかったら、被害者は凶器による襲撃で負傷しても最終的には回復する。だが被害者が死んだ場合、死なせたのは魔法使いである。

魔法使いは、人に魔法をかけて殺す邪悪な知識を身につけた人間だ。殺し方はいくつもある。最も冷酷な方法、パプアニューギニアで「サングマ」(*sanguma*)と呼ばれているものは、熱帯雨林で待ち伏せしてはらわたを抜くことだ。魔法使いは、詰め物をした七面鳥よろしく、哀れな被害者の空っぽになった腹に木の葉を詰めて縫い合わせ、村に送り返す。被害者はそこで、いわばゾンビのように生きつづける。だが魔法使いが定めた日になると、人形使いが手を離した操り人形のように、ばったり倒れて死んでしまう。

「サングマ」よりもはるかに一般的なのは、魔法のかかったもので射ることだ。危険そうな鉤状に曲げた針金、魔法のかかったショウガの根、小さな石、ビンロウジと一緒に噛むと口の中を真っ赤にする白い粉。そういう物体が魔法によって人の体に射込まれると、柔らかな臓器に入り込み、被害者を衰弱させて死に至らしめる。人々は人を病気にして殺す物体が何かを知っている。

その物体が、取り除くための特別な呪文や祈りを知る者の手によって自分や他人の体から取り出されるのを見たことがあるからだ。

遅かれ早かれあらゆる人を殺す――お互いをも殺し合う（魔法使いも最後には死ぬのだから）――邪悪な人間とは、いったい何者なのか？　人殺しの魔法使いの正体をはっきり知る者はいない。人々は自分にはわかっていると思っており、誰かが重病になったときは多大な時間をかけて、それに関わった魔法使いの正体を突き止めようとする――適切な相手に金と豚を送れば、相手に魔法を〝冷まさせ〟て、被害者を回復させて生きつづけさせられると考えているからだ。だがそういうことを、あまりあからさまに話すのは愚かである。魔法使いに自分の存在を知られてしまう。魔法使いのアンテナが震え、感知力が発動し、あなたの存在に気づく。それは避けたい。できるだけ長く、魔法使いのレーダーにとらえられないよう身をひそめているほうがいい。

問題は、それをあまり長期間できる人間がいないことだ。なぜなら、魔法使い（彼らは全員隣村サナエに住んでいると村人は信じている）は人の怒りや不満を感じ取れるからだ。誰かが畑に入ってバナナを盗んだり、悪態をついてきたり、酒の席でちょっとしたことで殴ってきたりしたせいで、人が怒りを覚えたなら、その怒りが一連の出来事を引き起こし、その結果しばしばサナエの魔法使いの注意を引く。そうしたら怒りを覚えた人間が望むと望まざるとにかかわらず、その誰かは病気になり、おそらくは死ぬ。あたかも宇宙自体がガプンの個々人の感情を知り、村人同士を、そして魔法使いをも結びつけているかのようだ。いわば超自然的な知覚力のあるクモの巣のように。クモの巣の糸を一本引っ張ったら巣全体が振動する、というわけだ。

このように村の者が皆結びついているという事実は、ある人が他人にした行為について別の者が代理で罰を受ける場合もありうることを意味している。私の妹の息子が気難しい老人からビンロウジを盗んだら、私が病気になって死ぬかもしれない。私が自分の猟犬に魔法をかけたと思った人間に怒鳴ったら、私の祖母が突然倒れるかもしれない。私の妹が彼女の夫と浮気していると隣人を非難したら、私の二歳の子供が標的になるかもしれない。

ガプンの人間はほかの人間の〝悪行〟のために死ぬ、と村人は言う。

この、私（あるいは私の赤ん坊、私の母、私の兄弟姉妹、私のおじなど）が別の人間のせいで病気になったり死んだりするという考え方のおかげで、カトリックの教えはすんなりガプンに受け入れられた。第二次世界大戦後にキリスト教のことを聞いた村人は、イエス・キリストが他人の罪を背負って死んだという考え方に納得したのだ。

「ほかにどんな理由で人が死ぬというんだ？」村人は無邪気に疑問を口にした。

しかし、他人のせいで人が病気になって死ぬという考え方は、当事者以外の人間が非難されうる場合が非常に多いことも意味している。

モネイは病気になったとき、最初マラリアだと考えた。蚊のはびこる湿地で暮らしていれば、赤ん坊のときマラリアにかかって生き延びた村人は誰でも慢性的にマラリアを抱えたまま生活することになる。ときどき発症して何日ものあいだ頭痛、体の痛み、高熱に苦しんだあと、同じくらい強い悪寒に襲われる（村人はマラリアのことをトク・ピシンで「コル・シック」（*kol sick*）つまり「寒い病気（コールド・シックネス）」と呼ぶ）。

症状を自覚したモネイは、義理の娘のマリアに薬を頼んだ。マリアはマリエンベルクの伝道所でマラリアについて二日間の講義を受けたことがあった。その講義の終わりに、マラリア治療薬クロロキンの錠剤が入った大きなプラスチック瓶を渡された。彼女はそれを持って村に戻ったが、錠剤を人に与えたことはなかった。癇癪持ちのマリアは、単に意地を張るだけの理由で、その薬は自分のだと決め込んでいたからだ。誰に頼まれても薬をあげなかった。「薬なんて持っていないわよ」病気になって頼ってきた村人に対して、仏頂面で嘘をついた――やがて村人は頼まなくなった。だがモネイは、マリアの家のサゴヤシの葉の天井のどこかに薬の瓶が押し込まれているのを覚えていた。

マリアは義父の頼みを断れず、瓶を見つけて錠剤を七個取り出してモネイに渡した。彼は七錠を矢継ぎ早にのみ込んだ。

錠剤は効果を発揮したようだったが、それは一時的にすぎなかった。数日後、私が池での洗濯を終えて戻ってきたとき、モネイはベランダから声をかけた。彼は、私が日中訪ねてきたかと訊いた。私はそうだと答えた。ひとりの子供にモネイは家にいるかと尋ね、子供は彼が畑に出かけているると言ったのだ。

モネイは、畑にいるとき「何かが俺に何かをした。たぶん悪い霊だ——俺は目まいがして気を失った」と言った。

私は考え込んだ。「なんだったんだろう？」だがモネイの疑問には既に答えが出ていた。ベランダの隅に座って、モネイが回復したあと畑から持ち帰った扇サイズのタバコの葉からとげを抜いていた彼の妻ソパックが、疑問を解決した。モネイが目まいを起こして気を失ったのは、私のせいだという。

村では、人の名前を呼ぶと、その人からエネルギーを奪って衰弱させる可能性がある。人の名前を執拗に呼ぶのは挑発である。ソパックは真実を無視するという、彼女の最も魅力的で最も腹立たしい性質によって、こう高らかに言った。「サラキはあんたを捜しに来て、何度も何度もあんたがどこかと訊きつづけたのよ。だからあんたは気を失ったんだわ」

私が昼間訪問したときソパックは村にいなかったし、モネイと一緒に畑にいたわけでもない。小川で魚を釣っていたのだ。けれど魚は針にかからず、彼女は悪い予感がした。そのあと、自分が釣りで運がなかったのも、モネイが畑で気を失ったのも、モネイはどこだと私がしつこく訊きつづけたのが原因だと考えるに至った。

私は、モネイの居場所を訊いたのは一度だけだと抗議しようとした。〝何度も何度も訊きつづけた〟というのは真実ではない。だがソパックがそう決め込んでいるのはわかっていたので、ぐっとこらえて話題を変え、ある老人が〝虹〟の意味だと言った単語を夫婦がどう思うかを尋ねた。

人の名前を執拗に呼ぶと、その人間を一時的に弱らせて、熱帯雨林で食べ物を見つけるのを困難にさせることがある。だが（私にとって幸いなことに）それが人を病気にすることはない。モネイは衰弱しつづけたので、別の説明が求められるようになった。医師が治せる病気かもしれないとは、誰も考えなかった。なにしろ、既に薬は服用したのだ。それが効かなかったということは、薬の治癒力が〝村の何か〟によって奪われたと解釈するしかなかった。

多くの村人が、その〝何か〟を見つけようと心を砕きはじめた。

モネイが畑で倒れた原因は私だという結論が出てから一週間後、モネイは息子のひとりに、歩くとき体を支える杖にするので木から長い枝を切ってきてくれと頼んだ。もう立ち上がるときに自分の脚をコントロールできない、と彼は私に言った――脚がおかしな方向に動いてしまうし、痛みは感じないが、いつも目まいがしているという。

それで、彼の回復を祈るため村の祈禱師集団が呼ばれた。

祈禱師集団によるモネイの治療は、蔓で屋根から吊るした、電池のなくなりかけた懐中電灯の弱く黄色い光の下で行われた。祈禱はいつもと同じように始まった。集団を率いる三人の村人が、自分たちが集まった理由を父なる神に説明し、神聖な兄弟（この場合はモネイ）に慈悲を示して彼を慈愛で包んで苦痛を取り去ってくれと熱心に唱える。そのあとに続くのは、魔法使いは神を信じていない、彼らは鉤のついた針金やショウガの根や魔法の巻き物で人を射て病気にさせる邪悪な者である、という話だ。父なる神が呼ばれたのは、こうしたものを被害者の体から取り去ってもらうためである。

一〇分もしないうちに、三人とも忘我状態になって何やら意味不明のことを話しはじめた。スタイルはそれぞれ異なっている。ひとりはほとんど聞こえない小さな声でひとりごとのようにぶつぶつ言う。ひとりは大声で祈ったかと思うと、突然『羊たちの沈黙』のハンニバル・レクター博士を思わせる気味悪く意味ありげな恐ろしい口調でささやく。三人目は「アウト、デヴィル、アウト！」(*Aut, Devil, aut!*)（「出ていけ、悪魔、出ていけ！」）や、神がパワーレンジャー［日本のスーパー戦隊シリーズのアメリカ版テレビシリーズの主人公］であるかのように聞こえる「ユ・パワ・ゴッド！」(*Yu Pawa God!*)（ユー・アー・ア・パワー・ゴッド「あなたは力の神だ！」）といったことを叫ぶ。

祈禱師集団は一時間近くもモネイのことを祈りつづけたが、モネイの腹からは何も出てこなかった。それは良い兆候かもしれないが、非常に悪いことを意味している可能性もある。モネイの病気は魔法使いが引き起こしたものではないから何も出てこないのであれば、良い兆候だ。だが、魔法のかかった物体がモネイの臓器の奥深くに埋め込まれていて、それを引き出すのは不可能なのかもしれない。だとしたら見通しは暗い。

翌日私が話をしたとき、モネイは楽観的になろうと決めていた。この病気は多くの者が日曜日の朝のミサに出席しなくなったことに対する神の罰だ、と彼は考えた。私はモネイに、神が彼を罰するのは意地悪だと思うと言った――人々がミサに出ないことを神が不満に思っているなら、なぜミサに出なくなった者たちを罰さないのだ？

「わかっている」モネイはなだめるように言った。「俺もそのことには腹が立つ。神はどうして俺じゃなくそいつらを病気にしなかったんだ？」

病気の原因がなんであれ、祈禱には効果がなかった。それどころか、祈禱のあといっそう体調が悪くなったとモネイは文句を言った。

この時点で、モネイの病気についてのさまざまな説明がわき起こった。モネイは二番目の妻として村に住む年老いた未亡人との結婚を望んでいて、神と妻ソパックの両者の怒りを買った。モネイは男たちの畑仕事をやめさせる魔法の呪文をひそかに唱えた。モネイの息子モーゼスが、彼の妻で怒りっぽいマリアを魔法で殺すつもりだとサナエの男たちがささやいているのを聞いたと思ったため、サナエの者といさかいを起こした。モネイの息子ラファエルが山頂の木を切り倒して山の精を怒らせた。モネイがなんらかの状況で（おそらくは好奇心が強く詮索好きな私に、そっと）山の秘密の名前を口にした。

薬でも祈禱でも効果がなかったため、モネイの子供たちは、モネイの病気を引き起こした魔法使いの手に届くことを願ってサナエに金を送りはじめた。たまたま当時、モネイの子供たちは現金を豊富に持っていた。数カ月前に死んだ女の喪が明けたことを祝う宴が数週間前にサナエで開かれており、その宴に来る客すべてに食べさせるため、サナエの村人はガプンに来て数匹の豚を買っていた。その一部はモネイの息子や娘の豚だった。彼らは豚の代金として七五〇キナを手にしていた。年間の平均年収が一〇〇キナほど（およそ三五USドル）である村においては、かなりの額である。

だが、今その金はサナエに送り返されはじめた。その一部は、モネイの病気を引き起こしたと村人が疑っているサナエの男たちと「仲直りの握手（シェイク・ハンズ）をする」（「セクハニム」*sekhanim*）ために使われた。モーゼスは、妻マリアの殺害を目論んでいると話しているのを彼が漏れ聞いたことが原因で喧嘩をした相手に、ガプンへ来るよう招待し、彼らにたっぷりの食事を与えるため妻の村から米、コーヒー、砂糖を買い、さらに彼らひとりひとりに五六キナを渡した。

モネイの別の息子コサイは、モネイに魔法をかけた人間を知っているからその魔法使いに金を渡してやると約束したサナエの男に、二五キナを渡した。

別の息子ラファエルは、サナエに金を持っていって誰がそれを取るかをひそかに見届けると申し出たガプンの村人ふたりに一〇〇キナを渡した、などなど。

なのにモネイの病状は悪化する一方だった。

そのため、モネイを病気にしている魔法使いを特定するのに、「グラスマン」が呼ばれた。

「グラスマン」（「オル・グラスマン」*ol grasman*）は地元ではよく知られた、魔法のメガネをかけることで——あるいは特別に用意した鏡をのぞき込むことで——魔法使いや死の王国の中が見えると主張する男たちである。鏡を使うグラスマンのほうが人気がある。鏡は見物できるからだ。グラスマンがガプンに到着する前に村人が興奮して説明してくれた話によると、グラスマンがのぞき込む鏡はテレビ画面となって、魔法をかけた物体でモネイを射て病気にした人間を映し出すのだという。

村人は何度かテレビ画面を見たことがあった。海沿いの村から来た若者の集団が一四インチのテレビを発電機とともにガプンまで苦労して持ってきたのだ。村人は、ハリウッドのアクション映画のＤＶＤや、パプアニューギニアで制作された音楽ビデオを見て数夜を過ごした。音楽ビデオは、人気バンドが行進曲調のプカプカドンドンとハワイのウクレレミュージックを組み合わせたような安っぽい音楽を演奏する超低予算の映像で、声はシンガーが皆水中にいるかのようにくぐもっていた。

モネイの家族が呼んだグラスマンはサナエの人間だった。その男がサナエの魔法使いをよく知っていて、そのため彼らをはっきり見通して犯人を明確に突き止められることを、皆は望んでいた。夕方遅くにグラスマンが到着するやいなや、村人は村の反対側の端にいた私のところに押しかけてきた。グラスマンが使うために持ってきた丸い小型の鏡の代わりに、私が毎朝髭剃りに使っている一八×二四インチ（約四五×六〇センチ）の大型の鏡を借りたいと言った。そんな小型の鏡ではなんの役にも立たない、と村人は異口同音に言い募った。これから起こることをはっきり見えるようにしたかったのだ。

祈禱師集団と同じく、グラスマンも一般的に仕事をするのは夜だけだ。このグラスマンは夜九時頃、モネイの家のそばにある大きな家に会場を設営した。家はたちまち老若男女の村人で埋まった。彼らは、グラスマンが私の鏡をかける釘の近くという特等席を求めて押し合いへし合いした。私の灯油ランタンが照らす弱い光のもと、グラスマンは自分の籠から小型ノート、一種の魔除けらしき彫刻された小さな仮面、コカ・コーラの小さなプラスチック瓶二本を取り出した。瓶には〝自然のオイル〟が入っていた。先祖の霊の力を吹き込まれたそのオイルは、私の平凡な鏡を宇宙への門に変えるという。グラスマンは自分の両手に息を吹きかけ、キャップ一杯のオイルを取り、私の鏡のところどころに垂らした。シャツでオイルをこすって鏡全体に広げる。オイルのかたまりを見つけてはこすって伸ばした。満足した彼は、皆が見えるよう鏡を釘にかけて吊るした。

そして強力な懐中電灯を取ってスイッチを入れ、真正面から鏡を照らした。

村人が期待していた、魔法使いの実況生中継は実現しなかった。暗い中で興味津々の村人に挟まれて座っていた私も、グラスマンの到着に先立つ熱狂的な興奮にのみ込まれてしまい、気がつけばなんらかの神秘的経験ができるのを心待ちにしていた。ところが実際には、明るい光を当てられた油だらけのトレイ大の鏡を見つめているだけだった。

グラスマンは鏡の前に立ち、指差して「ほら、そこに女がいる」とか「あそこに男が立っている」といったコメントをし、自分がそこに見ている映像を解説した。

さまざまな角度から鏡を見ようと首を傾けて目を細くしている村人を見まわした私は、彼らも私と同じくらい当惑していることがわかった。

翌朝、グラスマンはいんちきだということで村人の意見はおおむね一致した。ほとんどの人間は何も見なかった。だが、何かを見た者も少数ながら存在した。私がもう寝ようと夜中にその家を出るとき、二、三人の村人が、鏡の中に白人を見たと言い張った。その白人は私か、あるいは自分たちの先祖のひとりかと彼らは議論した（先祖は死んでいるから白い肌なのだ）。

その像が見えたことの意味は、のちに明らかになった。

その頃には、皆が真剣にモネイのことを心配していた。彼は何も言わなくなり、何も食べなくなっていた。瘦せ衰え、息はいやなにおいがし、目は生気を失い、目も口も半ば開いている。前歯はむき出しになっている。まるで死にかけているか、既に死んでいるかに見えた。ラムセス二世のミイラのようだった。

グラスマンがガプンを去った数日後、請求書が届いた。サナエからの訪問者によって、グラスマンの仕事に対する報酬の明細書がモネイの息子たちに手渡されたのだ。グラスマンは既に村への出張費として三〇キナを受け取っていたが、もっと請求することにしたらしい。請求書には内容が書かれていた。

そこには『命を救ったこと、一五〇キナ』（約五〇ドル）とあった。

モネイの息子たちは激怒した。ラファエルは請求書を私のところに持ってきて、どう思うかと尋ねた。私も激怒した。まさか払うつもりではないだろう？

払いたくない、これは侮辱だと思う、とラファエルは言った。グラスマンは父親の命を救ってはいない。モネイの状態は改善しなかった。むしろ、グラスマンが来る前よりも悪くなっている。しかし払わなかったなら、モネイに腹を立てるサナエの人間がひとり増えてしまう。そうしたら事態はいっそう悪くなるだろう。

問題は、兄弟にはもう金がないことだ。ラファエルはそう打ち明けた。サナエの者に豚を売って儲けた金はなくなった――すべてサナエに送り返した。

このちょっとした心配ごとについて、私は彼らを助けられないだろうか？

モネイがさらに死に向かって衰弱しつづけているとき、彼の病気の原因について最後に考えられる可能性――私が関わっていると示唆するもの――がもたらされた。今回それを言い出したのは〝太鼓腹〟オンジャニ、サナエ出身で二酸化炭素取引を売り込んだ、例の悪徳業者である。

オンジャニは、七カ月前に村人の空気を売って金を儲けるため土地を譲渡する書類に署名させようとした試みが失敗して以来、ガプンに姿を見せていなかった。メンズハウスでの〝認識〟のスピーチの最後に敗北を予感したらしく、その後書類を集めには来ず、この問題は立ち消えになった。村の発展についての話が常にそうなるように。

ある日の午後、オンジャニがガプンにやってきて、モネイの病気についてじっくり考えてみたと告げた。モネイが病気になったのは、オンジャニの住む村の魔法使いが魔法をかけた物体で射たからではなく、老クルニの霊が怒っているからだ、というのが彼の結論だった。

クルニは、カウリが殺されたため私がガプンに来なくなった一五年近くのあいだに死んでいた。二〇〇六年に戻った私は、クルニの死後、彼の子供たちが父親のための弔いの宴を開いていないことを知った。弔いの宴は喪における非常に重要な部分であり、普通は人が死んで数カ月から一年ほどのちに開かれる。服喪期間中、故人に最も近い人間（妻が死んだなら夫、夫なら妻、子供なら母親）は、自分の家の中の、サゴヤシの葉でできたパーティションで皆と隔てられた場所にじっととどまる。

喪に服している人間は危険視される。死者の霊がその人間の皮膚に〝張りつく〟と言われているからだ。服喪中の人間は夜にトイレへ行く以外で家を出ることが許されない。料理をしたり自分の手で食べたりすることも禁じられる。彼らは自分自身に対しても危険であるからだ――出産後の女と同じく、隔離されて喪に服している人間は食べるとき箸のようなトングを使わねばならない。服喪期間中は頭をかぶりもので覆い、髪は（男であれば髭も）伸ばし、体を洗うことすら許されない。

故人の親戚が、服喪期間の終わり――喪に服する者がようやく家を出て入浴し、人生を続けられるとき――を告げる弔いの宴で必要とされる豚を獲ったり畑の作物を育てたりするのにどれだけ熱心かにもよるが、体も洗わず家に閉じこもる状態が非常に長期間続くこともありうる。私が村にいた一九八〇年代半ばは、この風習がガプンで行われる最後の時代だった。私は悲しい顔で喪に服している数人を訪ねたが、非常に苛立ち、ひどい悪臭を放つ者もいたのは間違いない。

一九九三年頃にクルニが七〇代初めで死んだとき、服喪者が長期間隔離される風習はすたれかけており、また、服喪期間の終わりを告げる弔いの宴を延期するようになっていた——理由のひとつは、家の隅で喪に服して終わりを待つくさくて不機嫌な人間の心配をしなくてよくなったことだ。クルニの宴は延期されつづけ、二〇〇六年になってもまだ行われていなかった。

これはクルニの霊に対する深刻な侮辱である。なぜなら、宴は服喪者の隔離期間の終わりを告げるのみならず、死者の地位を祝福するものでもあるからだ——死者が重要人物であればあるほど、宴は大規模で派手になる。クルニは少なくとも一九七〇年代から死ぬまで、ガプンにおける最も重要な存在だった。何度も村の「コミティ」(「長(おさ)」)に選ばれた。隣村ウォンガンに小学校を建てるよう政府に訴えた中心人物だった。敬虔なカトリック教徒で、赤ん坊に洗礼を施したり夫婦を結婚させたりするためにときどきガプンに来るようマリエンベルクのさまざまな司祭を説得するのにも重要な役割を演じた。第二次世界大戦前に先祖伝来のタンバラン崇拝でのイニシエーションの儀式を受けたクルニは、伝統的な知識の宝庫でもあった。弔いの宴によってクルニの人生に敬意を表するのを怠るのは不名誉なことだった。

もちろん村人もそれはわかっていた。二〇〇六年に私が村に着くなり相談されたちょっとした心配ごとのひとつは、クルニの弔いの宴のために資金を調達するのに協力してくれという要請だった。米、コーヒー、砂糖、コーンビーフの缶詰、そして、欲を言えばビールも買わねばならない。私は九〇〇キナというかなりの金額を、長老三人に等分して渡した。彼らは皆クルニの親戚であり、それぞれが村における三つの親族グループの代表だった。

だが私が寄付したにもかかわらず、宴は依然として行われなかった。

翌二〇〇七年、私が金を渡した三人のうちのひとりが、毒へビに嚙まれた。彼は安全のため熱帯雨林のどこかに金を埋めており、村人たちは必死になって、どこにその金を埋めたのか——毒へビの毒で強烈に苦しんで口から泡を吐きながら身悶えしている男から——聞き出そうとしたそうだ。それは悲喜劇的なシーンだったに違いない。だが男は秘密を明かすことなく死んでしまった。

私が金を渡した残りふたりのうちのひとりはモネイだった。彼の三〇〇キナは、一度だけガプンを訪れ、モネイが大金を持っていることを聞きつけ、その金を町へ持っていって金（きん）に変えてやるとモネイを説得した男の手に渡った。これは現代版『ジャックと豆の木』の物語だが、このバージョンにおいてジャックは豆を手にできなかった。男はモネイの金を持ち去り、その後二度と便りはなかった。

オンジャニは、自分のために弔いの宴が開かれないことにクルニの霊が怒っているのだとの結論を述べた。これに関してふたつの事実が指摘された。第一は、モネイが畑で倒れたことだ——私が彼のことを「何度も何度も訊きつづけた」のが原因だと彼の妻ソパックが主張した出来事である。モネイの畑はクルニの昔の畑のそばにあり、その近さが第二の事実として指摘され、重要だとされた。

これが重要である理由は、私の家のすぐ外にかつてクルニのために建てられたメンズハウスの残骸があることだ。村人は私の家を建てたあと、そのメンズハウスの骨格を成す古い柱を取り除いた。家を貫いて屋根を支えていた巨大な大黒柱は、倒されて転がり、私の家の下で止まった。このことによって、クルニのメンズハウスが有する力の一部が私の慎ましい家に乗り移り、そのため私はクルニの霊の一種の仲介者となった。私の渡した金がクルニの弔いの宴に使われなかったため私が不機嫌であることは、村人皆が知っている（私が三〇〇キナを渡した三人目はクルニの息子のひとりで、彼はそれを自分への贈り物を買うのに使っていた）。オンジャニの結論によれば、私の怒りがクルニの霊の憤りによって増幅され、その結果モネイが死の縁に追いやられているのだという。

オンジャニにこの話をされたとき、私が正当な理由のため村人に大金を寄付した気前のよさが尊敬される長老ひとりを死に至らしめてもうひとりを瀕死の状態に追いやったと村人の目には映っているのだ、と思わずにはいられなかった。

ガプンにおいては、実のところどんな善行も罰を免れないのである。

幸い、太鼓腹にはこの嘆かわしい状況の解決策があった。言うまでもなく、それには彼が食べるたっぷりの食事が必要となる。

翌日オンジャニは、村の男たちにモネイの足元でココナツを割らせてクルニの霊を呼び出し、モネイに腹を立てないよう霊に頼んだ。そのあと男たちは一列になって私の家まで歩いてきた。輪になって家を取り囲み、ココナツの果汁を垂らし、私の家までのぼってきて家の中を歩きまわり、家を〝冷やし〟てクルニの古いメンズハウスとのつながりを断つためココナツの果汁を床に垂らした。

モネイの子供たちのところにまだ残っていた数少ない豚の一匹が殺され、私はネスカフェの大瓶、一ポンド（約四五〇グラム）の砂糖、一〇ポンド（約四・五キロ）の米を提供した。女たちは洗面器何杯分もの茹で豚と米を用意し、コーヒーのために大鍋に湯を沸かして、すべてを村の中央にあるメンズハウスに届けた。だがこのごちそうを食べる前に、オンジャニは村人に、私が渡した金をクルニの弔いの宴のために使わなかったことに対して公の場で私に謝罪するよう指示した。そして私は、もうこのことには怒っていないという短いスピーチをし、クルニを呼び出して怒らないでくれと頼むよう求められた。

クロトンの葉数枚を入れたグラス一杯の水が回され、オンジャニはすべての男女と子供に、水に指を浸けるよう命じた。これは、誰かがまだ感じているかもしれない怒りを冷やすためだ。それが終わると、全員が無言で列をなして私と握手をした。私はその水のグラスを、モネイの妻ソパックと親戚数人が看病に当たっているモネイの家まで持っていくよう言われた。我々が家に入ると、オンジャニは、あらゆる人間が和解していて怒りはないことを示すため、互いに握手をするよう全員に命じた。私はスプーンでモネイにコップの水を飲ませるように言われた。

モネイは甥のひとりによって体を起こされて座らされ、私は彼のむき出しの歯とふくれた舌の向こうにそっと数滴の水を落とそうとした。そのあと、グラスの葉を使って家じゅうに水をまき散らすよう言われたので、そのとおりにした。水のグラスをモネイのそばの木製のスツールに置き、それで儀式は終わった。

クルニの霊がなだめられて私の苛立ちが静まったことに満足した太鼓腹は、大きな腹をぽんぽんと叩き、皆でメンズハウスに戻って、食べられるのを待って冷たくなっている食事を食べようとうれしそうに告げた。

モネイは回復せず、ついにセピック川沿いにあるマリエンベルクの診療所に連れていかれた。魔術を弱めるよう魔法使いを説得したり、先祖の霊の怒りを冷まさせたりするため、考えられることをすべて行ったあと、モネイの子供たちはようやく彼をマリエンベルクへ連れていくことにしたのだ。

こういう展開は典型的である。村人は病人を診療所に連れていきたがらない。理由のひとつは、それが非常に遠いからだ――ガプンから八時間以上かかる場所にあり、行くには丸木舟を必死に漕がねばならない。だが主な理由は、診療所が死を連想させるからである。マリエンベルクへ連れていかれた病気の村人は、ほぼ例外なく死んで戻ってくる。それほど致死率が高いのは、診療所には薬がほとんどなく、レントゲンなどの検査施設も手術施設もないからだ。だがそれよりも、マリエンベルクで人々が死ぬ主要な原因は、村人がようやく医療の助けを求めたときには手遅れだからである。

モネイが間に合わせの運搬台にくくりつけられて息子の肩に担がれ、熱帯雨林の中の道を一時間運ばれて、息子たちがマリエンベルクまで漕いでいくカヌーに乗せられるとき、彼が死にかけているのは明らかだった。何も見えなくなった目は白濁した膜で覆われ、ふくれた舌は開いた口からだらりと垂れ、全身からはマグノリアの香りに似た妙に甘ったるい死のにおいが靄のように漂っていた。

数日後、モネイの亡骸は出発したときと同じ運搬台に乗せられて村まで運ばれてきた。彼は息子ラファエルの家に寝かせられ、家はすぐに嘆く村人であふれた。彼らはひと晩じゅうモネイの体を撫で、大声で嘆き悲しみ、モネイは自分たちを見捨てていったと叫び、目を覚まして話しかけてくれと嘆願し、彼がいつも座っていたベランダは今や無人になったと慟哭した。

朝になるとモネイは村の墓地に運ばれ、ほかの村人と同じく墓標のない墓穴に埋葬された。しきたりを守る年老いた妻のソパックは一カ月間喪に服して家にこもったが、その後息子たちは異教徒のようにふるまう母親を非難して、身をひそめるのをやめろと言った。

騒ぎがおさまったあと、モネイの死の原因としていろいろ考えられた中で村人たちが達した結論は、サナエの魔法使いがモーゼスの癇癪持ちの妻マリアを魔法のかかった物体で射て殺そうとした、というものだった。彼女はいつも何かに怒っているからだ。だが魔法使いは魔法の発射物を射そこない、マリアでなく哀れなモネイに命中してしまった。

というわけで、ほかのあらゆる村人同様、そしてイエス・キリストとも同じく、モネイも別の人間の〝悪行〟のために死ぬことになったのである。

14 ルーク、手紙を書く

熱帯雨林では、日の出や日の入りはあわただしい現象だ。朝六時少し前、フェルトのように世界を覆う濃い夜の闇は薄れて濁った灰色に変わり、一五分後には太陽が突然空に現れてギラギラした光と熱を放ちはじめる。夜は一二時間前と逆で、太陽は沈みかけたと思ったら急に姿を消す。約束に遅れていて、極力速く地平線の下に潜らねばならないかのように。

太陽が消えたとたん、村は真っ暗闇になる。村人は、懐中電灯の明かりと、月が出ていればその弱い光を頼りに動きまわる。懐中電灯は大半の大人が所有しているものの、電球が焼き切れていたり、電池が切れたりしていることも多い。

家では、村人は夕食を用意するのに用いた小さな炉のそばに座るか（女は自分が料理しているものが見えている夕方のあいだに食事を作り終えるようにする）、ベランダに出て、燃えさしがまだ炎をあげている大きな金属の器のそばに座る。燃えさしの投げかける光は弱々しいが、村人がいつも持っている新聞紙を巻いたタバコに火をつけるには便利である。

私が村にいて灯油を持ってきたときは、ほとんどの村人は古いブリキで即席の小さなランプを作り、縄の切れ端を灯心にして火をつけた。私の灯油が供給する弱い黄色のちらちらする明かりが、夜の闇を照らした。私がガプンにいないときは、商売に意欲的な村人が儲けるため町で買ってガプンに持ち帰って売った、電池式の安い中国製ＬＥＤランタンのスイッチを入れる者もいた。そういうランタンの光は青く冷たくてギラギラしている。電池の消耗が速いため、ランタンは数日しかもたない。そして熱帯雨林で電池は入手しにくい。

夕方は社交の時間だ。村人の何人かは、家の前に屋根のない小屋を建てている。夕方になると、彼らはそこに座り、燃えさしが炎をあげる器の横に腰をおろしてタバコを吸い、ビンロウジを噛み、話をして噂を教え合うためほかの人間が来るのを待つ。女は乳幼児を抱き、子供たちをぞろぞろ引き連れて、村を歩きまわる。子供は母親のあとについて家々に通じる登り棒をのぼり、床に座り込んで遊び、そのあいだ女は座ってタバコを吸い、ビンロウジを噛み、おしゃべりをする。

私の夕方の日課も村人のそれにならった。村人は暗くなる前に、村のすぐ外にある長い〝橋〟の下にある胸の深さの沼に浸かったり、池に行ったりして、その日の汗や汚れを洗い流そうとする。私は橋を避けた。橋は滑りやすい丸太を適当に結び合わせただけのものだったからだ。幅広い素足となんでもつかめそうな足の指を持つ村人なら難なく渡れるけれど、私は必ずといっていいほど落ちた。だから、村の奥の端にある、若者が使う池に行った。半分に割って棒の先につけたココナツの殻で汲んだ水を頭からかけて、これはシャワーだと自分に言い聞かせた。

家に戻ると、たいていどこかの子供が夕暮れ少し前にやってきて、母親が夕食を用意したから食べに来るようにと誘ってくれた。私は招待してくれた人の家へ行っておしゃべりをしたあと、そこを辞し、村をめぐり歩いた。目標があることもあった——何か訊きたいから、しばらく会っていないから、単にその人と一緒にいるのが楽しいから、といった理由で特定の人を訪ねた。だが多くの場合は適当にぶらぶら歩き、ベランダや屋根のない小屋に座っていてちょっと訪問しても迷惑そうでない人のところへ行って、話をするのだった。

　こういう夕方の社交は、ほとんどの場合、日が落ちて三時間ほどになる夜九時までに終わる。九時半には、大半の大人は子供——たいてい床に伸びて眠りに落ちている——を抱き上げて蚊帳に潜り込み、就寝する。男は普通、五歳以上の息子と一緒に眠る。女は娘や乳幼児と眠る。いざ寝ようとしたとき、たまに子供がひとり足りないことに母親がふと気づく場合がある。訪問した家の床で「眠りこけた（コンク・アウト）」（「カトップ」*katop*）のに、暗くて見えなかったのだ。「おや、カーマはどこ？」家の中から五歳の娘を呼ぶ声があがる。「ワンディのところへ行ったとき、私と一緒にいたでしょ？　あの子はどこなの？　カーマ、オーーーーーー！」母親が行方不明の子供を呼ぶ声は村じゅうに響きわたる。やがて娘は見つかり、起こされて、闇の中でも見えるよう火のついた燃えさしを目の前で振りながら家まで送られるか、あるいは寝てしまった家の蚊帳に入れられて夜を過ごすかする。

　私もたいてい九時半には一日の仕事を終えていた。自分の家に戻ってドアを閉める。それは、入ってこないようにという合図だ。私がドアを閉めるのは、誰かの話を録音したテープの文字起こしをするときか、タヤップ語の詳細について老人に話を聞くときか、就寝前に調査記録を書いておきたいときだけだった。それ以外のときは、ドアがあるほかの家と同じく、ドアは常に開いていた。星が輝きを増し、天の川がぼんやり広がって黒い夜空を白く染めるにつれて、村は静かになっていく。聞こえる音といえば、コオロギの鳴き声、犬の吠え声、オオコウモリの甲高い声、決して人間には姿を見せないカエルのかすかなコーラス、そしてときどき赤ん坊が泣く声。この夜の静けさの中では、比較的確実に、日中は絶えず訪れて何かを要求してくる村人に仕事を中断させられることを心配せず、ランタンの明かりのもとで一日の出来事を書き留めることができた。

それでもときどき、夜のかなり遅い時間に、竹製のドアがそっとノックされることがあった。そういうときは気を引きしめねばならなかった。ドアの向こうに立っているのが誰であれ、その人物は普通でないものを要求するつもりだとわかっていたからだ。

モネイが埋葬されてから二週間後、夜遅くに我が家のドアが叩かれる短く鈍い音がした。ドアを開けると、モネイの末っ子、一九歳のルークが、ジェームズ・ディーンばりの魅力あふれる笑みをたたえて立っていた。ルークは最近兄に散髪してもらっていた。兄はハサミを持つ唯一の村人なので、村の床屋をしている。ルークは後ろと横を短くした角刈りにしてもらっていた――植民地時代に〝コックボーイ〟やミッションスクールの生徒に人気があった髪型だ。この新しい髪型によって、ルークは古風であどけなく見えた。緑かかった明るい青のポロシャツを着て、ボタンを首元まで留めている。教会へ行くときのような、こざっぱりとめかしこんだ格好だった。私はルークを招き入れてドアを閉め、青いプラスチック製の椅子に座った。彼もついてきて向かい側の椅子に腰をおろした。私は記入していたノートを閉じて脇に置き、微笑みかけて、いつもと同じ質問で口火を切った。「どんな心配ごと？」

ルークは、私がいつ村を出るのか知りたいと言った。必需品を買うため六週間に一度ほど訪れている町マダンに次はいつ行くのかという意味だろうと思った私は、まだ決めていないと言った。だが彼の訊き方に何か引っかかったので、答えたあといったん言葉を切り、「いつマダンへ行くのかという意味だよね？」と尋ねた。

彼は違うと言った。私がいつ国に戻るのかを知りたいのだという。

私は驚いた。その質問への答えは周知の事実だったからだ。数カ月前ガプンに来てすぐ、私はいつまで滞在するつもりかを皆に知らせ、誰かに訊かれるたびに何度も同じことを答えていた。私がスウェーデンにいつ帰国するつもりか、ルークは知っているはずだ。私は勢いよく頭をめぐらせはじめた。なぜ彼は夜中にこっそり訪ねてきてそんな質問をしたかったのか？　私と一緒に行きたいのか？　航空券を買って連れていってくれと頼むつもりか？

私は身を硬くした。ここを去るとき彼を一緒に連れていくのは無理だし問題外だということを、どう伝えたらいいだろう。私は皆に言いつづけていたことを彼に話した。四カ月後の一二月に帰るつもりだが、正確な出発の日付はまだ決まっていない、と。

ルークはうなずいた。もし手紙を書いたら、スウェーデンまで持っていってくれないか？　彼はそう尋ねた。

私はほっとして、「ふうっ！　ルークはペンフレンドを欲しがっているんだな」と考えた。それに先立つ数週間、サラグムなどの村人たちはこの文通相手探しという現象について話していた。彼らはその話を、六カ月に一度観光客を乗せたクルーズ船が短時間寄港する海沿いの村に住む若者たちから聞いていた。その若者たちは、〝ペンフレンド〟（「ペン・プレン」*pen pren*）になりたいから住所を教えてくれと観光客に頼み、観光客は承知したらしい。このことは、変化への新たな道が発見されたという興奮を巻き起こした。

「もちろんいいよ」私は答えた。「手紙は持っていってあげよう」

ルークはにっと笑った。

会話は終わったと思われた。だがルークは帰ろうとしない。私は不安を覚えた。彼にはもっと何か言いたいことがあるのではないか。だから尋ねた。「誰に手紙を送りたいんだい？」

その返事を聞いて私の血は凍った。

「父さんだよ。モネイに手紙を送りたいんだ」

村人が一九八五年の激しい雷雨の夜に、彼らの目から見れば私は戻ってきた死人だと告げたとき、私は動揺した。当時は、私をよみがえった村人だと彼らに思わせるに至った信仰についてはまったく知らなかったし、自分にどんな役割が求められているのかわからず不安だった。彼らは、死んだ村人はどんなふうにふるまうと考えているのか？　彼らは私が何をすると予測しているのか？

結局のところ、死んで戻ってきた村人という私の立場は、私と村人との関係に目立った悪影響を与えなかった。むしろ、私が変身した村人だという思い込みのおかげで、彼らは今でも驚異的だと思えるほどの優しさと温かさで私を村に受け入れてくれたのである。

歳月が経ち、慎重な質問をして、そして主には村人同士が話すのを盗み聞きして、なぜ彼らが私を戻ってきた村人だと考えているか――そして彼らがパプアニューギニアの外の世界をどう考えているか、その世界の中で自分たちがどんな立場にいると思っているのか――が徐々にわかってきた。

宇宙人が突然どこからともなく現れたところを空想してほしい。宇宙人は人間そっくりだが、誰も聞いたことのない奇妙な言語を話す。髪の色も肌の色も違う――表皮には袋がついていて、宇宙人はそこから不思議な物体を出してくる（それまでシャツやズボンを見たことのなかったパプアニューギニア人は、初めてヨーロッパ人を見たときそういう衣服を皮膚の一部だと思った）。想像もしなかった立派な乗り物で宇宙人が現れたと空想してみよう。宇宙人は驚くべきことをする珍妙な装置を持っており、不機嫌になったり怒ったりしたら死や破壊を引き起こすことができる。

それが、ヨーロッパから来た白い肌の探検家や入植者に初めて遭遇したときパプアニューギニア人が置かれた状況だ。その初めての遭遇は国じゅうのさまざまな地域で、一八〇〇年代半ばから一九三〇年代のあいだのさまざまな時代に起こった。ガプン人が白人の存在を知ったのは、一九〇〇年代初頭だった。白人に会った初の村人はンダイルという名前の男で、彼は異国人を見るためわざわざ海沿いの村まで行った。大きなヤムイモ四個を持っていき、鋼鉄製の手斧と交換した。

白い人間の存在が単なる噂や誰かの想像の産物でないことを自らの目で確かめた村人たちは、こう自問しはじめた。「この人間たちは何者だ?」「彼らはなぜここへ来た?」「なぜ、今来た?」そして「彼らは何をくれるのか?」

この四つの疑問が、ガプンの村人が今なお解き明かそうとしている謎の核心だ。

最初、彼らは昔から伝わる神話に説明を求めた。村にはアレーナとアンデナという兄弟の神話がある。兄弟は仲よく暮らしていたが、それはひとりの女が登場するまでだった。兄のアレーナは女と結婚したけれど、彼女はアレーナを裏切って弟のアンデナを誘惑したのだ。兄は妻の浮気を知り、復讐のためアンデナを殺す計画を立てた。ある日、アレーナはアンデナに、メンズハウスを建てたいので大黒柱を支える穴を掘るのを手伝ってくれと頼んだ。穴に潜ってもっと深く掘れと命じられたアンデナは、おりていって掘りつづけた。アンデナが穴の底まで行ったとき、兄はその太い大黒柱を持ち上げて真下に勢いよくおろした。これでアンデナは押しつぶされるだろう。ところがアンデナは兄より頭がよかった。兄の企みを察して、避難用のトンネルを掘っていたのだ。顔を上げ、柱が自分の頭目がけて落ちてくるのを見たとき、アンデナはトンネルに逃げ込んだ。その後彼は熱帯雨林の、兄から遠く離れた別の場所に出た。

神話はさらに続き、創意に富んだ弟の功績を追う。彼はあるとき二種類の人間を作った。木を使って色の黒い人間を、そしてサゴヤシのピンク色の髄を使って色の薄い人間を。やがて、嫉深い兄はアンデナが死ななかったことを知って捜しに行く。神話は、兄弟が再会し、魔法のかかったカヌーでパプアニューギニアを永遠に去るところで終わる。彼らはアンデナがサゴヤシの髄で作った色の薄い人間を連れていった。色黒の人間は、アレーナの不誠実な妻とともにあとに残された。

兄弟は海を渡り、二度と戻らなかった。

この神話を知るガプンの老人たちは、兄弟は国々に渡ったのだと推論した。そして、白人はアンデナがパプアニューギニアで作ったピンクの人間の子孫なのは明らかだということで、全員の意見は一致していた。しかも、アンデナは自らの能力を国々にもたらして、すべての金、飛行機、地下鉄トンネル、船外モーター、衣服、その他白人が持つあらゆるものを作る工場を発明したのだという。村人たちは神話の空白を埋めていった。アンデナは最後には生まれ故郷のパプアニューギニアを哀れに思い、自分が残してきた哀れな色黒の人間を〝助ける〟(「ストレティム」(*stretim*))ため帰国したくなった。だがオーストラリア人によって帰国を阻まれた。彼らはパプアニューギニア人に自分たちが持つのと同じ知識、力、肌を持たせたくなかったからだ。村人たちはそのように考えた。

村人がキリスト教に改宗すると、こういう神話はますます意味を成すようになった。アレーナとアンデナは明らかに、互いに争ったと聖書で書かれている兄弟、カインとアベルだ。聖母マリアに相当するのはンジャリ、大昔この地に来たとされる神話上の始祖である。彼女は、妊娠した女はすべて腹を裂いて殺されて赤ん坊を取り出されることを知り、女が死なずに出産できるようヴァギナを与えた。またいくつか男女の体の構造を取り替え、もともと男の体についていた乳房を取り除いて女の体にくっつけて、代わりに女の髭を男に与えた。

村人は、なんの気なしになされた発言をヒントに自分たちの疑問を解き明かそうとした。一九五〇年代末、ガプンを一度だけ訪れた司祭が話のついでに、自分の出身地ベルギーは「ナンバ・ワン・カントリ」(*namba wan kantri*)だと述べた。トク・ピシンにおいてこれは曖昧な表現で、「最高の国」とも「最初の国」とも解釈できる。村人は後者の解釈を採用し、「ベルジュム」(*Beljum*)は地上と天国が出合う地だという考え方は、ガプンにしっかり根づいて今日まで残っている。

ベルジュムが地上と天国が出合う地だとしたら、パプアニューギニアは「最後の国」だと村人は互いに言い合う。力、栄光、工業製品などが集まるすばらしい中心地から最も遠い国だ、と。村人の話す世界観から私が理解したところでは、彼らは皆――学校へ行って地図や地球儀を見たことのある者を含めて、文字どおり全員という意味である――世界は一種の神秘的な弧を描いていると想像しているようだ。最後の国パプアニューギニアは地下にあり、世界はそこから天国と接するベルジュムに向かって曲線を描いていき、教皇がイエス・キリストとその母親マリアと彼女の夫たる神とともに暮らす国、ローマに達する（マリアの地上における配偶者ヨセフは、来世についての村人の議論には登場しない）。国々の人々は飛行機で自由にローマや天国へ行き、神の栄光に浴することができる。すなわち〝世俗的な富を得られる〟ということだ。

　現在でも、ほとんどのパプアニューギニア人は死んだときしかローマに行けない。何人かの例外はいる。中でも最も重要な人物は、パプアニューギニア初の、そして何度も首相を務めた、サー・マイケル・ソマレだ。ソマレは白人の秘密に接することを許された数少ないパプアニューギニア人のひとりだ、と村人は口を揃える。彼はローマへ行き、教皇に会い、金を生み出す強力な本を与えられている。絶対に死なない（確かにその考えにも理はあるかもしれない。二〇一八年現在八二歳のソマレは、既にパプアニューギニア人の大多数よりも長生きしているのだから）。彼はどんどん年を取っていきやがて衰弱するが、そのあと何かの薬を飲んでまた若返る、と村人は言う。まるで女優シェールのように。

　パプアニューギニア人が死ぬとき、重大な罪（たとえば人工妊娠中絶など）を犯した者は森のサゴヤシの根元にとどまって永遠に雨に打たれつづける。だが、サナエの人間は死者の家族から五〇キナを受け取り、死者を〝登録〟して先に進ませることができる。先に進んだ死者は、国々へ行って肌が白くなった死んだ村人たちと合流する。国々では、死んだ村人は靴と靴下を与えられる。水道と電気のある立派な家に住み、ボタンを押しさえすれば食べ物でもきれいな服でもなんでも手に入れられる。学校へ行く。学校で英語を習得したなら仕事が見つかる（死者と直接交信できるサナエの男は村人に、死んだ家族のほとんどは看護師か会計士として雇われていると告げた）。やがて死者は、村に残してきた家族のことを心配する。家族に金を送りたくなる。ときどきは家族をひと目見るため観光客に変装してパプアニューギニアに戻ってくる。だが手紙を通して接触することもできる（村人が〝ペンフレンド〟を持ちたがるのは無邪気な趣味ではない。工業製品を手に入れたいのだ）。また現在では、相手の電話番号さえわかれば、携帯電話で連絡を取ることも可能だ。

そんなことを信じるのはばかげていると思われるかもしれないが、ガプンだけの話ではない。ニューギニア島全体が、〝千年王国〟信仰や〝カーゴ〟信仰でよく知られるようになっている。信者が特定の行動を正しいやり方で行ったなら、天国の門が開いてイエス・キリストが再び降臨し、至福の千年期が実現する、という考え方だ。種々の名前——ヴァイララ狂信、マンブ・カルト、パリアウ運動など——で呼ばれるカーゴ信仰は、白人来訪以来この国じゅうに存在しており、現在でも強く信じられている。

第二次世界大戦後にガプンを席巻したいくつかの信仰の中でも比較的最近のもののひとつは、ラムベトというセピック川沿いに住む男を中心に広まったものだ。彼は一九九〇年代初頭のある午後、村に現れて、自分は神の使いだと宣言した。村人は彼に家を建て、彼の教えに従った。その教えでは、午後じゅう、そしてほとんどの夜に祈禱が行われた。そういう祈禱集会の中で、一部の村人は意味不明なことを口走り、倒れ、宗教的光悦に陥って体を震わせて大騒ぎをした。これが数カ月続いた。だがラムベトにとって不運なことに、死者が白い肌でたっぷりの金を持って墓場からよみがえると彼が予言した日に、一男七女を持つ女の一歳の息子が死んだ。ラムベトは子供を死者の世界から生き返らせると公言した。涙は男の子の魂が肉体に戻るために必要な〝道を塞ぐ〟からと、母親やほかの者たちが泣くのを止めた。

ひと晩じゅう、ラムベトと村人は男の子の体の前で祈り、神とイエスとマリアに彼を生き返らせてくれと嘆願した。だが夜明けには、男の子が生き返らないのは明らかになっていた。すると、男の子の姉の夫が猛烈に激怒してラムベトの頭を蹴った。ラムベトは隣村まで連れていかれ、そこからカヌーでセピック川を運ばれていった。ようやく州都ウェワクの病院に着いたラムベトは、折れた顎の骨の治療を受けた。数週間後、彼は自分の持ち物を取りにガプンに戻り、そのあとラエの町へ行ったが、そこですぐに死んでしまった。

死んだ父親に手紙を届けてくれというルークの要求に私の血が凍ったのは、私が死人だと村人が思い込んでいることをまざまざと思い出したからだけではない。倫理的なジレンマに追い込まれたからでもある。

もしも私が「だめだ、すまないけど、モネイに手紙を届けることはできない。実は私は天国へは行かないからだ」と言ったなら、ルークはこの返事を拒絶だと考えるに違いない。彼の耳には、

「サラキは死んでいるから、同じように死んでいる僕の父さんのいるところへ行くくせに、僕の手紙を父さんに持っていってはくれない」と聞こえるだろう。

もしも「ああ、もちろん持っていってあげるよ」と言ったなら、私が死んでいて天国とパプアニューギニアを行ったり来たりしている、というルークの誤った認識を肯定することになる。

不可能な選択肢ふたつに板挟みになった私は、考えられる唯一の方法でルークの要求に答えた。甲高い声で「最善を尽くすよ」と言ったのだ。

ほかに何を言っていいかわからなかった。だが向かい側に座ったルークは、あの歯を見せた愛想のいい笑みを見せた。私が詳しく説明するのを期待しているようだ。なんと言えばいい？ スウェーデンに戻ったら彼の父親の幽霊とカクテルを飲み交わす約束をしているから、そのときに手紙を渡す、とでも？ 私は途方に暮れた。藁にもすがる思いで、孵化するまで面倒を見てくれと誰かに渡されたヒクイドリの卵のことを話した。池へ洗濯に行くときと帰るときにモネイの家の横を通るたびにモネイを思い出す、彼はいつもベランダに座っていて、私たちはいつもおしゃべりをしたからだ、と言った。最近実によく雨が降ることについて話をした。私が届けることで話が決まったらしい死者への手紙をどうするつもりかについてこれ以上何か言うのを避けるためなら、ルークに歌を歌ってやり、曲芸の技をやってみせたりしかねなかった。

やがて私は無理やりあくびをして、もう時刻は遅く、私は疲れており、ルークたち村人と違って昼寝をしていないのだと言った。それに、トイレへ行きたい。ルークがほかに言いたいことがあるかもしれないので、私はいったん言葉を切った。彼はただ私を見つめてにっこり笑った。「よし」私は思った。「もういいだろう」立ち上がってドアのほうに向かう。ルークは、頼みたいことはもう頼んだと言った。ドアまで私についてきて棒をおり、おやすみと言い、私たちは別れた。私は用もないのに、クモのはびこる森の中の屋外トイレに向かった。

三〇年近く前にラムベトが顎を折られてガプンを去ったあと、村ではあと一度、本格的なカーゴ運動が起こった。一九九四年、モネイの息子（そしてルークの二〇歳年長の兄）ラファエルが別の村からの帰り道に湿地を歩いていて毒ヘビに嚙まれた。事態を認識したラファエルは、もし死ななかったら神の意志に従って働くと神に約束した。老人が魔法の歌を単調に歌いながら唾を吐きかけるといった伝統的な治療法はすべて拒否し、意識を失いかけながら、回復するよう祈ってくれと家族に言った。家族はその日のうちに彼をマリエンベルクのカトリック伝道所にある診療所へ連れていくことができ、ラファエルは回復した。

ラファエルはマリエンベルクへの道中、幽体離脱体験をした。巨大なドアの前に立ち、ドアの正面に置かれた椅子に座った長身の白人と話をしたのだ。白人は、ラファエルがこのドアをくぐるときはまだ訪れていない――現世に戻らねばならない、と話したという。また、彼が伝道所で療養中、白人の男ふたりと女三人がカヌーでやってくるのが見えたそうだ。彼らはラファエルへの贈り物を入れたブリーフケースを持っていたが、ラファエルでなく父親のモネイとだけ話をし、ラファエルは元気になると請け合った。そしてまたカヌーに乗り込んで帰っていったという。息子をマリエンベルクへ連れていってつきっきりで看病していたモネイは、白人五人に会ってはいないし、ましてや話もしていないと言った。だがラファエルは、彼らがそこにいたと言い張った。

村人は、頻繁に起こる悲劇的な経験から、毒ヘビに噛まれたら普通はほぼ確実に苦しんで死ぬことを知っている。ラファエルが回復したのは奇跡的であり、彼はその奇跡を利用した。彼が噛まれたのは木曜日だったが、次の日曜日には回復し、伝道所の教会で開かれるミサに出席していた。彼は聞いてくれる人皆に、自分の体は三日間死んでいたが三日目の終わりに生き返ったと話した。

それが神の息子の事例と類似しているのは、このうえなく明らかだった。

ガプンに戻ると、ラファエルは仰天した村人を集め、彼らを熱帯雨林に連れていって〝苦行〟をさせた。彼らは食べ物もなく、水だけを飲んで持ちこたえながら、森の中で一週間を過ごした。昼も夜も祈りつづけた。疲労困憊して飢えた中で、ラファエルが預言者の声で話すのを聞いた。熱帯雨林から戻った村人は、ラファエルの福音を広めるため一団となって近隣の村々を訪ねた。そのメッセージとは、伝統的な工芸品は悪魔的であり、変化をもたらすためには破壊せねばならない、というものだった。ガプン人は周辺の村すべてをめぐったが、彼らに耳を貸す者はほとんどいなかった。

およそ二カ月後、村人は村めぐりをやめて故郷に戻った。人々は、ラファエルが預言者という地位についたことを利用して自分たちの妻と寝ようとしたと非難し、ラファエルが始めた宗派は消滅した。

　それでもラファエルは今なお村の礼拝導師であり、マリエンベルクのカトリック伝道所との連絡役を務めている。一〇年に一度ほど行われる若者の堅信式や、ママ・マリアすなわち聖母マリアへの祈りを唱える月である一〇月に毎夜行うロザリオの祈りといった、教会のイベントを企画するのに主導的な役割を果たしている。礼拝導師としての役割によって村でそこそこの地位を有しており、そのため人々に対して威張り散らす機会を手にしている。彼はその機会をおおいに楽しんでいるようだ。だが、短期間の（彼の場合は二カ月間の）名声が遠い過去の話になったという事実には猛烈に憤っている。機会を見つけては、自分は毒ヘビに殺されたが生き返ったことを村人に思い出させ、来世との遭遇のおかげで神と交信できるようになったのだと指摘する。神は怒らせないほうがいい。彼は恐ろしい顔で、自分は〝祈りの針（プレイヤー・ポインツ）〟（「オル・プレ・ポイン」*ol pre poin*）を持っていると言う。それは矢のように人を射ることのできる祈りだ。そして自分はママ・マリアの耳であるとほのめかし、彼を怒らせた人間のほうに向かってためらいなくつぶやく。「僕が捧げ物をしさえすれば、誰かが死ぬんだぞ」

　ほぼ二〇年のあいだガプンでカーゴ運動が公然と行われることはなかったものの、村人の世界観を支える千年王国という考えは、海中の強い潮流のごとく、常に彼らの生活のすぐ下を流れている。どこかにあって積荷（カーゴ）の栓を開く〝道〟についての知らせを誰かがもたらさないまま一カ月が過ぎることは、まずない。私はガプンにいた歳月を通じて、無邪気な村人がだまされた、うんざりするほど多くの企みを記録してきた。そういう企みをもたらすのは常に外部の人間だ。彼らは、銀行、NGO、会社、土地の権利をめぐる取引、二酸化炭素取引などの〝メンバーになる（ビカム・ア・メンバー）〟〔「カマップ・メンバ」（*kamap memba*）〕ために金を払えば、あまり遠くない将来のどこかの時点で莫大な金や製品を受け取れる、と村人を説得する。しかしなぜか、その将来は決して訪れないのである。

一カ月半後、ルークは父親への手紙を持ってきた。白カビの生えた罫線入りの紙三枚に手書きされていて、かなりの時間をかけて書かれたようだった。二枚は、彼が数多くのガールフレンドに手紙を書くため私にねだって手に入れた青いビックのペンで書かれていた。一種の付録として付け加えた三枚目は、色褪せた黒インクで書いてあった。

私はルークに、この手紙もラブレターにしたようにパソコンでタイプして印刷してほしいか——それともこのまま届けてほしいか、と尋ねた。タイプして印刷してくれ、と彼は言った。「いいぞ」と私は思い、タイプして印刷した手紙はすべて私が研究に利用して出版することができる、という彼ら若者たちと交わした取引を思い出させた。かまわない、とルークは答えた。

ということで、ここにルークの許しを得て、彼から亡き父親への手紙の全文を示す。英語に訳したが、語間、下線、句読点はそのまま残している。タヤップ語で「ガプン村」を意味する「タヤップ・ヌム」（*Tayap Num*）と、英語に近い「けい具（ユアズ・フェイスフル）」を除けば、手紙はトク・ピシンで書かれていた。

『タヤップ・ヌム
アンゴラム地区
ウェイク東セピック州

親愛なる父さん‼
ナンバー＝1）‼　家族のぼくたちはすごく父さんのことを心配している父さんは病気でぼくたちは父さんがよくなると思った、だけど、父さんはぼくたちを置いて死んで行ってしまった。父さんは幸せの場所へ行ってぼくたちは困難な場所にいる。誰が父さんの代わりをしてくれる。誰がぼくたちを教えてくれる。父さんがしたみたいに。

ナンバー(2)
父さん生きていたとき父さんはよくぼくたちに起こった争いを全部見ていたね。村はぼくたちと仲悪くなった。父さんぼくたちの心配ごとは何？　この手紙に返事をくれるとき携帯電話の番号を書いてきて。父さんは霊になったからぼくたちにどんな災難が起こったか見えるだろう。

父さんは幸せの場所にいる

ぼくたちは困難な場所にいる

父さん携帯電話の番号を書いてきてね父さんはぼくたちを心配させたああ！

父さんぼくはルークでこの手紙で父さんに家族の心配ごとを書いているんだ‼　以上

――けい具

ナンバー(4)[1]

父さんすごく大きなこと家族はぼくがこっそり家族の大きな心配ごとをこの手紙に書いているのを知らない。父さんK三万キナ〔約二万ドル〕を送ってきて。そのお金は父さんの子供たちのところに行くんだ父さんそれをドン・サラキに送って

ちょうどその金額を送って

1　ルークの手紙に『ナンバー(3)』はない。『ナンバー(2)』からすぐ『ナンバー(4)』へと移っていた。

それから父さん懐中電灯をぼくに送ってきて
ドンが持っているみたいな
それだけ

けい具父さんへ

ナンバー(5)‼
父さんガプンの村全体。みんなぼくにぼくは女の子にラブレターを書く男の子だと言う。ぼくがドンに心配ごとを言う男の子なのを知っている。ぼくの心配ごとが届けられてみんながぼくのことを話して時間をむだにしていたとわかったらぼくは幸せになる。ほんとにほんとにぼくは天国への道を見つけたんだ。

ナンバー(6)‼
父さんほんとにほんとにその額のお金を送って・額はK三万キナだよ。
(1)それと懐中電灯を送ってきて
(2)父さん衛星携帯電話を送って、二台
父さんこういうものを送ってくれる？　村は家族の中で起こっている大きな変化を見ることに

なる。

けい具父さんへ
愛してる父さん』

ルークの手紙は、我々の世界を醜くしている異常な不平等についてガプンの村人が非常に率直かつ痛烈に批判する原因を作ったあらゆるものを、見事に要約している。父親は幸せの場所へ行って自分たち村の者は困難な場所に残されているというルークの穏やかな嘆きは、モネイが行ってしまった国々と比べて村人が自らの暮らしをどう見ているかを示す鋭い所見だ。

しかしルークの嘆きは単なる無邪気な感想でも、人生のはかなさを詩的に表現しただけのものでもない――責任を果たしてくれという要求である。モネイは幸せの場所へ行った（そしておそらく今は会計士として雇われ、ボタンを押すだけであらゆるものが手に入る家に住んでいる）のだから、富を分け与えねばならない。手紙は単刀直入に要求を述べている。ルークは父親に製品を送ってほしがっている。彼は自分の欲しいものを書いている。私が持っているような、懐中電灯や衛星携帯電話だ。だが、死後のモネイに手紙を書く主要な目的は、モネイが生きていたときには村全体が見たことも（ましてや稼いだことも）ないほどの額の金を求めることである。

これがカーゴ信仰の本質だ。大げさな修飾を取り払ってみれば、その中心に見えるのは、白人は多くのものを持ちすぎているという非常に強固な認識である。彼らは非常に多くを持っているから、分け与える義務があるのだ。

この意味で、ルークの手紙は父親に宛てたものであると同時に、私に宛てたものでもあった。だからこそ、彼は私が読むことを承知し、私がそれを他人に見せることにもためらいなく同意したのかもしれない。

私はルークの手紙を全世界の白い肌の人々への嘆願、訴えとして読んだ。それは、白い肌が手に入れた特権を認識しろという純真な要求であり、白人が世界じゅうに生じさせた巨大な不平等を認めてほしいという穏やかな要請だ。何よりも、ルークの手紙は、ものを与えることでその不平等の是正に取りかかってくれという心からの嘆願である、と私には思えるのだ。

15　地獄への旅

ジークムント・フロイトが、夢は半ば忘れていた子供時代をあらわにするものだと言って、夢の解釈を完全に変えてしまうまで、世界じゅうほとんどの場所の人間は夢を何かの予兆、あるいは霊界からのメッセージだと考えていた。夢は、フロイトの仮説のように過去を示すものではなく、未来を示すものだった。そしてガプンでは今もそう信じられている。夢は過ぎ去った出来事の痕跡でなく未来の出来事の前兆として、熱心に議論され、解釈されているのだ。

夢について――あるいは幽体離脱体験について、ガプンではそれは夢とほぼ同じことを意味する（夢を見るとき人は自分の肉体を離れて移動する）ので――話す中で、私は村人が地獄をどう考えているかを見いだした。

村人は皆、地獄についてよく知っている。地獄は天国と対照をなすものだ。そこは、信者と対極の存在である罪人が、魂の救いをあきらめたとき行くとされる場所である。たまにガプンを訪れる司祭たちは、地獄の話で村人を脅し、悪態をついたり複婚を行ったり教会に行かなかったり堕胎を試みたりしたら地獄で永遠の罰を受けるぞと警告する。過去にガプンまで行った司祭の中には、この恐ろしい場所の絵を持っていった者もいる。彼らは村人が絵と写真の区別がつかないのを知っており、それゆえ、誰かが実際に地獄へ行って拷問の責め苦に身悶えする魂の写真を持って帰ったのだと村人が信じ込むのをわかったうえで、写真だと偽って絵を見せてまわった。

魔王を見たことのある村人もいる。老クルニはときどき、一九六〇年代か七〇年代のいつかマリエンベルクの伝道所で見た〝活動写真〟の話をした。その映画に魔王が登場していた。「魔王は装飾されていた」私は、クルニが青少年グループに話すのを漏れ聞いたことがある。「体に美しい装飾を施されていた。だがオオコウモリのような翼を持っていた。そして角が二本生えていた。そして槍、巨大な熊手を持っていた。それで人を突き刺す。活動写真は嘘をつかない」彼は続けて言った。「そういったものが実在していて、人々はそれを写真に撮る」

ある夜、私はエラポと一緒にいた。他人との会話で流暢にタヤップ語を話す村人の中で最も若い年齢層に属する、三五歳の女だ。私はエラポが好きだった。我が隣人ンダモルと同じく豪放な性格だったからだ。女の子四人ときわめて喧嘩好きの男の子四人という兄弟姉妹の中で最年長のエラポは、生まれてからずっと他人に言うことを聞かせてきた。二番目の妻を娶りたいと言い張った夫とは離婚した。夫を出身地のセピック川沿いの村に追放し、七人の子供はガプンで自分の手元に残した。

ある夜、エラポはサゴゼリーと茹でたフクロアナグマの夕食に誘ってくれた。食事のあと、我々はおしゃべりをした。彼女は数日前に見た夢のことを話した。夢の中で私はタヤップ語を話し、自分はガプンの子供だ、人は死んだら肌を白くする薬をのむのだと言ったそうだ。同じ夢の中で、彼女は皿に置かれた白いサゴパンケーキが呼吸しはじめるのを呆然と見ていた。

「フュウウウ、フュウウウ、フュウウウ」彼女はパンケーキの気味悪い呼吸をまねた。

エラポが夢の話をしているとき、弟のカクが家に入ってきて床に座り込んだ。エラポの奇妙な夢の意味について私たちが話し合おうとしたとき、カクは前の年に自分の身に起こったことを話したいと言った。彼は以前から私にその話をしたいと考えており、私が彼の姉と夢について話しているのを見て、今がそのときだと思ったという。

「夢の話じゃないんだけど」カクはそう始めた。

「去年、初めて僕が魔法にかけられたときのことだ。僕はすごく重い病気になって、何も食べられなかった。ワタムへアプシの父親［自らを預言者アルベットと呼び、人を病気にした魔法使いの正体を祈りによって知ることができると主張する男］に会いに行って、彼は僕のために祈ってくれた――そして、誰が僕に魔法をかけたかを突き止めてくれた。彼が祈ったあと、僕は眠りに落ちた。だけど本当は、眠りに落ちたんじゃないと思う。きっと僕は死んだんだ。自分の肉体を離れて大きな道路を進んでいった。そこには大きな家があった」

私はカクに尋ねた。「どんな家？」

「白人の家だよ」カクは当然だとばかりに苛立たしげに言った。なにしろカクは死んでいたのだから。

「僕はそこに立っていた。僕は死んでいた。そうしたら、男、すごく若い男が走ってきた。白人だ。僕はその男を見た。あれは夢じゃなかった。僕は死んでいた。自分の体を離れて出ていったんだ。そこで、その白人が僕のほうに走ってくるのを見た。僕も彼のほうに向かった。僕たちはそこにあった大きなドアを見た。それは、人が死んだら開いて入っていくドア、一方通行のドアだ。女の人もひとりやってきた。若い女だ。彼女が来たとき、僕は男に尋ねた。『あの女の人についていっていい？』」

「その女も白人？」私は訊いた。

「白人だった。もう誰も黒くないんだよ」カクは私の無知を笑った。「女の人も白人だった。で、男は彼女を見て、『ああ、ついていっていいよ』と言った。だから僕は女の人についていった。そうしたら彼女は言ったんだ。『地獄を見に行きましょう』って」

のちに、その白人女はカクの姪、ヤケラであることが明らかになった。彼女は数年前、タランチュラのような大型のクモに噛まれて死んでいた（クモの毒は魔法によって致死性にされていた）。彼女は遠まわりして、カクに地獄を見せることにした。まずは、最初に見た家に戻った。そこで私が話に関わってくる。

「僕たちは家に入っていった」カクは言った。「家の中には山のように靴があった。ほかには何もない、とにかくたくさんの靴だけ。その家は靴だらけだったんだ」

「どんな靴？」私は尋ねた。

「この前あんたがここに来たとき履いていたみたいなやつだよ。思い出してみて」

前にも弟の話を聞いたことのあるらしいエラポが口を挟んだ。「カウィエンギミンの橋を渡っていて滑って落ちたとき履いていたみたいな靴よ」

「カウィエンギミンの橋から滑って落ちた、どのときのことだい？」私は自虐的に訊いた。村人が橋と呼ぶ、半分水に沈んだいまいましい丸太に足を置くたびに、私は滑り落ちていたのだ。

「黒と白のやつ？」それは、水はけがいいため買っていた、コンバースの安い偽物のハイトップのスニーカーだ。

「そいつだ」カクが言った。「で、僕と女の人は家の中を回って靴を見た。女の人は言った。『すごくたくさんの靴でしょう？　サラキは村へ行く前にここにある靴を取って、それを村で使ったのよ』」

カクは返事を期待する表情でこちらを見た。

私はどう言っていいかわからなかった。ガプンでは靴を四足しか持っていない、と言って抗議したかった。サンダル一足、夜に小便するため熱帯雨林に入るとき毒ヘビに足首を噛まれないよう必ず履くゴム長靴一足、安物のズック靴二足。確かに、一足も靴を持たない村人に比べたら四足は多いだろう。例外はただひとり、サッカーシューズを片方だけ持っている若者だ。彼はサッカーをするときいつもそれを自慢げに左足に履いて見せびらかす。しかし、靴を四足持っているからといって、私がイメルダ・マルコスになるわけではない［フィリピン元大統領の妻イメルダは数千足の靴のコレクションで知られていた］。

カクは口を閉じ、靴についてのこの情報が充分に理解されるのを待った。だが私には、それがどういう意味なのかさっぱりわからなかった。スニーカーが、私が天国の家に無尽蔵の積荷（カーゴ）を持っているというカクの思い込みの象徴であることは明白だった。しかし、そのカーゴが山と積んだ偽物のコンバースのスニーカーという形で現れる理由は、ジークムント・フロイトにでも助けを求めないかぎり判明しないだろう。

靴についての話で私を悩ませたまま、カクはダンテばりの地獄めぐりの話を続けた。

「僕たちはその家を出た。僕は女の人に、腹が減ったと言った。彼女は『行きましょう』と言った。歩いているとき、小さな男の子を見た――ピタの子供だ」カクは従兄弟コサイの洗礼名を口にした。「ピタの死んだばかりの息子、ンジャブだった。僕はその子を見た。家を出て外に目をやったときに見た。ああ、見たんだ。男の子は僕のほうにやってきた。彼は変わっていた。肌は白くなっていた」

「どうしてその子だとわかったんだい？」

「顔は昔と同じだった。だけど肌は白かった。あの子は開いていたドアをくぐった。ああ、僕はドアから中を見たんだ。『トゥル』（*true*）」カクは「本当（トゥルー）」を意味するトク・ピシンの言葉を、驚きを表すように尻上がりのイントネーションで言った。「人は天国へ行く話をする。国々には別の種類の光がある。そこは、ここはまったく違う。都会なんだ」

「見たのかい？」

「開いたドアから見た。男の子が通ったとき、大きなドアが開いたんだ。そのとき僕は中を見た。ドアの向こうにあるものを見た。その子が入ると、ドアは閉じた」

カクは若い女にもう一度、腹が減ったと言った。

「彼女は『オーケー。行きましょう』と言った。僕たちは別の家に行った。そこは食べ物だらけだった。食べ物は全部料理されていた。食べられるのを待って、そこに置かれていたんだ。僕たちが村で作るような食べ物もあった。タロイモ、バナナ、サツマイモのスープ。だけど白人の食べ物もたくさんあった。米、缶詰の魚、缶詰の肉、コーヒー……。僕は入っていって、女の人に『食べるよ』と言った。だけど彼女は不機嫌になった。『食べちゃだめ。あなたはまだ死んでいない。元の世界に戻るのよ』と言った。僕たちは言い争った。『僕は腹が減っているんだ。食べたい』『だめ。あなたは死んでいないし、元の世界に戻るの。だけど行く前に――地獄へ行きましょう』」

そういうわけで、カクは地獄へ行った。

「考えていたんだ」カクは静かに言った。「人は〝天国〟と〝地獄〟の話をする。それはわかっている。ひどく悪態をつきすぎたら、司祭は、『悪態をついたり、誰かを殺したいと思ったりしたら、あなたは地獄の業火に焼かれます』と言う。善良な人間なら天国に行く。そういうふうに言われている。で、女の人が『さあ、地獄を見に行きましょう』と言ったから、僕たちは地獄に入っていった。それで、どうだったと思う?」

「さあ」私は言った。

「地獄は燃えていなかった。司祭はみんな嘘つきだ。地獄では火が燃えていると言うなんて。地獄に火はない。地獄はここだ。僕たちのいる、ここが地獄なんだ。僕は地獄にいる人を見た」カクは話を続けた。「彼らはトイレ掃除をしていた。僕は『何をしているの?』と訊いた。そうしたら、『トイレを掃除しているんだ。イエス・キリストを待っているのさ』と答えた」

「肌の色は何色だった?」私は訊いたけれど、既に答えはわかっていた。

「黒だよ」カクはにべもなく言った。「真っ黒な肌をしていた。すごくつらそうだった。そこは重労働をする場所だ。今僕たちがいる場所なんだよ」

「これが」カクが言う。「地獄だ。ここが。僕は蚊帳の中で目が覚めた。女の人は僕を地獄に送り返したんだ」

16　言語が消滅するとき、実際には何が消えるのか？

私はタヤップ語の辞書を編纂したが、そこにはいくつもの抜けがある。大きく欠けている領域は、草や木を表すタヤップ語の膨大な語彙だ。私は植物学者ではない。『パプアニューギニアの植物分布ハンドブック』といった専門書をガプンに持ち込んだことはあるものの、村の熱帯雨林で育つ数多くの蔓植物、低木、根、高木、草のほとんどは、見分けることが――ましてや種類を識別することも詳しく描写することも――できなかった。森の中を歩いているとき、村人はよく遠くを指差して、たまたま気づいた木や蔓植物の名前を口にした。たいていの場合、私は彼らが何を指しているのか見当もつかなかった――素人目には、熱帯雨林の植物はどれも同じように見えたのだ。村人は指差した植物の名前を私に教えたあと、今のは以前に教えた別の植物と似ているけれど「それほどでもない（ノット・トゥー・マッチ）」〔「イ・ノ・トゥマス」（*i no tumas*）〕と付け加えるのだった。

それは、自動車を見たことがないであろうガプンの村人を渋滞したロサンゼルスの高速道路のインターチェンジに連れていき、曖昧に手を振って「あれはホンダだ。トヨタと似ているけれど、それほどでもない」と言うようなものである。

言うまでもなく、熱帯雨林の散歩中に教えられたそういう情報は、ほぼ例外なく私の頭には残らなかった。どの高木や蔓や低木が指差されているのかはっきりわかった場合でも、たいていは周りに生えているほかの高木や蔓や低木と明確に区別できなかった。

この分野において私が無能であるゆえに、あまり遠くない将来に経験豊かな植物学者が急いでガプンにやってきて老人と膝を突き合わせて話をしないかぎり、熱帯雨林の植物相についてのタヤップ語独自の名称は永久に失われるだろう。言語の消滅に関して論文を書く言語学者によれば、そのような喪失はとてつもない悲劇である。言語学者が言語の消滅を心配する理由として常に挙げるもののひとつは、タヤップ語のような小規模の土着言語は、自然、気象周期、生態系における調和したバランスなどに関する知識の宝庫だということである。そのような知識は貴重でかけがえのないものだ、とよく言われる。それが失われるのは人類全体にとっての危機である。その土地固有のさまざまな植物の持つ治癒力に関する地元の知識は、科学者が病気の治療法を発見するのに役立つかもしれない、というのが言語学者の考えだ。環境の持続可能性やより広い意味での幸福について、もっと全体論的に考える助けになるかもしれない。全人類に役立つ、自然や自然界への見識を与えてくれるかもしれない。

言語の消滅は、言語学者にとっては感情的な問題である。近年、言語の喪失について報じ、それを嘆く出版物が数多く刊行されている。そのような嘆きには利己的な面もある。なにしろ言語は言語学者の飯の種なのだから。言語が減ることは仕事の機会が減ることを意味する（たとえ、言語学者の圧倒的多数が英語などの世界規模の言語を研究していて、ほとんどの専門的言語学者は絶滅危惧言語に噛みつかれてもその存在に気づきもしないだろうとしても）。

そうであっても、人類の用いる言語が消滅するのは悲しむべきことだとの主張には、誰も反論できないだろう。ひとつの言語が消滅するとき、独特で、繊細で、複雑で、昔からあるものが、永遠に失われるのだ。現在、言語は前例のないスピードで消滅している。言語学者は、世界のおよそ六〇〇〇の言語のうち九〇パーセントが絶滅の危機にさらされていると推計する。この数字は一見すると大げさで信じられないと思われるだろうが、世界のほとんどの人間が大規模な一〇〇の言語のひとつ（あるいは複数）を話しているという事実を知れば、より理解できるようになる。全世界の人口の九六パーセントがそういう大規模な言語を話している。つまり、世界の人口のたった四パーセントが、世界の言語の圧倒的多数を話しているということだ。そして、それらの言語――何千もの言語の多くは文書で記録されていない――は今後一〇〇年以内に消滅する危機にあると考えられている。

もちろん、タヤップ語もそういう言語のひとつだ。今後一〇〇年以内には確実に消滅するだろう。私自身の研究から、言語が、いわば森の中で誰にも音を聞かれないまま倒れる木のように突然絶滅するわけではないのは確かだ。しかし、タヤップ語が消滅したとき、この言語を話す最後のしわくちゃの老人の命の火が消えたとき、正確にはいったい何が失われるのだろう？

言語の消滅について本を書く言語学者はたいてい、この手の質問をする章を本に含める――『なぜ我々はそれを憂うべきなのか?』。そして憂うべき理由を並べたてる。たとえば、言語の多様性は同一性よりも望ましい。言語はアイデンティティを表現する。言語は世界についてのある特定の知識をあらわにする。言語は人々の歴史の宝庫である。

どれもすばらしい理由だ。どれも間違いなく、真実であり非常に説得力がある。だがこれらは俯瞰的な見方である。パノラマ的に全体を見ることのできる専門家の考え方だ。自らの言語を失った、あるいは失いかけている人々自身の見方は、当然ながらかなり違うだろう。ガプンの人々は、自分たちの話す小規模な言語が世界の言語的多様性に貢献していることに関心を持つと思われていないし、実際関心を持っていない。たとえ現地の言語が消滅しかかっているとしても、彼らは依然として自らのアイデンティティを持っている。彼らは今でもガプン人だ――ほかに誰になるというのだ? 彼らは今なお、村を取り囲む熱帯雨林で生まれる。両親がサゴの木からサゴ粉を採る湿地を歩きまわって育つ。草原や、狩りをする熱帯雨林の広大な土地――そして作物を育てる畑を、誰が所有するかを正確に知っている。かつてクルニやラヤのような老人が知っていた昔からの言い伝えが失われることによって、近隣の村の人々がガプンの昔ながらの土地に所有権を主張してきたとき、おそらくガプン人はその主張に反論できなくなるだろう。しかし、土地に関する争いが起きたからといって、村人がガプン人でなくなるわけでも、ガプン人以外になるわけでもない。

世界や歴史に関する特定の知識という点では、かつてガプンに固有だったものの大部分はタヤップ語が衰えはじめるよりずっと前に消滅していた。情け容赦ない巨大なブルドーザーのごとく、二〇世紀はガプンの——そしてパプアニューギニアのほとんどの地域の——人々が信じていたもの、作り上げていたものをすべて破壊してしまった。二〇世紀最初の数十年に労働力を集めた白人は、プランテーションで働かせるため若者を遠くの島へ連れていき、数年後に印象深い話と新たな言語を身につけた彼らを送り返したとき、文化再構成のプロセスを始動させていた。第二次世界大戦が始まると村人は家を捨てて熱帯雨林に逃げ込み、そこで少なくとも一年間悲惨な生活を送った。村の人口は、おそらくは日本兵がもたらした赤痢によって激減した。戦争が終わるやいなやカトリックの宣教師が現れ、村人をキリスト教に改宗させ、先祖の生き方は悪魔的だから放棄すべきだと説得した。カーゴ信仰がこのキリスト教的メッセージを拡大解釈して、残っていた伝統的な神聖な遺物を破壊しろ、昔からの言い伝えを子供たちに伝えるのはやめろ、キリストの再来に備えろ、と熱心に説いた。再来したキリストは彼らの黒い肌を白く変え、神の栄光、すなわち金、船外モーター、波形鉄板でできた家などを与えてくれると教えた。短期間存在した学校は村の子供たちに読み書きを教え、彼らはその能力を使ってラブレターを書いたり、手早く現金や富をもたらす魔法の呪文を教えるという海外の通販カタログ会社に手紙を書いたりした。政府の役人が現れて、村人に商品作物を植えるよううながしたが、それを買いに来た人はほとんどいない。NGOの使者は村人にすべての木を切り倒すよう勧めた。腐敗政治家は熱心な発展の約束を携えて現れ、無邪気な村人からうまく巻き上げた金を数えてにやにや笑いながら去っていった。

二〇世紀を通じて、そして今日もなお、村人は接触してきたほぼすべての外部の人間、団体、組織によって利用され、だまされ、嘘をつかれ、ばかにされ、ごまかされ、奪われてきた。その過程において、彼らは単なる受け身の駒ではなかった——積極的、熱狂的に接触を求め、変化を求めた。だが、カール・マルクスの有名な言葉『人は自らの歴史を作るが、自分の好きなように作るのではない。自ら選んだ状況で歴史を作るのではない』は、ガプンの場合において特に辛辣に響く。村人が作った歴史は時代をさかのぼり、集団としての彼らの生活の大部分を消し去ったのだから。それによって彼らは自らの文化を失い、伝統を忘れ、暴力を抑える能力を損なってきた——そしてやがては先祖伝来の言語を話せなくなる。

このような状況において、言語が消滅するとき実際に消滅するのは、すっかり破壊された文化の最後に残ったかけらである。その文化をなぎ倒して破壊した力は、残った五〇人ほどのタヤップ語の話者が制御できるものではない。だから、村人が自分たちの言語を放棄していると我々が嘆くのは無神経で傲慢だと私には思えるのだ。確かに、人間の心がどう働くかを示すこの独特の表現法がもはや存在せず、人間性の宝箱を豊かにしてくれないのは、耐えがたいほど悲しいことである。また、村人が熱帯雨林で私に指差して教えてくれた見分けのつかない植物のひとつには癌を治す力があるかもしれないのに、それを知る人は誰もいないのだ。

それは残念だと言うしかない。

しかし、タヤップ語の喪失を嘆くのは、現在の状況においては禿げ頭の人間が櫛を失くしたことを嘆くのと似ている。それよりも我々がすべきなのは、村人たちが生きつづけていること――元気に生活していること――に喜び、感動することではないか。彼らは計画を立て、行動しつづけている。悪態をつき、笑い、愛し、希望を持ちつづけている。クルニやモネイといった長老は、最近の村人は「小さくなっている」――先祖に比べて弱く、のろく、愚かになっていて、体すら縮んでいる――と不平をこぼすのが好きだった。彼らの言うとおりかもしれない。確かに村人は、一世紀にわたる変化の重みに疲弊している。その変化を通じて、彼らはあらゆるものを手放し、その見返りとしてほとんど何も手に入れていない。だが、たとえ縮んでいるとしても、村人は今なお誇り高く、怒りっぽい――そして熱帯雨林の湿地帯の故郷でたくましく生きている。彼らの社会はどんどん暴力的で機能不全になりつつあり、もしかすると、そう遠くない将来に内部崩壊するかばらばらに分裂するかもしれない。

しかしそれと同じことは、我々の社会についても、我々自身についても言えるのである。

私が一九八〇年代半ばにガプンで暮らしたとき、老ラヤは、祖父の時代には熱帯雨林が種々の超自然的存在にあふれていたと話してくれた。それらは、普通は巨大なワニの形を取る「エマリ」

(*emari*) と呼ばれる強力な精霊から、木のてっぺんに住むいたずら好きの妖精のようなこびとまで、多岐にわたっていた。ラヤの祖父の世代の人々はときどき熱帯雨林でこういう存在と遭遇し、それらを敬い、タヤップ語で話しかけて敬意を示し、それらが近くにいるのを感じたらビンロウジやタバコなどちょっとした捧げ物を置いていった。

ラヤは少年時代、一度そんな妖精を見たことがあった。熱帯雨林の中を歩いているとき、彼と友人は気味悪い口笛を吹く小さな人の姿に気がついた。鼻と耳を何本もの結び目の入った紐で飾っている。自分たちと同じような少年だと思ったラヤと友人は、相手を追いかけた――すると木にぶつかった。そのときふたりは、今追いかけていた生き物が人間ではなかったことに気づいてぞっとした。くるりと後ろを向き、八歳児の脚で可能なかぎり速く走って村まで逃げ戻った。

ラヤはその遭遇を思い出して懐かしそうに笑ったが、そのあと真顔になった。最近では誰も森の精霊を見ない、と静かな戸惑った口調で言う。彼らの受けた扱いが原因に違いない。彼らは熱帯雨林のもっと奥に移動したか、あるいはカヌーを漕いで海の向こうまで行ってしまったのだ。森の精霊が去ったのはパプアニューギニアに白人が来たからだとラヤは推測していた。村人がもはや彼らに興味を示さず、注意も敬意も払わないことを察知した、ワニの精霊や木に住むこびとは、持ち物をまとめて去っていったのだろう。

かつて熱帯雨林の中で動きまわっていた超自然的な存在が去ったというラヤの話を思い出すたびに、私はタヤップ語のことを考える。

そしてときどき、結局のところガプンの村人がタヤップ語を捨てたのではないのかもしれない、と考える。おそらくタヤップ語は――何十年もの無関心によって衰弱し、無視されるのに疲れ、将来の見通しに意気消沈して……つまるところ、タヤップ語のほうが村人を捨てたのではないだろうか。

17　終わりについて

これは終わりについての本である。伝統的な生き方の終わり。老人の生活の終わり。村全体の前〝近代的生活〟のレイアウトの終わり。生き生きとした独創的な悪態の終わり。熱帯雨林に住む元気あふれる人々によって何世代にもわたって話されていた、ある小規模なパプア言語の終わり。

終わりについての本書の終わりを、別の種類の終わりで締めくくろう。私のガプン訪問の終わりである。

私はガプンでの娯楽やにぎやかさを長きにわたって楽しんできたが、何度か予定より早く滞在を切り上げねばならなかった。その原因は暴力、あるいは差し迫った暴力の危機である。カウリに死をもたらしたラスカルの襲撃のせいで、私はパプアニューギニアでの研究をあきらめざるをえず、一五年近く戻ることができなかった。二〇〇九年の二度目の長期滞在が終わるときすべてを強奪されるらしいという噂のせいで、ヘリコプターを調達して、パンからレーズンをつまみ出すように、村からつまみ出してもらうことになった。

ヘリコプターで脱出したあと、私はまたガプンに戻った。翌年訪れたときは、一カ月間無事に滞在することができた。四年後の二〇一四年には六カ月滞在するつもりで村に戻った。ところが悲しいかな、その滞在も暴力のために短期間で終わってしまった。

今回の暴力は、私とは無関係だった。ガプン人と魔法使いあふれる村サナエの男たちとの争いだった。争いの表向きの原因は、若い村人ふたりが、サナエの男とガプンの女のあいだに生まれた娘をレイプしたと告発されたことだった。だが真の原因は、その娘の父親が村の土地でマリワナを栽培していて、その麻薬を味見して買おうとする見知らぬ男たちを遠く離れた場所から熱帯雨林に連れてきた、と村の女たちが文句を言ったことらしかった。その麻薬に溺れた見知らぬ男たちが森にいるために、ガプンの女たちは怖がっていたのだ。マリワナを栽培している男は自分の生計手段が危うくなっていることを察知して、親戚――うちひとりは情緒不安定の人殺しとして広く恐れられている――に、結束してガプンの村人を脅し、邪魔をしないよう懲らしめてくれと頼んだようだった。

ある日の夜明け、サナエから一六人の男が、槍、猟刀、大型の弓と矢、斧、そして最も厄介な〝針金製弩〟（ヒクイドリの羽根をつけたとげのある鋼鉄製の矢を射るスリングショット）で完全武装してガプンになだれ込んだ。

男たちは、レイプで告発された若者ふたりを殺して彼らの家を焼き払うつもりだった。そのうち一軒はたまたま私の家の隣にあり、もし家が燃えたら私の家も類焼しただろう。

まだ起き抜けでぼうっとしたまま、私はこの襲撃を目にした。奇襲攻撃と村人の狼狽した悲鳴を聞いたとき、子供時代に見た西部劇の場面がおぼろげに記憶によみがえった。出陣化粧をしたハリウッド映画の〝インディアン〟が馬に乗って敵の村に駆け込んでテントに火を放ち、パニックに陥って逃げ惑う住人の背中に狙いすまして矢を射る場面だ。

映画館にいる若者だった私は、そんな場面にわくわくしたのを覚えている。

現実世界にいる大人の私にとって、そんな場面は間違いなく絶対的に恐ろしかった。

サナエの男たちの怒りの標的となった若者ふたりは、彼らがやってくるのを聞きつけ、間一髪で熱帯雨林に逃げ込んでいた。ふたりがいないのを知ったサナエの男たちは村を荒らしはじめた。村の豚を手当たりしだいに槍で突き刺し、若者ふたりの家族を脅した。私の隣の家にあるものすべてを破壊し、次々と火をつけた。幸い、彼らがつけた火はガプンに住む――侵略者をなだめるためその家に集まっていた――親戚の女たちによって消し止められた。最初のうち村の男たちは何もしなかったが、サナエの男たちの脅しを数時間おとなしく聞きつづけたあと、反撃に出た。自分たちも槍や猟刀をつかんで、憤りや怒りの雄叫びをあげて侵略者を打ちのめしたのだ。敵は熱帯雨林まで敗走した。

それをきっかけに、争いの危険度が増した。その後、サナエの男たちが今度は銃を携えてまたやってくる、という噂が執拗に流れつづけた。

二〇年前に犯罪者の持つ一挺の銃が熱帯雨林で引き起こした死を目撃していた私は、そのような事件が再び起こるまで待たないことにした。船外モーターつきのボートで私をガプンまで連れてきてくれた、五時間離れた村に住む男に衛星電話をかけ、ガプンを去ったのである。

ガプン周辺の地帯を荒らしつづける暴力は過激だが、これは例外的な異常現象ではない。現在この国に蔓延する、より広範囲にわたる原因による怒りやエスカレートする争いに象徴的な症状だ。

一九七五年にオーストラリアから独立して以来、パプアニューギニアの国家としての機能は着実に弱まりつづけている。人口の大部分を占める田舎の人々に対する行政サービスや支援は枯渇している。形式的には民主国家だが、船外モーターや金といったものを与えると約束して票を集めた政治家は、実際のところ国民に何も与えていない。疲れきった村人がうんざりと言うように、政治家は「自分の銀行預金を増やす」のに忙しいのだ。ベルリンに本部を置き、専門家による評価や世論調査によって腐敗レベルを判定する非営利NGOである国際透明性機構も、それに同意する。二〇一七年、機構はパプアニューギニアを世界でもきわめて腐敗した国のひとつにランクづけ、一八〇カ国中一三五位というリストの下位に置いた。

ガプン周辺の地域には、一九九〇年代半ば以降学校らしい学校がなかった（二〇〇九年以降は皆無である）のに加えて、数百マイル四方以内にまともな病院もない。最も近い、いわば救護所といった施設はワタム——ガプンから徒歩と丸木舟とで四時間かかるところ——にあるが、たいていの場合、薬はまったくない。置いているのは、もっぱら潤滑油入りコンドームである。この地域では、コンドームの用途はふたつある。白癬を緩和しようと潤滑剤を皮膚に塗りつけるのと、コンドームをいくつか結び合わせてゴム紐代わりにしてスリングショットを手作りする。そのスリングショットで小さな鳥を殺し、火であぶっておやつにするのだ。

ガプン周辺の地域に道路はなく、村にほとんど金は入ってこない。二〇〇〇年代半ばから終わりにかけての数年間、村人はときどき村に来て安く買い叩いていく業者にカカオ豆を売って、いくばくかの金を得た。だが二〇一一年、この地域はココアツマキホソガという寄生虫に襲われ、カカオ市場は崩壊した。カカオ市場が崩壊すると、あとには何も残らなかった。今日、外部からガプンに来るのは、政治家志望のオンジャニや、油を塗りつけた鏡をのぞき込んで魔法使いを見つけられると主張する〝グラスマン〟といった、ペテン師だけである。

私の経験に基づいた勘によれば、少なくともこの国の中で私が最もよく知る地域において、事態は今後いっそう悪化するだろう。現在の傾向が続くなら、犯罪常習者ラスカル予備軍の若者のあいだで不満は強くなる。その結果、実際にラスカルになる者はますます増える。田舎に住む人々にはごく基礎的な教育も医療も施されない。田舎の人口は増えつづけており（その理由の一部は分娩後しばらく性生活を行わないという昔ながらのタブーにキリスト教が反対していることである）、人口が増えるに従って土地をめぐる争いは激しく、おそらくもっと暴力的になるだろう。国内の数少ない都市を除けばちゃんとした警察も裁判制度も存在しないため、そうした都市以外では無政府状態が支配的になるだろう。密輸した銃（近年銃の密輸は活発になっており、インドネシアの西パプア州から国境を越えてパプアニューギニアに密輸されている）を最も多く持つ若いラスカルが勝利をおさめるだろう。

これらのことから、パプアニューギニアの将来は、ガプンの村人がいつの日か道を見つけて同じようになることを夢見ているオーストラリアやヨーロッパ諸国よりも、ソマリアのようなところとの共通点のほうが多いだろうと考えられる。

暴力が着実にエスカレートしている状況を鑑み、本書によって私はガプンの研究に終止符を打つ。村での最後の滞在中、私は村人たちの言う「豚のように眠る」ことに疲れてしまった。つまり、片方の耳をそばだてて片方の目を開け、村が攻撃を受ける兆候が少しでもあれば藪の中に逃げ込めるようにしながら、疲労のあまり眠りに落ちる、ということに疲れたのだ。孤独に疲れた。銃の爆風が響きわたって熱帯の漆黒の闇を照らすのを心配していることにうんざりした。すべての研究成果を失うかもしれない、村から逃げられないかもしれない、殺されるかもしれない、と考えることに飽き飽きした。

村で過ごした歳月で、無謀な冒険、危機一髪、瀕死体験、風土病といった宿命には充分以上に遭遇したと思う（マラリアには五回、デング熱には二回かかった。さまざまな寄生虫の宿主となった。数えきれないほど何度も重篤な熱帯潰瘍にかかった。一度は全身が三週間にわたって見か

け も感触も――そして最悪なことににおいも――スポーツ選手の足によくできるカビに覆われた）。また、タヤップ語の文法を習得して本書を著した今、彼らの言語と生活を記録するという村人に対する責務は、三〇年経ってようやくまずまず果たせた――少なくとも私が満足できる程度には――と感じている。

村人は同意してくれないだろう。しかし、私は決して天国の門を開いて村人が熱望する変化をもたらす立場にいないのだから、不充分なのはしかたがない。敗北を認める。

熱帯雨林の湿地帯の真ん中にある人里離れた村で仕事をするのは、まったく退屈ではないが、簡単でもない。映画『アバター』の登場人物になるのとは違うし、ウルフやベアーといった毛むくじゃらの哺乳類の名前をつけたテレビタレントが行う刺激的なマッチョの冒険でもない。大学を拠点とする私のような研究者は、八人の撮影班とともにチャーター機でガプンのような場所に乗り込んで数日荒らしまわってまた飛び去るわけではない。非常に限定された機材だけを持ってひとりで行き、世話になり、長期間滞在する。

私はもう充分長期間滞在した。

これで終わりだ。

追記　終わりのあと

本書の始めに、私は近代人類学の母、マーガレット・ミードに言及した。ミードは今なお、人類学という分野を越えて広く一般に知られる数少ない人類学者のひとりである。そしてあらゆる領域における母と同じく、無批判な称賛から侮蔑まで、子孫にありとあらゆる感情を喚起してきた。

一九四〇年代と五〇年代、ミードはソビエト連邦の性格の変遷から女は婚前交渉を行っていいかどうかに至るあらゆることについて助言を求められる、大人気の有名人だった。一九八〇年代には彼女の輝きは薄れ、批判されたり無視されたりするようになった。デレク・フリーマンという著名な人類学者は個人で反対運動を起こして象徴的な母殺しを試みた。彼は、ミードは勘違いをしているエセ専門家である、彼女をだしにして嘲笑う人々がついた嘘を無邪気に信じた、とにかくすべてを誤って解釈している、と主張した。

ミードの名声は、彼女やその研究の信用を失墜させようとする断固たる試みに耐え抜いた。有名なミード対フリーマン論争によって舞い上がった埃が落ち着いた今、ミードの名前が今後も残るのは明らかになっている。

名前が残る理由のひとつは、マーガレット・ミードが行った質問やその手法は、決して時代遅れにも見当違いにもならないからである。

ミードは、人には自分自身とまったく異なる他者と関わる責任があると信じていた。あらゆる人にその責任があるが、ほかの者より大きな責任を持つのは、アメリカや西欧といった国に住む人々である。特権に恵まれたこうした国々は、変化をもたらすのに積極的な役割を演じた――遠く離れた場所に住む人々の生活を、意図的に、取り返しがつかないほど変えてしまった。その変化を生んだのは次のような行為である。植民地化、キリスト教への改宗、彼らを召使いや工場労働者やプランテーション労働者にして資本主義社会に引き入れたこと、以前は存在していなかった国境の押しつけ、彼らが最下層で白人は最上位から命令を怒鳴るというかつては想像もできなかった屈辱的な人種的階層に彼らを組み込んだこと。

マーガレット・ミードはそういった変化の多くに反対ではなかった。自分がサモアやニューギニアやバリで研究した人々が永遠に変わらないことを、期待も望みもしていなかった。賃金労働やキリスト教といった新しい現象が示す可能性に直面した非西洋人が往々にしてそれを進んで受け入れたことを、彼女は認識していた。

彼女がアメリカ合衆国の読者に呼びかけたのは、アメリカ人が容赦なく生活を変えつつある人々のことを学び、その知識に基づいてアメリカ文化、そしてより広く西洋文化を批判的に考え、それがあらゆる人間の生活、あらゆる人間の価値観を測る最も重要な指標だと見なすのをやめよう、ということだった。

マーガレット・ミードが一九二五年に初めてサモアでフィールドワークを行う数年前、ジークムント・フロイトは、人類が自らを理解する歴史において三つの大きな大変革があったと述べる一連の講義を行った。最初は、人類の住む地球が宇宙の中心だという考え方を覆したコペルニクス革命。二番目は、人類を神の特別な創造物という特権的地位から引きおろしたダーウィン革命。三番目の変革は、フロイト（謙虚な性格ではなかった人物）によれば、彼自身の精神分析革命である。彼は、無意識と、我々の生活における無意識の役割を見いだした。その発見が示すのは、人は我が家の主人ではない、我々が常に理性に重きを置いてきたのは間違いだ、なぜなら人は皆自分の中で絶えず暴れる抑圧された力によって分裂しているからだ、ということである。

フロイトが陽気に自己満足して作ったリストに、私は四つ目の変革を付け加えたい。マーガレット・ミードをはじめとした二〇世紀初頭の人類学者によって起こされた革命である。その革命とは、西洋的な観点からはどれほど突拍子もなく思われたとしても、あらゆる文化には価値と威厳がある、という驚くほど目新しい考え方だ。〝彼ら〟と〝我々〟の違いは、人類の多様さや人類の潜在能力、世界における我々の立場に関して、貴重なことをすべての者に教えてくれる。世界には多くの異なる見方、考え方、習慣、行動、見解が共存し、理想的にはそれらすべてが繁栄できるのだ。

しかしながら、我々と異なる人々は我々に何かを教えることができるという考え方は、物議を醸す可能性がある。世界における我々の立場に関する教訓を授けるために自分たちの生活を引き合いに出された多くの人々は、そのように利用されることに憤りを覚える。人生における自分たちの役割が、ほかの、たいていはもっと恵まれた人々に、何かを教えることだとは考えていない。そして、世界についてもっとよく知っていると確信できれば気分がよくなるであろう熱心な西洋のリベラルな人道主義者の啓発のために、自分たちの生活が教室に掲げたぼろぼろの図表や高校で解剖されるウシガエルのように見せ物にされるべきだ、という考えに憤慨する――憤慨して当然だ、と私も思う。

また、我々が本当に何かを学ぶのか、という疑問もある。その教訓を、どれだけうまく教えられたとしても、あるいはどれだけ心から信じたとしても。今日、一九三〇年代にヨーロッパを覆ったものと恐ろしいほどよく似た冷たい黒雲がまた地平線に現れて、今までにないほど不穏に我々の生活を覆いかけている。それを考えると、近頃ではどんな知識も役に立たないのではないだろうか、と絶望に陥ってしまいそうだ。

ガプン人は我々を高める教師となってくれるかもしれないというのは、傲慢な考えである。また私には、異国の文化を学ぶことは我々の世界を構築する力に顕著な影響を与えるというマーガレット・ミードのような無頓着な自信は持てない。そのため、本書の終わりに当たって、ガプン人が我々に何を教えてくれるかについてミードばりの自信たっぷりのアドバイスを与えるつもりはない。

だが一方、村人の生活に価値があり、それについて考える値打ちがあると思わなかったら、私は彼らについての本を書かなかっただろう。しかも、恵まれた人々は自分より恵まれない人々の生活に関わる責任があるというマーガレット・ミードの主張に、私は全面的に賛成である。たとえその関わりが、世界のどこかほかの場所にそういう人々が存在していて、彼らは自らの存在について独自の見方——我々の見方を混乱させ、複雑にさせ、それに反するかもしれない見方——を持っていると知ることだけだとしても。

ガプンの村人が我々に何を教えてくれるかを述べるというより、実際私が彼らから学んだいくつかのことに触れておこうと思う。


村人から学んだひとつ目は、陳腐ではあるが、何度も繰り返して言うに耐えることだ。すなわち、彼らはニューギニア奥地の熱帯雨林の中にある人里離れた湿地帯で暮らしており、日常生活は私の、そして私が知る欧米のどんな人の生活ともはなはだ異なっているとはいえ、結局のところ村人は実際には我々とそれほど異なっていないのである。

初めてパプアニューギニアに行ったとき私が驚嘆したことのひとつは、生活の平凡さだった——たとえば、彼らがおしゃべりするときに話す内容。人類学の本を読んでいると、ガプン人のような非西洋人は決してじっと座って無駄話をすることはないという印象を受けがちだ。儀式にどっぷり浸かり、伝統の重みで身動きできなくなっている彼らは、朗々と弁じてばかりいる。一九六〇年代まで書かれていた人類学の論文では、杓子定規な文字どおりの訳では、彼らはまるでエリザベス朝時代の舞台俳優に聞こえる話し方をしている。「汝が新たな女性を手に入れることを我は望まぬ」ある有名な人類学者は、パプアのトロブリアンド諸島の女が恋人に話した言葉を引用した。「我と汝だけぞ」[1]

若き人類学の学生としてそういった論文を読んだ私は、地球上のどこであっても、生きた人間が実際にリア王やマクベス夫人さながらに弁じて過ごしているとは信じられなかった。ガプンのような場所の人々が、朝起きたとき、配偶者や友人と交流するとき、子供に話しかけるとき、互いに何を言うのか、本当のところを知りたかった。

当然ながら会話の話題が異なることは多いものの（欧米人はシリアルや卵やクロワッサンとコーヒーの朝食をとりながら、職場での不当な扱いについて配偶者に愚痴を言い、ガプン人は茹でたマングローブアマガイやサゴゼリーの朝食をとりながら、村を訪れた魔法使いが自分の体に埋め込んだと思われる魔法のかかった鉤について配偶者に愚痴を言う）、同じであることも多いのがわかった——誰が誰と情事を持っているかという憶測、隣人が批判的な発言をしたらしいことへの不満、親戚のけちくささについての不平、病気の友人の心配、ちょっとした災難に対する笑い、今

1　ブロニスワフ・マリノフスキ著『未開人の性生活』（ボストン、ビーコン・プレス、一九八七年）p.287。

日一日の予定。そして会話の口調や抑揚もよく似ている。会話は口語で行われ、打ち明け話は簡素な日常語で交わされる。シェイクスピア的な文飾も、派手な弁舌もない。

ユーモアのセンスも似通っている。少なくともユーモアの存在は認識できる。村人はドタバタ喜劇が大好きだ。お気に入りの話は、予想外の音や、熱帯雨林でヘビや野生の豚やヒクイドリとの予期せぬ突然の遭遇によって、びっくり仰天して地面に倒れ、「ピスピス・ペクペク・ワンタイム」(*pispis pekpek wantaim*)(「大小便を漏らす」)人の話だ。こうした要素を含む話は面白がって何度となく繰り返される。地震で恐怖のあまり地面に転がって「ピスピス・ペクペク・ワンタイム」したサナエの老女についての話は、私が村にいるあいだじゅう何度となく繰り返された。それが話されるたびに、聞いた者は大声をあげ、腹を抱えて笑うのだった。

こういうドタバタ喜劇を好む傾向からすると、村人は確実にチャーリー・チャップリンを大好きになるだろう。また、俳優ジェリー・ルイスを、フランス人が好むのと同じくらい好きになるのも間違いない。

怒りや争いという話題もよく似ている。浮気や、配偶者の怠惰、子供の反抗などは間違いなく喧嘩の原因になる。よく聞く話ではないか？　盗みは頻繁に起こり、数多くの喧嘩を引き起こす。もうひとつ、よく怒って話題にされるのは動物の糞だ。毎朝、村の女が起きて最初にすることのひとつは、シャベルを持って家の周辺を調べて回ることだ。村の中をうろつく豚が女の〝縄張り〟に落としていった糞を、シャベルですくって捨てるのである。それがしばしば恨みを引き起こすのは、すべての女が豚を飼っているわけではないからだ。そのため、豚を飼っていない女の家の庭で豚が夜のあいだに厚かましくも脱糞したなら、ガプンじゅうに目覚まし時計に相当する音が響きわたる。まだ眠っている者全員を起こす声である。

「私は豚を飼っていないのに、豚のクソをすくわないといけないのよ、オー！」時計のベルのような金切り声は、人が涼しい夜明けに見ていた夢を唐突に中途半端に終わらせる。

「豚を飼っている女たちは、こっちへ来て、うちの庭のクソをすくってよ、オー！　豚のクソをすくうのには、もううんざりよ！　ほら、あんたたち、どこにいるの？　あんたたちが自分の豚のクソをすくうところは見えないわよ！　さっさとここへ来てクソをすくいなさいよ、オー！」

私はマンハッタンに住んでいた。そこでは、飼い主が散歩させている犬の排泄行動を、他人はタカのように鋭い目で観察する――そして、しゃがみ込んで黒い小さなビニール袋をつかんでペットが出したばかりの糞をひとつ残らず歩道からかき集めることを怠った飼い主に、タカのように鋭く叫んで人前で恥をかかせる。だから、他人の動物の落とし物を処理しなければならないことに怒りを抱くのは、広く共有される、おそらくは万国共通の、人間の性質であるのは間違いない。

そういう見慣れた場面は数多くあるものの、言うまでもなく、我々と同じ基準ではまったく理解できない事例も存在する。

私は最初、村人の育児方法に戸惑いを覚えた。ものを欲しがる赤ん坊に肉切り用ナイフを無造作に手渡すこと、これを取ってこい、あれをしろと絶えず命令すること、乱暴な脅し。だがやがて、ガプンの母親の育児方法によって、子供が卓越して有能で器用になることがわかった。そして、子供が話すようになり、自立して行動することで「サヴェイ」(*save*) を示しはじめるやいなや、大人は子供をほかの大人と同じように扱う。子供に何も隠しごとをせず、一緒に冗談を言い、ビンロウジをくれと頼み (子供はいつも持ち歩く小さな網バッグの隅に常にビンロウジを隠し持っているようだ)、噂話を教えてもらう。小さな子供は村の家々を自由に出入りするため、大人では簡単に得られない情報に通じたスパイとして重宝される。大人は幼い赤ん坊の気をそらすため、村のほうを向いて存在しない豚を見るよう指差すけれど、そのおかげで子供は、他人の言葉を信頼してはいけないことを学ぶ。盲信することなく、自ら確かめねばならない。そういう能力は役に立つ。村人がお互いについて知っていることの多くは、小さな目で鋭く観察し、小さな耳をそっとそばだてて得た情報がもとになっている。

西洋で一般的な育児方法と村人の子供との関わり方との重要な違いは、村の親の圧倒的多数は子供に〝罰〟を与えないことだ。子供を怒鳴ったり脅したりはするし、母親はときどき従順でない子供を木製の料理用トングでぴしゃりと叩いたり、そのトングを狙いすまして部屋の向こうから子供に投げつけたりする。しかしそういう行為の結果、子供は必然的に悲鳴をあげて家から走り出て熱帯雨林に逃げ込む。母親は怖い声で逃げる子供に「ユ・バイ・カム!」(*Yu bai kam!*)(「帰って(ユール・ビー・バック)おいで!」) と叫ぶけれど、結局は別の子供がその用事を進んで引き受けるか、母親が自分でしなければならないかだ。逃げた子供が、多くの場合数時間後に戻ったとき、決まってそんな問題は忘れられ、なかったことになっている。

私が村で目撃した、子供を折檻する――子供の腕をつかんで、藁のほうきや棒、ある特別にひどいケースでは子供の父親がどこかから手に入れてきた自転車のチェーンで、子供を繰り返し殴る――人間は、善良なカトリック教徒と見なされ、隣村ウォンガンにかつて存在した小学校に数年間通った、ラファエルのような男たちだけだった。

たまに私は、キリスト教や西洋の教育がガプンの村人にもたらした唯一の実用的な知識は子供を殴る技術ではないか、と考えて暗澹たる気持ちになることがある。

ああ、それと、先祖伝来の言語に取って代わった言語の能力だ。

こうしたことから私は、村人から学んだおそらく最も大切な教訓を得るに至った。西洋人が好んで慈しむ〝手つかずの未開人〟のような夢想は現実には存在しない、ということだ。ニューギニア島は、アマゾン川流域以外では、今でも折に触れて新たな〝未発見の種族〟が発見されたという刺激的な見出しで紹介される、地球で唯一の場所である。

そういう記事を読んだとき我々が何を感じると期待されているのか、私にはまったくわからない。興奮？　勝利感？　悲しみ？

そのような〝最初の接触〟の続報はめったに見られない。なぜなら、未発見の種族と思われた人々は、実際にはその発見の何年も前に、宣教師、プランテーション労働者、商店主などと接触していたことが判明するからだ。ときには、その種族は入植者に気分を悪くさせられたり貶められたりするのにうんざりして熱帯雨林のさらに奥深くまで逃げ込んだ人々であると判明する――彼らは、興味本位の〝探検家〟や特ダネを欲しがる詮索好きのマスコミのせいで、またしても逃げていかざるをえなくなるのだ。

未発見の種族についての無知な記事が教えてくれるのは、地球の最も奥地でもまったく〝手つかず〟ではない、ということだ。それどころか、現時点では、辺鄙な奥地に住むすべての人間は、植民地主義や資本主義的搾取によってひどい扱いを受け、乱暴に調べられてきた。その結果もたらされたのは、幸福とはほど遠いものだ。伝統的な文化が衰退して先祖伝来の言語が話されなくなった先住民族の社会は、ガプンだけではない。ガプンのような場所はあらゆるところに存在し、それは年を追うごとにどんどん増えている。

私は村人から、我々は皆お互いにつながっていることを学んだ。回りくどく、多くの場合複雑にではあるけれど、それでもつながっているのだ。村人は私を、熱帯雨林の湿地帯の村という限界をはるかに超えたひとつのコミュニティのメンバーとして私を認識した――いや、仲間として受け入れてくれた。天国について、来世について、変化についての考え方――西洋文化が彼らにもたらした考え方――に基づいて私をそのコミュニティに引き入れ、信頼し、私に責任を持たせてくれた。

ガプンの村人の生活が我々に教えられることがあるとしたら、それはおそらく、世界の遠く離れた場所には、熱狂的に、そして純真に、我々の多くが否認あるいは拒絶したがるような相互関係、同質性、コミュニティの肯定に固執する人々が存在する、ということだろう。そういう人々は、その否認を考え直して拒絶を克服するよう、我々に要求する。彼らから奪ってばかりいるのをやめろ、彼らの文化や言語の崩壊をうながして進めたあと手を引いて彼らを見捨て、その残骸の処理を彼らに押しつけるのをやめろ、彼らがいったいなんのためにすべてを捨てることになったのか考えて悩んでくれ、と言っているのだ。

本書に登場する名前についての注記

本書のような人類学の書物はフィクションではない。アメリカの人気リアリティ番組の冒頭ナレーションを借りれば、「人々は現実、事件は現実」である。厳格な顔をした辛辣な老齢の判事ジャッジ・ジュディが、テレビの法廷で彼女の前に現れて彼女が脳卒中の発作を起こしそうになるほど怒らせた人々の一部――多くの場合は全員――を、まずはけなして嘲ったあと、小さな事件の訴えに耳を傾けて判決を下すという、あの番組だ。

人類学はフィクションでないにもかかわらず、人類学者は自分の研究について歴史学者から、我々が記録する人々や行動の詳細な描写はフィクションにすぎない、との不満をよく聞かされる。我々が書くものは歴史としては役に立たない、なぜなら最近の人類学者は人の名前を、ときには場所の名前すら変えるからだ、と歴史学者は言う。

言うまでもなく、人や場所に偽名を用いるのは彼らの身元を隠すためである。倫理的な責任を感じて気遣いを示しているのだ。そのような偽装が常に必要か否かについては議論の余地がある。だが確かに、そうした慣行は信頼性という点で深刻な欠点であり、歴史学者の言うことは正しい。

偽名を用いることで、過去を理解するため今後それを利用したいと思う人間にとって、人類学の論文は非常に限られた価値しか持たないことになる。

私がガプンに関して著した最初の本では、名前を変えなかった。一九八〇年代の村の生活を記録した研究結果は、いつか村人自身の役に立つかもしれないと思ったからだ。村人は誰ひとりとしてその本を（実のところ、どんな本も）読んでおらず、将来的にもそれを読むガプンの人間はいないだろう。けれども、村人に偽名をつけたら、彼らは戸惑い、侮辱されたと感じたかもしれない。その本をのぞき込んだ村人に唯一理解できたのは自分の名前であり、彼らはいつもそのことを喜んでいたのだ。「本に出ているぞ」彼らは意味ありげにそう言って自分の名前を指差す。おそらくは、名前が登場することを、とてつもない重要性と結びつけたのだろう。できれば私が考えたくないほどの重要性と。

本書は最初の本に比べて、ガプンでの生活をもっと率直に記している。個々の村人について書いたことの一部はとても褒め言葉とは言えないので、今回は登場する村人の多くの名前を変える必要があると判断した。名前を変えなかった者もいる。たとえば、最初の本に登場して今は亡くなっている人の大部分は、偽名にしなかった。だが若者の多くは名前を変えた。あまり好意的でないことを書いた人については、おそらく偽名が用いられている。

このような偽装は、パプアニューギニアのセピック川下流域を研究する将来の歴史学者を悩ませるかもしれない。しかし、およそ実在しそうにないそんな学者やそれ以外の人間が、村人の身元や私が本書で記した出来事の詳細を知ることが非常に重要だと考えたなら、私に連絡してくればいい——あるいは、もはや私がこの世にいない場合は、私が耄碌(もうろく)したときに村で作った現地調査メモやあらゆる記録とその写しを預けるつもりの保管庫を見つけて、そこを調べてくれればいいのだ。

謝辞

本書は、スウェーデン発展途上国研究協力機関、スウェーデン人文・社会科学研究評議会、オーストラリア国立大学、全米人文科学基金、人類学研究のためのヴェナー＝グレン基金、ジョン・サイモン・グッゲンハイム記念財団、スウェーデン研究会議による、長年にわたる寛大な研究助成金のおかげで可能になった研究をもとにしている。近年のパプアニューギニア訪問時に長期間滞在するための研究休職を認めてくれたシカゴ大学とウプサラ大学には感謝を表したい。また、一週間滞在させてくれたフォーレ島のベルイマン・エステートにも感謝している。私はイングマール・ベルイマンの家で、偉大なる映画監督の書き物机に慎み深く座って原稿を完成させることができた。

本書を著したのは、パプアニューギニアのマダンにあるディバインワード大学で客員教授として過ごした二期のあいだだった。私を招聘してくれたジョン・バートン、マダンでの滞在を快適で実り多いものにしてくれたすべての方々――ジョン・マッカレル、パム・ノーマン、セシリア・ネムボウ、フィデルマ・タカイリ、イウォナ・コロディエジック、ゲルト・ヴァン・デン・ベルグ、パトリシア・パレイド、デヴィッド・ロイド、エドウィナ・ジャンギ、バーバラ・ツェラハ、サー・ミリアム・ドルゴズ、フィリップ・ギブズ神父、パトリック・ゲッシュ神父、ギャレット・ロッシュ神父――に感謝する。

エージェントのダグ・スチュワートは、私が本書の企画を持ち込んだ瞬間から熱意を示してくれた。最終段階における彼の協力的な助言と徹底的な編集上の提案は非常に貴重だった。洞察鋭いアルゴンキン社の編集者キャシー・ポリーズは、草稿を本にする過程において優しく、しかしきっぱりと、私を導いてくれた。おかげで、本来なら苦痛に満ちたはずの経験が楽しくかつ有益な経験となった。ロビン・クルーズの優れた校閲は、私の散文を、言語上の鋭敏さという細かな目のふるいにかけてくれた。

原稿完成に至るさまざまな段階でいくつかの章をモナシュ大学、ケンブリッジ大学、ディバインワード大学、ウプサラ大学、ストックホルム大学、香港中文大学、イエブレ大学で紹介した。その際コメントをくださった皆様には、貴重なご意見にお礼を申し上げる。

アナ・デューメルト、エミリー・マーティン、シャロン・ライダーは初稿全体を読んで、私を励まし、忌憚なく鋭く思慮深い批評をしてくれた。クリストファー・ストラウドとヨナス・ティルベルクは各章の執筆を終えるたびに読んでコメントし、書き直したものも読んでくれた。いやになるほど何度も。ふたりへの感謝は尽きない。

私が最も大きな恩義を負う人々はガプンの——過去、現在、そして未来の——村人たちである。我が人生が続くかぎり、彼らは私とともにいる。

スウェーデン、フォーレ島、ハマルシュにて
二〇一八年八月二一日

献辞

本書を隣人ンダモルの小ざかしい四歳の息子、カンギラセ・ムバヌに捧げる。私はガプンでの最後の滞在時、カンギラセを大好きになった。彼は、私の〝護衛〟を務め、夜には懐中電灯で自分の目を照らしながら私に付き添って歩き、私が家の下から出てこさせるため嘘をついたときには生意気にも「ケツの穴を開けやがれ」と言った少年である（本書内で彼が登場する章では、もっと読みやすい偽名アマニを用いた）。

カンギラセは非常に有能で魅力的な「スクリティ」（*sukuriti*）だったので、私は村を出るとき、きみを大きな金属製の道具箱に入れて家に連れて帰りたい、道中食べられるようビスケットを一枚あげる、と言った。いいよ、と彼は言った。だけどビスケットは二枚欲しい、と。

この本はきみに捧げるよ、「ビロング・ミ・タラング」（*bilong mi, tarangu*）（「我が親愛なる」）カンギラセ、きみの将来が、パプアニューギニアの研究を三〇年間続けた私が現在のところ認識も想像もできないくらい明るく有望なものになることを心から願って。

訳者あとがき

本書は、著者が三〇年にわたって何度も訪れたパプアニューギニアの小さな村ガプンでの生活や、その村でしか話されていない土着言語タヤップ語について記した本です。

著者ドン・クーリックは文化・言語人類学者です。種々の民族の文化や言語を調べるため、その地に住み込んでフィールドワークを行い、記録を取るのが仕事です。本書内でも言及されているように、研究対象の人々を外から観察するのではなく、そのコミュニティの一員となって生活をともにしながら内側から観察(〝参与観察〟)するのが、文化人類学研究の特徴です。本書は、彼がそうして暮らした村でのさまざまな出来事を述べ、大昔から話されていた土着言語タヤップ語が二〇世紀に新しく生まれた言語であるトク・ピシンに取って代わられていく様子を描いています。

彼はパプアニューギニア以外にブラジルやスカンジナビアでもフィールドワークを行い、性、肥満などについて調べて著作を刊行してきました。そして現在、次の研究対象として日本を選んだそうです。高齢者の状況やハンセン病元患者の生活に関心があるらしく、既に日本語の勉強も始めているとのこと。ただし彼によれば、日本語学習は『エベレストにのぼりはじめた』ようなものだ、ということです。言語人類学者の彼にとっても、日本語はハードルが高いようです。彼が日本語をどう理解し、日本についてどんな本を書くのか、今から楽しみでなりません。

二〇一九年一二月

上京 恵

◆著者
ドン・クリック（Don Kulik）
1960年生まれ。スウェーデンのルンド大学で言語学と人類学を修め、ストックホルム大学で人類学の博士号を取得した。パプアニューギニア、ブラジル、スカンジナビアでフィールドワークをおこない、現在はウプサラ大学で人類学の教授を務めている。著書に"*Taboo : Identity and Erotic Subjectivity in Anthropological Fieldwork*（共著）""*Travesti : Sex, Gender and Culture among Brazilian Transgendered Prostitutes* ""*Language and Sexuality*"などがある。

◆訳者
上京恵（かみぎょう・めぐみ）
英米文学翻訳家。2004年より書籍翻訳に携わり、小説、ノンフィクションなど訳書多数。訳書に『公爵令嬢の恋愛入門』『結婚のための三つの条件』（ライムブックス、原書房）ほか。

◆カバー画像
GERRY ELLIS/MINDEN PICTURES/amanaimages

A DEATH IN THE RAINFOREST
by Don Kulick
Copyright © 2019 by Don Kulick
Japanese translation rights arranged with Don Kulick
c/o Sterling Lord Literistic, Inc., Ner York
through Tuttle-Mori Agency, Inc., Tokyo

最期(さいご)の言葉(ことば)の村(むら)へ

消滅危機言語(しょうめつききげんご)タヤップを話(はな)す人々(ひとびと)との30年(ねん)

●

2020年1月25日　第1刷

著者……………ドン・クリック

訳者……………上京恵(かみぎょうめぐみ)

装幀……………川島進

発行者……………成瀬雅人

発行所……………株式会社原書房

〒160-0022 東京都新宿区新宿1-25-13

電話・代表　03(3354)0685

http://www.harashobo.co.jp/

振替・00150-6-151594

印刷・製本……………図書印刷株式会社

©LAPIN-INC 2020

ISBN 978-4-562-05720-7, printed in Japan